许庆瑞　中国工程院院士

1983 年，浙江大学部分老师与研究生合影
前排右起：陈忠德、王燮臣、蒋绍忠、黄擎明、许庆瑞、翁永麟、谭仁甫、虞镇国

与恩师周志诚合影

1989 年 7 月，出席国际系统动力学会议期间留影

1981~1982 年访问美国麻省理工学院时留影

1982 年访问美国斯坦福大学

1987年8月在北京参加国家自然科学基金委员会学科评议组会议
（第一排右一为许庆瑞）

1992年10月，国家自然科学基金委员会在北京召开科学基金制的完善与发展国际会议，许庆瑞在会上发言

与浙江大学原副校长王启东（中）接待日本著名质量管理专家石川馨

与"系统动力学之父"、麻省理工学院福瑞斯特（Forrester）教授交流

1990年8月，担任加拿大国际管理学术会议执行主席

许庆瑞在2014年第4届ISMOT国际会议上做主旨演讲

1998年与朗讯技术战略经理约翰·彼得森（John Peterson）等人合影（左起：徐笑君、潘惠、许庆瑞、约翰·彼得森、华锦阳、赵晓庆、吴伟浩）

1996年5月，522厂管理骨干岗前培训班学员与厂、校领导及教师于浙江大学校园留影。前排右一：毛武兴（522厂高层干部）、右二许庆瑞、右三施继兴（522厂厂长）、右四浙江大学顾惠康副校长、左一陈劲

1999年10月浙江大学战略管理高级研讨班留影（第一排右四李明芳，第二排左二起华锦阳、徐笑君、潘惠，第三排左二陈劲、左四郭斌）

许庆瑞与弟子邹晓东合影（摄于2003年）

2009年参加在香港召开的IEEM国际会议时留影（左一张素平、左二陈力田、左三魏江、左四沈守勤、中间许庆瑞）

创办高质量的技术创新与技术管理国际会议（ISMOT），第二届ISMOT会议于1998年在浙江大学召开

2008年,与学生陈锋(左三)、金露(左二)等在大庆油田调研

20世纪80年代,许庆瑞在为研究生讲课

1992年春深圳班同学来杭时合影
左二石瑛、左五王加微、左六许庆瑞、右一马庆国、右二徐金发、右三孙昌国、右五黄擎明、右六姚恩瑜

1989年11月,与研究生毕业班合影
前排人员从左至右依次为:蔡德昭、徐金发、王爱民、陈忠德、黄擎明、许庆瑞、蒋绍忠、翁永龄、王燮臣、钟守义、左军

2004年，许庆瑞与弟子赴海尔大学调研并开展合作
前排左起：郑刚、海尔大学邹习文校长、许庆瑞、朱凌、中集集团陶婷婷
后排左起：陈劲、朱建忠、金鑫、中集集团技术中心刘春峰主任

与方正科技董事长、总裁任伟泉交流探讨企业管理问题（2003年）

与吕祖善（浙江省委常委、省委秘书长，后任浙江省省长，左）、杨剑辉（通用公司高层，右）合影（1997年）

1990年参加国家教育委员会管理工程类教材委员会会议合影

2007年12月，在当选为中国工程院院士庆祝大会上讲话

2008年，在中国工程院科技论坛上做学术报告

2007年，浙江大学党委书记张曦（前排右一）及校长杨卫（前排左一）到第一教学大楼317室祝贺许庆瑞当选为中国工程院院士（后排左一魏江、左三吴晓波、右二陈劲）

2007年，率团队多次赴青岛海尔调研（前排右一海尔副总裁喻子达、右二吴晓波、左三海尔总裁杨绵绵、左二许庆瑞、后排左二郑刚）

2009年,与麻省理工学院著名技术创新管理教授爱德华·罗伯茨(Edward Roberts)合影

1982年在斯坦福大学访问与研究时,与美国创新经济学主要创始人内森·罗森伯格(Nathan Rosenberg)教授在其办公室中合影

与国家教育委员会高教司朱传礼(右一)、国家自然科学基金委员会政策局局长李光临博士(左二)及北京航空航天大学管理学院院长顾昌耀(左一)合影

2002年夏访问德国曼海姆大学时与系主任梅林（Milling）教授合影

2010年6月出席在北京人民大会堂召开的中国科学院第十五次院士大会、中国工程院第十次院士大会

博士论文答辩会合影
左起：王勇、徐操志、徐金发、许庆瑞、金雪军、吴晓波、陈劲、邹晓东

与"技术创新源"奠基人埃里克·冯·希佩尔（Eric von Hippel）教授合影（右二为时任浙江大学常务副校长胡建雄，左一为博士研究生王伟强）

左起：外孙吴锴亮、孙女许慧璠、许庆瑞、沈守勤、儿媳陈虹、女儿许建平、儿子许建新（2013年摄于杭州西湖畔）

许庆瑞夫妇与许建平、许建新摄于杭州花圃（2010年）

许庆瑞与本书作者朱晶（右）、王莉华（左）合影

中国工程院院士
是国家设立的工程科学技术方面的最高学术称号，为终身荣誉。

中国工程院院士传记

许庆瑞传

朱晶 王莉华 著

科学出版社
人民出版社

内 容 简 介

许庆瑞院士长期从事管理科学与工程的教学、科研与工程实践。本书对许庆瑞院士的成长、学术贡献以及研究成果进行了记录、梳理和再现，从科学史的角度梳理了许庆瑞的原创理论"全面创新管理"的发展过程，结合许庆瑞"顶天立地"和"高、精、笃、实"的团队文化和育人理念梳理了他取得的成就。本书适合管理学、技术创新、科学学领域的专业研究者、科研工作者、教育工作者和大学生等阅读。

图书在版编目（CIP）数据

许庆瑞传 / 朱晶，王莉华著 . — 北京：科学出版社，2022.2
（中国工程院院士传记）
ISBN 978-7-03-070608-9

Ⅰ. ①许… Ⅱ. ①朱… ②王… Ⅲ. ①许庆瑞—传记 Ⅳ. ① K826.16

中国版本图书馆 CIP 数据核字（2021）第 228834 号

责任编辑：张　莉　刘巧巧 / 责任校对：韩　杨
责任印制：李　彤 / 封面设计：有道文化

科学出版社 出版
北京东黄城根北街 16 号
邮政编码：100717
http://www.sciencep.com

北京中科印刷有限公司 印刷
科学出版社发行　各地新华书店经销
*

2022 年 2 月第　一　版　开本：720×1000　1/16
2023 年 1 月第三次印刷　印张：23 3/4　插页：8
字数：288 000
定价：98.00 元
（如有印装质量问题，我社负责调换）

中国工程院院士传记丛书

编撰出版工作领导小组
　顾　问：宋　健　徐匡迪　周　济
　组　长：李晓红
　副组长：陈左宁　蒋茂凝　邓秀新　辛广伟
　成　员：陈建峰　陈永平　徐　进　唐海英
　　　　　梁晓捷　黄海涛

编辑和审稿委员会
　主　任：陈左宁　蒋茂凝　邓秀新
　副主任：陈鹏鸣　徐　进　陈永平
　成　员：葛能全　唐海英　吴晓东　黎青山
　　　　　赵　千　陈姝婷　侯　春

编辑出版办公室
　主　任：赵　千
　成　员：侯　春　徐　晖　张　健　方鹤婷
　　　　　姬　学　高　祥　王爱红　宗玉生
　　　　　张　松　王小文　张秉瑜　张文韬
　　　　　聂淑琴

总　　序

　　20世纪是中华民族千载难逢的伟大时代。千百万先烈前贤用鲜血和生命争得了百年巨变、民族复兴，推翻了帝制，肇始了共和，击败了外侮，建立了新中国，独立于世界，赢得了尊严，不再受辱。改革开放，经济腾飞，科教兴国，生产力大发展，告别了饥寒，实现了小康。工业化雷鸣电掣，现代化指日可待。巨潮洪流，不容阻抑。

　　忆百年前之清末，从慈禧太后到满朝文武开始感到科学技术的重要，办"洋务"，派留学，改教育。但时机瞬逝，清廷被辛亥革命推翻。五四运动，民情激昂，吁求"德、赛"升堂，民主治国，科教兴邦。接踵而来的，是18年内战、14年抗日和4年解放战争。恃科学救国的青年学子，负笈留学或寒窗苦读，多数未遇机会，辜负了碧血丹心。

　　1928年6月9日，蔡元培主持建立了中国近代第一个国立综合科研机构——中央研究院，设理化实业研究所、地质研究所、社会科学研究所和观象台4个研究机构，标志着国家建制科研机构的诞生。20年后，1948年3月26日遴选出81位院士（理工53位，人文28位），几乎都是20世纪初留学海外、卓有成就的科学家。

　　中国科技事业的大发展是在新中国成立以后。1949年11月1日成立了中国科学院，郭沫若任院长。1950—1960年有2500多名留学海外的科学家、工程师回到祖国，成为大规模发展中国科技事业的第一批领导骨干。国家按计划向苏联、东欧各国派遣1.8万名各类科技人员留学，全都按期回国，成为建立科研和现代工业的骨干力量。高等学校从新中国成立初期的200所增加到600多所，年招生增至28万人。到21世纪初，高等学校有2263所，年招生600多万人，科技人力总资源量超过5000万人，具有大学本科以上学历的科技人才达1600万人，已接近最发达国家水平。

新中国成立60多年来，从一穷二白成长为科技大国。年产钢铁从1949年的15万吨增加到2011年的粗钢6.8亿吨、钢材8.8亿吨，几乎是8个最发达国家（G8）总年产量的两倍，20世纪50年代钢铁超英赶美的梦想终于成真。水泥年产20亿吨，超过全世界其他国家总产量。中国已是粮、棉、肉、蛋、水产、化肥等世界第一生产大国，保障了13亿多人口的食品和穿衣安全。制造业、土木、水利、电力、交通、运输、电子通信、超级计算机等领域正迅速逼近世界前沿。"两弹一星"、高峡平湖、南水北调、高公高铁、航空航天等伟大工程的成功实施，无可争议地表明了中国科技事业的进步。

党的十一届三中全会以后，实行改革开放，全国工作转向以经济建设为中心。加速实现工业化是当务之急。大规模社会性基础设施建设，大科学工程、国防工程等是工业化社会的命脉，是数十年、上百年才能完成的任务。中国科学院张光斗、王大珩、师昌绪、张维、侯祥麟、罗沛霖等学部委员（院士）认为，为了顺利完成中华民族这项历史性任务，必须提高工程科学的地位，加速培养更多的工程科技人才。中国科学院原设的技术科学部已不能满足工程科学发展的时代需要。他们于1992年致书党中央、国务院，建议建立"中国工程科学技术院"，选举那些在工程科学中做出重大的、创造性成就和贡献、热爱祖国、学风正派的科学家和工程师为院士，授予终身荣誉，赋予科研和建设任务，请他们指导学科发展，培养人才，对国家重大工程科学问题提出咨询建议。中央接受了他们的建议，于1993年决定建立中国工程院，聘请30名中国科学院院士和遴选66名院士共96名为中国工程院首批院士。1994年6月3日，召开了中国工程院成立大会，选举朱光亚院士为首任院长。中国工程院成立后，全体院士紧密团结全国工程科技界共同奋斗，在各条战线上都发挥了重要作用，做出了新的贡献。

中国的现代科技事业起步比欧美落后了200年，虽然在20世纪有了巨大进步，但与发达国家相比，还有较大差距。祖国的工业化、现代化建设，任重道远，还需要有数代人的持续奋斗才能完成。况且，世界在进步，科学无止境，社会无终态。欲把中国建设成科技强国，屹立于世界，必须接续培养造就数代以千万计的优秀科学家和工程师，服膺接力，担当使命，开拓创新，更立新功。

中国工程院决定组织出版《中国工程院院士传记》丛书，以记录他们对祖国和社会的丰功伟绩，传承他们治学为人的高尚品德、开拓创新的科学精神。他们是科技战线的功臣、民族振兴的脊梁。我们相信，这套传记的出版，能为史书增添新章，成为史乘中宝贵的科学财富，俾后人传承前贤筚路蓝缕的创业勇气、魄力和为国家、人民舍身奋斗的奉献精神。这就是中国前进的路。

宋健

2012年6月

目　录

总序　/i

第一章　求学少年，严谨求实……………………………………（001）
　一、家风严谨与实事求是 …………………………………………（003）
　二、从国学到小学 …………………………………………………（007）
　三、跳级入读大同大学附属中学初中部 …………………………（009）
　四、南洋模范中学高中三年的收获 ………………………………（010）

第二章　交通大学四年………………………………………………（015）
　一、入读工业管理工程系 …………………………………………（017）
　二、音乐爱好与组建交通大学管弦乐队 …………………………（020）
　三、学生团体的组织工作 …………………………………………（023）

第三章　中国人民大学十年：高、精、笃、实……………………（027）
　一、马列主义理论基础学习 ………………………………………（029）
　二、工业企业组织与计划专业的理论学习 ………………………（033）
　三、在上海机床厂和北京机床厂毕业实习与调研 ………………（035）
　四、打响管理教材改革的第一枪 …………………………………（037）
　五、参与修订《工业七十条》 ……………………………………（043）
　六、在中国人民大学的收获：理论与实践并重 …………………（051）

第四章　调入浙江大学，创建管理学科……………………………（055）
　一、浙江大学工程经济教研组 ……………………………………（057）
　二、劳动教育与编译工作 …………………………………………（059）

三、创建管理学科，改革领导人才培养方式 …………………（063）

第五章　赴麻省理工学院与斯坦福大学访学 ……………（065）
一、出国进修，寻找理想学府 ………………………………（067）
二、到罗伯茨教授的教研组 …………………………………（069）
三、麻省理工学院的暑期课程与管理教育 …………………（075）
四、新理念、新方法、合作启程与深厚友谊 ………………（077）

第六章　技术管理与管理学科的组建 ……………………（079）
一、提出"创新应以企业为主体"的新思想 ………………（081）
二、编写我国第一部《研究与发展管理》教材 ……………（086）
三、孕育企业经营管理新理念 ………………………………（094）
四、对比分析美国的管理教育改革经验 ……………………（100）
五、推动中国管理教育改革 …………………………………（103）

第七章　推进管理工程学科发展 …………………………（111）
一、提升管理学科的学科地位 ………………………………（113）
二、受聘为国务院学位委员会学科评议组管理工程学科评议组
　　成员 ………………………………………………………（115）
三、推进国家自然科学基金委员会管理科学学部的建立 …（116）
四、倡议创办《管理工程学报》 ……………………………（120）
五、组织编写高校管理类新教材 ……………………………（123）

第八章　技术创新与二次创新理论的提出 ………………（127）
一、宏观战略规划制定与系统动力学初探 …………………（129）
二、技术引进的战略、体制与政策 …………………………（131）
三、技术创新与劳动生产率 …………………………………（135）
四、二次创新概念的提出与中国模式 ………………………（137）
五、二次创新的动态模式：工艺创新带动产品创新 ………（142）
六、作为竞争策略的二次创新与政策推广 …………………（147）

七、融合技术创新与研发管理 …………………………………（150）

第九章　组合创新管理：技术创新管理的组合视角…………（155）
一、工艺创新与产品创新的协调发展 ……………………………（157）
二、自主创新的能力与环境 ………………………………………（161）
三、组织与文化创新 ………………………………………………（164）
四、组合创新与创新组合管理 ……………………………………（169）
五、作为企业战略的组合创新 ……………………………………（171）

第十章　基于核心能力的技术创新战略………………………（175）
一、技术能力——创新系统的驱动力 ……………………………（177）
二、技术创新能力与企业技术能力 ………………………………（183）
三、自主创新的动力和核心能力 …………………………………（187）
四、核心能力与组合创新相互依赖和交织 ………………………（191）
五、组合创新理论服务于国家和企业决策 ………………………（195）
六、为国家技术创新工程出谋划策 ………………………………（198）

第十一章　全面创新管理理论："三全一协同"………………（203）
一、企业经营管理的基本规律与理论模式 ………………………（205）
二、创新困境与全面创新管理理论的萌发 ………………………（210）
三、海尔实践与全面创新管理的概念框架 ………………………（214）
四、钻石模型与全面创新理论战略主导性 ………………………（222）
五、全面创新管理理论研究经历三个阶段 ………………………（228）
六、全面创新管理的实践应用与国际影响 ………………………（233）

第十二章　宏观取向的企业管理与科技经济政策……………（239）
一、探索基于管理学共性规律与本土实践的管理学基础理论 …（241）
二、战略管理思想下的企业经营管理规律与公司治理 …………（245）
三、运用系统动力学方法下的科技、经济与教育协调发展的机理

　　探究 ……………………………………………………………（248）

四、思考创新的源头和意义 ……………………………………（254）

第十三章　立德树人四十余载，桃李满天下……………………（259）
　一、"顶天"：研读经典，剖析概念，培养国际视野 …………（261）
　二、"立地"：在实践和调研中培养能力，将文章写在祖国的大地上…（265）
　三、与企业共成长，润物细无声 ………………………………（268）
　四、不同层面的分工与合作：玉泉校区第一教学大楼317室里的
　　　大秘密 ……………………………………………………（269）
　五、凝聚集体智慧，桃李满天下 ………………………………（272）
　六、来自许庆瑞女儿许建平的信：《父亲的立德观与自强人生》（278）

第十四章　搭建平台，促高起点的国际合作……………………（281）
　一、与国际学者建立多年的深厚学术友谊与合作 ……………（283）
　二、创办技术创新与技术管理国际会议 ………………………（289）
　三、承担加拿大 CIDA 与 IDRC 项目 …………………………（293）
　四、国家自然科学基金与美国国家科学基金会支持的技术创新研究…（299）
　五、创新理论的国际拓展与国际引领 …………………………（304）

第十五章　植根于中国大地的理论创新…………………………（309）
　一、从理论到实践的中国模式与中国经验 ……………………（311）
　二、"顶天立地"的实践诠释与贡献中国智慧 …………………（315）
　三、和企业家做朋友，将创新思想融入企业决策 ……………（317）
　四、政产学研相结合 ……………………………………………（322）
　五、走在中国经济发展与改革的前列 …………………………（330）

附录……………………………………………………………………（339）
　附录一　许庆瑞回忆录一 ………………………………………（341）
　附录二　许庆瑞回忆录二 ………………………………………（343）
　附录三　许庆瑞大事年表 ………………………………………（345）
　附录四　许庆瑞主要著述目录 …………………………………（361）

第一章

求学少年,
严谨求实

一、家风严谨与实事求是

1930年1月29日,农历腊月三十,一个大雪纷飞之夜,许庆瑞在江苏省武进县(现常州市武进区)双桂坊出生。瑞雪兆丰年,故祖父给他起名为庆瑞,以示庆祝祥瑞之年。

许庆瑞的父亲许冠群,名超,是江苏武进人。母亲顾芝芳。许冠群家中有五子三女,许庆瑞排行第二,上有哥哥。许庆瑞在常州待的时间很短,两岁时便随父母全家迁往上海。父亲在中华人民共和国成立前从事实业,曾在上海开设新亚药厂,开发多种药品。许庆瑞的母亲也出身于书香人家,外祖父教私塾,母亲自小便跟着父亲学习,家教严格,也曾学过几年文化,字写得很漂亮。父亲许冠群过去接受的是私塾教育,幼时曾跟随谢伯远和曾熙学习,没有接触和系统学习过英语,而在创业时却需要这些时兴的知识,于是许冠群在三新纱厂做会计员时,一边工作,一边利用业余时间学习英语等,并且在上海念了外国人开办的上海商科大学的夜校,毕业后挂牌做会计师。因为许冠群在上海就业,为了生活方便,妻子也跟随他来到上海。

> 我的父亲在家中排行老大,因此母亲在家里就是大媳妇,那个时候大媳妇是要主持家庭事务的,比如烧饭等活计都要操持。后来要来上海,没有办法,大家庭的事情她就不能管了,母亲带着我们都到上海住了。①

从上海商科大学毕业后,许冠群的英语水平有所提高,后来便开始创业,开设新亚药厂等。除了倾心于民族实业的发展,在治业之余,许冠群还资助和发展医学教育和医学研究,对教育文化事业尤乐于发扬。1932年,许冠群资助出版《新医药杂志》,1938年冬,

---

① 许庆瑞访谈,访谈时间:2018年9月5日,访谈地点:浙江杭州。

于南京路慈淑大楼创办新亚图书馆,"琳琅万卷,阅者称快"[①]。他还设立了冠群补习学校,以便从事工商业的人士在工作之余暇,可以根据自己的需要继续学习。另外,本着医学教育与制药事业的需要与期望,1939年2月23日,担任上海新亚药厂总经理的许冠群,针对当时国内只有医科大学而无药科专业学校的状况,创办了广澄药学高级职业学校,学校以其父兼药厂董事长许广澄的名字命名,以示纪念。广澄药学高级职业学校的目标是培养药学人才,助力中国制药事业之发展。1940年1月,国民政府教育部批准广澄药学高级职业学校设校董会备案,新亚药厂的化学药物研究所所长曾广方协助筹办。赵汝调、於达望、刘步青、曾广方等曾先后担任该校校长。学校面向社会招生,每年招生20～30人,学制3年,先后开设十余门专业课程,学校的校址设在北京路330号。毕业生除新亚药厂录用部分外,其余分别介绍到各地药业单位工作,特别是新药业单位。比如1940年毕业于广澄药学高级职业学校的潘逸云,毕业后工作于上海第二制药厂,任高级工程师,专长制药,1955年获上海市劳动模范称号。[②]1952年9月29日,上海市私立东南高级药科职业学校和广澄药学高级职业学校由轻工业部接办,两校合并成立轻工业部医药工业学校。1952年底,校名改为轻工业部上海制药工业学校。1955年9月该校迁往沈阳,并入沈阳橡胶工业学校。1956年,沈阳橡胶工业学校制药专业调整成立化学工业部沈阳制药工业学校。[③]

许庆瑞的祖父许广澄有很好的国学功底。虽然许庆瑞对祖父的印象不是很深,但是他依然记得祖父写得一手好字,而且对人对己要求严格,不苟言笑。祖父从事钱庄生意,曾任常州汇丰钱庄经理。

---

① 魏文享.民国时期之专业会计师论会计师事业(资料汇编).武汉:湖北人民出版社,2011:473-474.
② 刘振元.上海高级专家名录(第二卷).上海:上海科学技术出版社,1993:520.
③ 吴晓明.中国药学教育史.北京:中国医药科技出版社,2016:34.

虽然祖父做钱庄生意的时间比较长，但是他并不要求儿子许冠群继承自己的钱庄事业，而是鼓励他自主创业。

许冠群行事十分严谨，也写得一手好字。许冠群创办新亚药厂，开创新亚集团，发展中国的医药行业与医药教育，力主将经营与管理相结合。这不仅让许庆瑞耳濡目染，还对他的学业和兴趣爱好产生了影响，父亲周密谨慎的思维风格也在影响着他。

父亲对许庆瑞及其兄妹的学业非常关心，虽然工作很繁忙，但是见到兄妹几个时经常询问他们的学业情况。许庆瑞十岁左右时，父亲的秘书是袁伯庸，是一位清朝的秀才，当时已经六七十岁高龄。袁伯庸学的是柳体，字体非常秀丽，时人都请他写扇面。父亲请袁伯庸教许庆瑞兄弟俩写字，写完之后就交给他查看指导。此外，许庆瑞兄弟还跟这位老先生学《论语》《孟子》等国学知识。

父亲忙碌之余，非常注重和关心对子女的教育。许庆瑞兄弟小时候写字、写文章的成绩和作业，父亲都要拿去看，给他们指出来是好还是不好，以及存在什么问题。在他们学习的不同阶段，父亲都会询问他们在学习当中有没有遇到什么困难。为了让许庆瑞有一个更好的学习环境，在他上小学时父亲还给他转了学，从道一中小学转到工部局新闸路小学。为什么许庆瑞在小学二年级时要转学呢？道一中小学位于上海的爱文尼路（现北京西路）和赫德路（现石门路）交叉口，校舍是一栋三层楼的房子，位于里弄之内。不同年级的学生往往混合在一起上课。许庆瑞所在的教室，有时候一年级和二年级的学生混合在一起上课，教学质量得不到保证。父亲为此很是担忧，于是安排许庆瑞在二年级时转学。在道一中小学念了一年级以后，许庆瑞第二年就转到新闸路小学学习。

母亲对许庆瑞兄妹爱护有加，但在学习上却一点都不马虎。她时常叮嘱许庆瑞兄妹要把功课做好：

当时我们上四五年级，都不懂事，就知道玩，在弄堂里面玩，她常到弄堂里把我们叫回去，叮嘱我们做功课。我们小时候很顽皮，暑假作业平时不做，到最后几天才赶出来。母亲会提醒我们做功课。她的谆谆教诲让我们知道，一定要用功，把功课做好。我们从小虽然很顽皮，但在她的督促下，功课还算可以。①

不仅如此，在新闸路小学读书时，母亲还给许庆瑞兄妹专门找了家庭教师：

新闸路小学老师到我家里家访，我母亲了解到这位老师的爱人失业了。她的爱人是很老实的人，也很有学问，很和气，但是因为身体不好，一直失业在家。我母亲帮他介绍到新亚集团工作，条件比较好，所以他很感激，就主动帮我补习，让我带着书到他办公室补习英文。②

父亲许冠群虽然一直致力于创办企业，但是他也很想做学问，还潜心研究过商标法，与他人合著有《商标法之理论与实际》一书，而且对技术人才非常尊重，与当时国内医学界、药学界的研究人才有诸多交往。新亚药厂创办之初，许冠群邀请了留学归来的技术人才加入该厂，比如上海医学界英美派的代表人物——颜福庆博士、伍连德博士。新亚药厂还专门成立了化学药物研究所，所长就是曾广方博士。后来成立的新亚血清厂，许冠群专门聘请细菌学专家程慕颐担任厂长，聘请从法国留学归来的吴利国担任副厂长。

有一次，许庆瑞到父亲办公室，看到办公室墙上挂着一块匾，上面写有四个字——"实事求是"。在许庆瑞看来，这就是父亲做人的信条：

---

① 许庆瑞访谈，访谈时间：2018年9月5日，访谈地点：浙江杭州。
② 许庆瑞访谈，访谈时间：2018年9月5日，访谈地点：浙江杭州。

他是做学问的人。他的作风影响着我们，从我祖父开始，做事情就很实，所以我现在看到浮夸的人都不太认同。我培养学生时，就希望他们实事求是，做任何事情都要实。①

在此后的学习和工作生活中，许庆瑞一直秉持着父亲的这两种风格，一个是实事求是的态度，另一个便是缜密周全的考虑。这两种品格被许庆瑞视作一个人要成就事业的基础。

在父母严格与倾心的教育下，许庆瑞兄妹8人中有6人考取了大学，并都取得了一定的成就。

二、从国学到小学

许庆瑞在私塾跟随袁伯庸先生学习国学、临柳帖之后，先在道一中小学读了一年小学，二年级时转到新闸路小学学习。

新闸路小学是当时上海市最好的学校之一，由当时的上海公共租界工部局创办。儿童教育专家陈鹤琴担任工部局华人教育处处长后，陆续创办了6所工部局小学，新闸路小学就是其中之一。小学的地点在小沙渡路新闸路，新校舍于1933年建成，有15间教室，有运动场、大礼堂、美工室、自然室、音乐室等，而且每个房间都有热水汀暖气管。② 许庆瑞转入新闸路小学后，发现这所小学与此前的道一中小学完全不一样：

在上海新闸路小学就读时的许庆瑞

校舍很讲究，地上铺的都是很好的地板，房子都是钢筋水泥房。

---

① 许庆瑞访谈，访谈时间：2018年9月5日，访谈地点：浙江杭州。
② 陈秀云. 我所知道的陈鹤琴. 北京：金城出版社，2012：59.

房子的里面也很讲究，凳子课桌都非常讲究。老师都很有水平，男老师都会穿着西装上课。①

新闸路小学有一首校歌，教育学生要爱国、爱人、爱学问。校歌的歌词是：

喂，我的学校，教我们学的是什么？喂！我的学校，教我们做人怎样做。团结活泼、做事勇敢、清洁健康、生活快乐。遵守纪律，和气且恭敬，爱国爱人还须爱学问。啊！我的学校，我时时刻刻都爱你。啊！你的教训，我句句都记在心里。

许庆瑞对语文老师马精武的印象非常深刻。当时马精武担任许庆瑞所在的高年级的班主任，虽然很严格，但是对学生很友好。小学四五年级的语文课，都是马精武在教。许庆瑞认为这给他打下了很好的基础：

我记得马老师，他讲课非常好，对学生要求很严格，因为他当时是我们的班主任，所以我对他的印象比较深。每次下课、上课，老师都要在门口等学生进来、等学生出去，很亲切。②

马精武身材中等，背有些驼，戴着一副近视眼镜，发型是两分头，常穿一身灰白色西装。马精武善于将教科书和课外书上的内容有机结合起来，常常组织学生阅读课外读本，比如鲁迅翻译的《表》、亚米契斯的《爱的教育》、斯陀夫人的《黑奴魂》、安徒生的《卖火柴的小女孩》等。③他本人还编写过许多儿童类书籍。

---

① 许庆瑞访谈，访谈时间：2018年9月5日，访谈地点：浙江杭州。
② 许庆瑞访谈，访谈时间：2018年9月5日，访谈地点：浙江杭州。
③ 陈秀云. 我所知道的陈鹤琴. 北京：金城出版社，2012：60.

三、跳级入读大同大学附属中学初中部

1941年,许庆瑞跳过小学六年级,直接考入上海大同大学附属中学,进行三年的初中学习。

为什么当时读完了小学五年级之后,许庆瑞就直接去考初中了呢?许庆瑞是腊月出生,他的堂弟是次年正月出生,堂弟比许庆瑞小20天,结果许庆瑞念小学五年级时,堂弟念六年级,比许庆瑞高一年级。许庆瑞开始思考如何能够赶上去,"我想我比他大,结果我比他低了一年,不甘心,六年级不念了,直接考初一"[①]。当时允许跳级,只要具备同等学力,即可报考跳级考试。许庆瑞利用暑假自修了六年级的课程,接着报考了好几所学校,都被录取,最后他选择了大同大学附属中学。因为大同大学附属中学的校舍、教学设备都很好,教学水平比较高,而且与工部局新闸路小学只隔着一条马路。该校创办于1912年3月19日,原名大同学院,创办人是胡敦复、平海澜等,均是任教于北京清华学堂的11位爱国知识分子。大同学院开办时,只设中学科,先设普通科,再设大学预科。在先后增设了专修科和大学科、文理商科之后,1922年,大同学院改名为大同大学,包括大学部和中学部。"八一三事变"之后,校舍迁入租界,大学部与中学部分别租借校舍上课。

大同大学附属中学离许庆瑞家很近。大同大学的五层楼都给附属中学使用,上课时间是上午四个小时,下午两个小时,课程结束后学生就回家做功课。入学一年后,许庆瑞感觉良好,而且考试成绩也不错,这时开始萌发了用功读书的想法。从初中一年级开始,许庆瑞改变了从小学以来爱玩、不喜欢自习的习惯。他开始每天晚上做作业,自习到十一点多,第二天早上七点半准时赶到学校上课,如此坚持了三个年头。

回忆起来,许庆瑞深感大同大学附属中学的老师都非常严格,

---
① 许庆瑞访谈,访谈时间:2018年9月5日,访谈地点:浙江杭州。

特别是教代数、几何的老师。这些老师讲课思路非常清晰，这对许庆瑞后来的学习有很大帮助。其中，教导主任丁老师对学生要求十分严格。有一位徐姓老师除了教语文外，还教许庆瑞所在的班级初级英语语法，他讲的语法系统性很强，极大地激发了许庆瑞对英文学习的兴趣。许庆瑞的英文基础扎实与这位老师的讲授有很大关系。要知道当时其他学校都不学文法：

文法等于说是一个规律，告诉你语言为什么要这样表达。把文法掌握了，对一个人很有用处。所以我的数理化和英文是大同大学附属中学帮我打下的基础。[1]

四、南洋模范中学高中三年的收获

1944年夏，许庆瑞从大同大学附属中学毕业，升入高中。当时大同大学附属中学在上海并非十分有名，知名度比较高的中学是南洋模范中学和上海中学，这两所学校的学生考取知名大学的最多。父亲也希望许庆瑞能考取知名大学，在父亲的鼓励下，许庆瑞报考了南洋模范中学并被录取。他的哥哥比他大两岁，此前也已经考进了南洋模范中学。

南洋模范中学由交通大学的前身——南洋公学附属小学演变而来。这里的"南洋"并不是一般人们所认为的"南洋华侨"中的南洋之意，也不是指由南洋华侨出资创办或者专门招收华侨子弟，而是指20世纪初期的上海。鸦片战争以后，天津和上海两个城市成为对外贸易联络的主要口岸，设有两位大臣，一位叫北洋大臣，一位叫南洋大臣，分别主管这两个地区的对外事务，南洋指的就是上海。

南洋模范中学给许庆瑞留下了深刻的印象，虽然该校的课堂教学跟初中一样，但是学校老师的水平比大同大学附属中学老师的水

---

[1] 许庆瑞访谈，访谈时间：2018年9月5日，访谈地点：浙江杭州。

平更高。南洋模范中学的老师都是大学毕业，甚至是留美归国的留学生，英语很好。南洋模范中学有一个时期是交通大学附属中学，和交通大学有着比较密切的关系，有很多老师同时是交通大学的讲师，或者是从交通大学毕业后到南洋模范中学讲课的。比如教许庆瑞化学的徐宗骏老师是交通大学化学领域比较有名的讲师。这些老师教学经验丰富，授课质量高，对学生提高学习质量十分有利。

教许庆瑞数学的老师是赵宪初，许庆瑞对赵宪初最深刻的印象，就是他教三角课的公式的方法。三角是一门基本课程，很多东西的求解都需要用到三角，但三角这门课并不好教。许庆瑞清楚地记得，赵老师要求学生一定要将三角公式背得滚瓜烂熟。赵老师还将代数二项式公式编成了小调，每次上课之前离教室还有几十米时他就唱起来了，所以学生们都记得很牢。这个公式背熟之后，解题就方便多了，大大节省了运算时间。许庆瑞的很多学习内容都要解二项式，特别是物理、数学都需要用这一二项式公式，要解得快，就需要熟练掌握这个公式。在高中毕业考上交通大学后，许庆瑞一碰到二项式，就能立刻记起并熟练地应用这个公式，这和赵老师对教学规律的探索与讲授关系很大。不仅仅是许庆瑞，许多南洋模范中学校友多年后都依然记得赵宪初，特别是他教过的三角公式。为了让枯燥乏味的三角公式变得容易记诵，增强学生的记忆，除了将许多公式连在一起，像江南小调一样唱出来外，赵宪初不仅在课堂上唱，还在节日联欢时指挥同学一起唱。如此，同学们都能将这一连串公式记得一清二楚了。除了唱三角公式，他还编著了《高中三角》，获得了"三角赵"的美誉。①

南洋模范中学还有一个特色，就是英文教学质量高，如物理、化学、数学、大代数等，很多课程用的都是英文教材。许庆瑞回忆说：

① 金正扬. "三角赵"和南洋模范中学——一代名师赵宪初印象记 // 金正扬. 教坛风云：我的采编人生. 上海：上海社会科学院出版社，2015：110-115.

英文好不是光靠念一门英文，是在各门课程里面都用它，赵老师教我们三角也是用英文书。后来我们又学了英文版的修辞学，其他的学校一般是不教的，因为没有这个水平的老师教修辞。教我们修辞的老师叫作李松涛，教物理的老师叫作俞养和，这些老师都是很有水平的。这些基础知识，南洋模范中学都给我们打下了基础。①

纳氏文法与修辞，是南洋模范中学的特色课程。早在赵宪初1919年进入南洋附小高小三年级读书、1920年毕业升入附中时，南洋模范附属中小学就已启用 Royal Reader 这套英文课本，这是英国人为印度人编写的教材。此外也学了纳氏英文法，即 Nesfield Grammar，文法书共四册②，对学习英文和写作很有用。对教学规律的掌握，是南洋模范中学教师精于钻研的结果。南洋模范中学教务长、后担任校长的赵宪初提出"数学教学要注意配合语文因素教学"。他在多年的数学教学中，常常喜欢咬文嚼字，他认为这样做不但有助于帮助学生提高语文水平，而且实际上也是在帮助学生提高数学分析水平，使学生增强阅读课本、分析课文的能力。

南洋模范中学学习氛围浓厚，学生比较优秀，教师水平也高，再加上学习传统比较好，培养出不少优秀学生。南洋模范中学1947级高中甲乙班的同学，不少都考上了清华大学、上海交通大学等当时的一流大学。除了许庆瑞，他所在的年级还出了几位院士，比如海岸和近海工程专家邱大洪、高温气体力学家吴承康、飞机设

在南洋模范中学就读时的许庆瑞

---

① 许庆瑞访谈，访谈时间：2018年9月5日，访谈地点：浙江杭州。
② 赵宪初. 南洋公学和南洋模范中学 // 黄昌勇，陈华新. 老交大的故事. 南京：江苏文艺出版社，1998：30-37.

计专家顾诵芬等。此外,许庆瑞还记得南洋模范中学有几个要好的同学,比如尤大铮同学:

> 这个同学原来功课很好,就坐在我边上,毕业之后他考取了清华大学,我们也不常见面。他后来当过机械工业部周建南部长的秘书。①

南洋模范中学的三年学习,给许庆瑞打下了良好的理工基础和英文基础,丰富的业余活动也为其学习生活增色不少。在中学时,许庆瑞的业余爱好是制作模型飞机。许庆瑞有一个邻居姓赵,年纪和许庆瑞差不多,得知南京要举办模型飞机比赛,便叫上他一起参加。许庆瑞利用业余时间,花了两三个月做出了两个模型飞机,经过选拔,参加了在南京举行的模型飞机表演大赛。

回顾从小学到中学的学习,许庆瑞认为,小学的学习为中学奠定了理科和文科的基础;中学6年的数理、文科,尤其是外语学习又为大学打好了基础。如此环环相扣,形成了一个完整的教学生态链。

---

① 许庆瑞访谈,访谈时间:2018年9月5日,访谈地点:浙江杭州。

第二章
交通大学四年

一、入读工业管理工程系

1947年从南洋模范中学毕业后，许庆瑞考取了交通大学工业管理工程系，开始了四年的本科学习。

为什么会考工业管理工程系呢？在考大学时，许庆瑞有两个选择，一个是学医，一个是学习管理。企业家都希望自己的后代能够接自己的班，当时许庆瑞的父亲也有这样的愿望，于是建议许庆瑞他们学工商管理。许庆瑞的祖父、父亲和叔伯、兄长大多从事金融、管理与制造业，许庆瑞的哥哥读的就是交通大学的实业管理系。不仅如此，许庆瑞所在的家庭与实业管理系也有着比较深的历史渊源。实业管理系最早在南洋公学时期就有，许庆瑞的叔叔就是在南洋公学学的实业管理，当时一个班上只有5个人。

> 他的英文很好，大学毕业以后我父亲就把他派到香港去办新亚药厂。我的哥哥和堂兄两个人也进了交通大学的实业管理系，那个时候已经是日本帝国主义入侵中国的时候，交通大学临时在陕西路那一带租了房子。①

许庆瑞的哥哥许庆民长他两岁，1948年从交通大学实业管理系毕业后就职于新亚药厂，中华人民共和国成立前曾组织工人护厂队，与工人一起迎接中华人民共和国的成立。

1947年入学时，交通大学已经搬到徐家汇华山路。1949年许庆瑞上大学二年级时，交通大学的实业管理系已经按美国模式改成工业管理工程系。工业管理工程系和以前的实业管理系有什么不同呢？

第一代管理，重点是讲生产管理，生产怎么控制好，不要积

---

① 许庆瑞访谈，访谈时间：2018年9月5日，访谈地点：浙江杭州。

压滞销，产品质量要好，所以它的主课叫作生产控制（production control），我们叫作生产型企业。第二次世界大战中企业大多是生产型企业，我们工业管理工程的重心是生产型，生产跟技术分不开，所以还要学技术。工业管理工程跟过去的工商管理不同，它的基础是工科，头三年必须要把工科的基础课和专业课学好，因而我们在工业管理工程系学习的头三年，其课程跟交通大学的机械系一样，要把机械系的课程学完。后来才是工业管理课程，管理方面的课大大增加，机械系的课后来就剩下了一门，就是机械设计，讲怎么设计机械。①

交通大学如此设置课程，是为了让学管理的人懂技术。希望培养的管理人员不是一般的管理人员，而是生产工程师（production engineer），进入生产领域后，能够懂技术，因为不懂技术就没有办法管理。比如质量问题，如果不懂技术，就很难判断质量问题产生的根源。因为需要同时掌握技术和管理，相当于需要学一个半专业的课程，工业管理工程系的学习负担要比别的系重，这种课程设置学习的是美国办教育的理念。

实际上，交通大学的机械工程与工业管理在学科门类上有着一定的历史渊源。1922年7月，根据北洋政府国务会议通过的交通部关于交通大学分设上海、唐山两校的提案，交通大学上海学校改名为交通部南洋大学，唐山学校改名为交通部唐山大学，1921年被调归北京学校的铁路管理科又迁回上海。因此，此时的交通部南洋大学设有电机工程科、机械工程科和铁路管理科，较改名前的交通大学上海学校多了铁路管理科。1921年交通大学上海学校工业管理专业四年级第一学期和第二学期的修习课程包括机械制造、船机工程、机械实验、机厂设计、机车动作、工厂管理、外文、计价学、工厂

---

① 许庆瑞访谈，访谈时间：2018年9月5日，访谈地点：浙江杭州。

建筑、应用机械工程、防险工程、工具讲座、工具实验。①1924年5月，交通部南洋大学对每一学科中的门类、课程设置和教学计划进一步做了调整和充实提高。机械工程科将原有的机厂工务门和工业管理门合并成工业机械门，将铁路机务门改作铁路机械门。和此前的交通大学上海学校一样，交通部南洋大学机械工程科的课程设置也具有加强理化基础、增加设计类课程以及扩大学生知识面等特色。②

可见，交通大学工业管理工程系的专业课程设置和培养模式，与它所处的国际背景密切相关。这种背景使得交通大学的工业管理工程系以机械专业的课程为基础课，此外还有专业基础课，强调在工程基础上学习管理。

在交通大学求学期间，周志诚老师给予许庆瑞很多教导。周志诚1930年毕业于复旦大学商学院，此后赴美国宾夕法尼亚大学沃顿商学院求学并获得工业管理硕士学位，回国后担任交通大学实业管理系教授，从事管理工程和宏观经济学的教学与研究，在管理工程学领域建树颇多。他在交通大学颇受尊重，学校领导都很敬重他，他还担任校工会主席。据许庆瑞回忆：

> 周志诚老师做人非常诚恳，对学生也非常关心，而且对所有学生都是一样的。我哥哥在中华人民共和国成立前毕业以后一时找不到工作，周老师就帮我哥哥介绍工作。他后来教我时，对我也非常亲切，经常关心与帮助我。③

周志诚老师直到晚年还一直关心许庆瑞的成长，他还为中国管理教育的改革和发展提出了诸多宝贵建议。比如1986年许庆瑞在编

---

① 本书编委会.百年蕴聚铸辉煌——上海交通大学机械与动力工程学院院史（1913～2005）.上海：上海交通大学出版社，2006：66-67.
② 本书编委会.百年蕴聚铸辉煌——上海交通大学机械与动力工程学院院史（1913～2005）.上海：上海交通大学出版社，2006：18.
③ 许庆瑞访谈，访谈时间：2019年5月31日，访谈地点：浙江杭州。

写出版《研究与发展管理》时，周志诚给予他许多帮助和支持。

后来我们教育委员会改革，不同学校都有代表，其中交通大学的代表就是周老师，为什么呢？因为他是当时中国唯一的管理学科中在国外留学回国的三级教授，那时候管理学没有一级和二级教授，唯一的一位三级教授就是他。[①]

二、音乐爱好与组建交通大学管弦乐队

在交通大学就读时的许庆瑞

1950～1951年，许庆瑞担任系学生会主席，同时担任学生会音乐社（学生社团）负责人和弦乐队负责人，组织交通大学管弦乐队，演出了贝多芬与舒伯特等人的交响乐作品，并参加上海司徒海城兄妹组织的青年弦乐队，演出莫扎特的小夜曲等。能够多次参与演出，一方面与交通大学悠久的美育传统有关，另一方面得益于许庆瑞自小就受到的音乐熏陶，他跟随弗雷德·魏登堡（Alfred Wittenberg）教授等名师，多年坚持勤学苦练。

交通大学自其前身南洋公学开始，便有着优良的美育传统。1897年，也就是在风雨飘摇中诞生的南洋公学步入的第二年，便分设了师范院、外院、中院、上院。这一年，南洋公学师范总院总教习撰写了院歌《警醒歌》。1901年进入南洋公学特科班学习的李叔同，也是学堂乐歌的代表人物，由他作词的《送别》传唱至今。从1919年开始，交通大学便有了自己的合唱队、管乐队和话剧社。

许庆瑞自1945年开始学习小提琴。当时祖母病逝，许庆瑞的

---

① 许庆瑞访谈，访谈时间：2019年5月31日，访谈地点：浙江杭州。

表兄沈博珣从新加坡回国奔丧。许庆瑞的父亲在香港时见过表兄拉提琴，于是他让许庆瑞的表兄买了一把意大利著名小提琴——斯特拉迪瓦里琴（Stradivarius）的仿制品带回上海。许庆瑞喜欢听音乐，看到拉小提琴觉得也不错，便开始学拉小提琴，对西洋音乐也更感兴趣了。

在学习小提琴的过程中，许庆瑞结识了不少爱好音乐的朋友，这些朋友后来都成为知名音乐家。许庆瑞父亲有一位朋友，他的女儿、儿子都在学音乐，而且学得都还不错，其中一位就是董光光。董光光是上海人，早年跟随母亲——中国早期的钢琴家王瑞娴学琴，后来师从意大利钢琴家指挥家学习钢琴，赴美国后跟随世界著名钢琴家亚瑟·施纳贝尔（Arthur Schnabel）学琴，成为施纳贝尔的关门弟子。许庆瑞经董光光家庭介绍，跟随魏登堡教授学拉小提琴多年。

许庆瑞学小提琴时，还结识了周广仁，当时周广仁正好住在许庆瑞姑母家隔壁，所以他有机会和周广仁接触。周广仁和许庆瑞年龄相仿，是中国第一位在国际比赛中获奖的钢琴家，后成为中央音乐学院终身教授，是在当今国际乐坛上最具影响和权威的中国钢琴演奏家、教育家，被誉为"中国钢琴教育的灵魂"。

教授许庆瑞小提琴的是住在上海的犹太裔小提琴与钢琴演奏家魏登堡，1946年经董光光姐弟推荐和介绍而认识，直至中华人民共和国成立以后的两年多，许庆瑞一直跟随魏登堡学习小提琴。魏登堡曾获得钢琴和小提琴双专业学位，是德国皇家柏林四重奏乐队的第一小提琴师，水平很高，当年为了摆脱法西斯的迫害，流亡到上海，专门教习小提琴，培养的许多人后来成为小提琴家，司徒海城、司徒华城、杨秉逊等都是他的学生。司徒华城后来担任过上海市府乐团小提琴首席。魏登堡从教许庆瑞学习霍夫曼（Hofmann）开始，练习小提琴练习曲。魏登堡每星期到许庆瑞家两次，每次学习四页琴谱，他为人和善，从不训斥学生，而是带着学生一步步训练基本功。当时许庆瑞正在南洋模范中学和交通大学学习，功课很紧张，为了应对小提琴老师每周两次的作业，即使做功课忙到深夜十一二点，许庆瑞也会将老师布置的作业练习几遍。魏登堡每次除了教练习曲之外，还会让许庆瑞学习一些好听的名曲，比如舒伯特的《小夜曲》、莫扎特的《小夜曲》、贝多芬的《小夜曲》、肖邦的《夜曲》等，由易到难，以提高许庆瑞的学习兴趣，这也是敦促许庆瑞在百忙中坚持不断练习数年小提琴的第一个动力。第二个动力是许庆瑞对西方音乐的欣赏。当时上海市府乐团每周都会在上海举办一次音乐会，许庆瑞进入欣赏会的早期，是由一名意大利小提琴家任小提琴首席，在上海兰心大戏院演出。这位小提琴家回国后，小提琴首席由另一位外籍小提琴师接替，再往后就是杨秉逊、司徒华城。

因为同时跟随魏登堡学习小提琴，许庆瑞认识了司徒海城一家：

司徒海城的父亲是制作和修理小提琴的，因而他们一家都懂得修理小提琴，我的小提琴有时候出现问题就请教他们，所以跟司徒海城熟了，熟了之后，他就邀请我参加了他组织的弦乐队，我们会进行演奏，就在上海演奏莫扎特的《小夜曲》。①

在交通大学求学期间，该校的音乐社团比较多，有钢琴社团、提琴社团、弦乐社团。当时提琴社团没有人组织，由于许庆瑞认识司徒海城的学生等人，于是他把交通大学的学生组织起来，1950年交通大学组织了一个弦乐队，演奏莫扎特的《小夜曲》等。不仅如此，后来但凡交通大学有大型活动，许庆瑞就将不同的社团组织起来，组成交响乐团。当时有一位姓郑的老师在交通大学兼职教音乐，他教许庆瑞拉小提琴，在郑老师的帮助下，许庆瑞将交响乐团组织起来，并在不同的场合多次进行演出。因而从这个角度来看，许庆瑞为交通大学首创了较大规模的管弦乐队。有一次交通大学在新文治堂开展活动时，首先由交通大学新成立的交响乐团演奏了舒伯特

---

① 许庆瑞访谈，访谈时间：2018年9月5日，访谈地点：浙江杭州。

的《未完成交响乐》。

三、学生团体的组织工作

在交通大学求学时期，许庆瑞参与了学生社团和学生运动的组织工作。进入交通大学后不久，因为许庆瑞成绩优秀，在班级中表现比较突出，同学们都选他担任课代表。中华人民共和国成立之前，课代表有一个任务，就是组织学生运动。交通大学的地下党很活跃，很早就开始组织学生开展反对国民党的活动，学生的参与积极性很高，组织工作也做得很有意义。当有学生运动时，每个班上就由两三个代表去参加全校的学生会运动的组织，然后再组织自己所在班级的联合会。

每次要出去游行之前，地下党号召同学行动，就开班代表会议，给我们布置任务讲形势。我进了交通大学以后，感觉跟在南洋模范中学不同的是，我开始从事组织工作，不仅仅是念书。①

在担任系学生会主席期间，许庆瑞组织了系里的一些活动，比如开迎新会，组织系刊物《工业管理学刊》的出版。通过担任系学生会主席，许庆瑞的组织能力得到了锻炼，学会了做群众工作，参与社会活动，有强烈的责任担当。

在交通大学这里，我开始组织社会活动，从事组织工作，除了学业之外，系里面的工作、音乐社的组织工作承担得比较多，我到了三四年级，念书的时间比较少了，参加社团和学生工作等社会活动的时间比较多。②

---
① 许庆瑞访谈，访谈时间：2018年9月5日，访谈地点：浙江杭州。
② 许庆瑞访谈，访谈时间：2018年9月5日，访谈地点：浙江杭州。

值得一提的是，许庆瑞在乐队组织方面的能力，在他从交通大学毕业、1951年进入中国人民大学之后，继续得到了发挥，做了许多音乐方面的组织工作。许庆瑞在中国人民大学读书时，该校的许多干部都是从解放区过来的，在解放区紧张的工作之余，大家会跳交谊舞，将交谊舞会作为革命同志之间交流的方式：

解放区的干部给中国人民大学带来了一个习惯，其他地方倒是没有。每个星期六晚上，学校面向全校师生开交谊舞会，要找乐队，于是又把我叫去了，我在中国人民大学交谊舞会服务了几年。每个星期六的整晚都给舞会伴奏。当时乐队有一把小提琴、一把大提琴、一个萨克斯管（saxophone），还有几个木管。小型乐队一共七八个人。我们晚上从七点钟到十二点钟，给大家演奏服务，虽然很累，但是大家都很开心。后来中国人民大学也组织大型晚会，有时候让我去拉一下独奏，供大家欣赏。[①]

许庆瑞在拉小提琴（20世纪50年代初摄于中国人民大学研究生宿舍外）

时至今日，许庆瑞仍然十分感叹，他认为音乐对一个人的思维能力，特别是敏锐力、韧性等培养有很大的影响，学音乐有助于培养一个人的耐力。

---
① 许庆瑞访谈，访谈时间：2018年9月5日，访谈地点：浙江杭州。

世界历代著名音乐大师演奏的交响乐、钢琴与小提琴协奏曲、奏鸣曲、咏叹调、歌剧等各种丰富的名曲，美不胜收，吸引了交通大学、南模的广大师生。这些深刻而又动人的名曲、让人百听不厌的音乐名作，是提高我们音乐修养和爱好的不竭之源。那些著名的小提琴作品，特别是由贝多芬、柴可夫斯基、勃拉姆斯、莫扎特等所作的小提琴作品，包括世界十大著名小提琴协奏曲，吸引和推动着我坚持不懈地学习和演奏小提琴达半个世纪，从中学时代一直延续到20世纪90年代。①

许庆瑞注意到，有研究表明，学乐器会提高孩子的认知能力。

练习乐器五年以上，他各方面的能力都会提高。比如说连续一个学期拉小提琴，有很多的东西是需要配合起来的，如眼睛、手指、耳朵，你的音发出来对不对，你的耳朵马上会辨别出来，不对时手指马上轻微地移动，所以一个人的感受能力、灵敏度都会得以提高。

确实，学习音乐不仅需要专注以及多种感官的协调，还常常需要激发情绪，与其他人合作，从而为学习者提供关于进步的直接反馈，进而激发大脑的激励机制。国际教育、医学与心理学领域的许多学者为此进行了大量研究，哈佛大学医学院音乐与神经成像实验室的主任戈特弗里德·席劳（Gottfried Schlaug）就认为，音乐可以作为一种教育干预。②

许庆瑞也让自己的两个孩子学习小提琴。他认为两个孩子后来

---

① 许庆瑞手稿。
② 戈特弗里德·席劳关于音乐与治疗、健康以及与认知能力关系的新近研究，参见：Corrow S L, Stubbs J L, Schlaug G, et al. Perception of musical pitch in developmental prosopagnosia. Neuropsychologia, 2019, 124: 87-97; Loui P, Aniruddh P, Lisa M W, et al. Music, sound, and health: a meeting of the minds in neurosciences and music. Annals of the New York Academy of Sciences, 2018, 1423 (1): 7-9.

的坚持力与毅力、敏感度和顽强追求科学的精神都与当初学小提琴有关,两个孩子从幼儿园时期就开始学习小提琴,此后一直坚持了二三十年。儿子许建新即便是后来出国留学,也一直没有放弃学习小提琴。

对音乐的爱好,许庆瑞一直坚持至今。他在浙江大学的同事王燮臣谈及两人共事几十年的经历时,发现令他印象最深刻的就是他们两个人有一个共同爱好——喜欢古典音乐:

> 比如说他的音响设备是我帮他选的,我有很多碟片、音乐片、音乐光盘(CD),我送给他,他也送给我一些CD。爱好音乐是我们共同的爱好。我有时候买到很多好的唱片,就会告诉他到什么地方去买,介绍给他。他也经常打电话问我近来有什么好的唱片。①

音乐家、演奏家的优美作品和精湛演奏,无不源于他们平素一丝不苟的艰苦磨炼和严格要求。这种精神和毅力给了许庆瑞终身不忘的深刻印象,让他终身受用。不仅如此,这种精神也贯彻到了他一生的学术生涯之中,并且传承给了他的弟子和学术团队,形成了"高、精、笃、实"的团队文化。

1951年夏许庆瑞从交通大学毕业前夕,结识了同校财务管理系学生沈守勤,二人于1953年2月在上海结婚。沈守勤1953年8月毕业后被统一分配到重工业部工作。当时因她已怀孕,便向重工业部申请,分配到北京东四某四合院内的一间小屋。1954年5月,女儿许建平在此出生,给家庭带来无限的欢乐。

---
① 王燮臣访谈,访谈时间:2018年11月5日,访谈地点:浙江杭州。

第三章

中国人民大学十年：高、精、笃、实

1951年8月26日，许庆瑞到中国人民大学工业经济系进行工业企业组织与计划专业的研究生学习，毕业后留校任教，在这里度过了十年的时光。十年中深受老解放区思想作风的熏陶，初步形成"高、精、笃、实"的思想文化。

一、马列主义理论基础学习

1951年夏，交通大学四年的大学生活结束，临近毕业之际，中国人民大学到交通大学来招研究生。是毕业后到父亲的厂里工作接父亲的班还是考研究生？许庆瑞进行了十分激烈的思想斗争：

毕业以后我的父亲希望我到他的厂里面，当时国家出台一个政策，就是要服从统一分配，因为国家需要人才。我斗争再三，还是决定服从国家统一分配到中国人民大学深造。①

中国人民大学有许多院系，如计划经济系、农业经济系，还有工业经济系。工业经济系招收的都是干部，但是这些干部在学理论时有一些困难，因为学工商管理的主课需要有一定的数理化基础，需要有工科背景知识。为此，1951年工业经济系修改了招生政策，除招收工农干部外，也招收一批大学毕业生。

中华人民共和国成立以前还没有中国人民大学，它是1949年以后成立的，当时毛主席定下来要办一所大学，就把延安抗日军政大学的一批人调到中国人民大学。当时很多老干部转业搞业务，他们原来都是搞革命的，很多都来自解放区，这些老干部学习起来十分困难，不能很好地理解与掌握苏联专家的讲课内容。于是，中国人民大学在招收干部之外再招一批大学毕业生来攻读研究生。②

---

① 许庆瑞访谈，访谈时间：2018年9月5日，访谈地点：浙江杭州。
② 许庆瑞访谈，访谈时间：2019年4月26日，访谈地点：浙江杭州。

当时中国人民大学派教员石楚玉（他也是一位老干部）到交通大学进行招生面试。许庆瑞和他的同学（也是班级的班长）两个人报了名，并且都被录取了。他们是作为第一批大学毕业生攻读研究生被招过去的。录取主要根据学历，面试的目的是了解一些基本情况。后来，许庆瑞的同学没有去成中国人民大学，他去了华东工业部工作。1951年，从交通大学毕业后，许庆瑞乘火车到了北京，赴中国人民大学报到。

在许庆瑞看来，中国人民大学工业企业管理教研室是一个具有生气和活力的战斗集体，这里既有中华人民共和国成立前长期从事地下工作的老同志，也有出生于革命家庭的年轻人，还有从大学奔向革命老区的知识青年，而像他这样从"学校到学校"的知识青年却不多：

中国人民大学的很多老师是跟我年纪差不多的年轻人，有革命经验，思想非常活跃。比如跟我一起在交通大学学习的同学徐昶，中华人民共和国成立前夕因搞学生运动，国民党要抓他，于是转移到苏北，参加了苏北新四军，后来在中国人民大学我们又碰到了。我是毕业后招去的，他是国家把他派去的，很巧，交通大学一年级的同学，我俩在中国人民大学又碰上了，后来也一直与他保持着联系。[1]

中国人民大学是中华人民共和国成立初从革命圣地延安迁入北京的，教师与干部大多来自延安，具有优良的革命传统。校长是革命元老吴玉章。入学的研究生均作为加入革命队伍的革命青年，并沿袭了延安时期的革命传统。像许庆瑞这样从大学毕业后直接入学的，每月有15元的津贴，冬季学校发放黑色的棉衣裤，每个学生发一个用粗麻绳编成的折叠式的小板凳，供在大操场上开会时使用。

---

[1] 许庆瑞访谈，访谈时间：2019年4月26日，访谈地点：浙江杭州。

许庆瑞回忆道：

到中国人民大学的第一年，学的是马列主义基础。马列主义是入学时最重要的基础课程，并且要求看原著，做阅读笔记。这对刚从大城市院校来的学生来说，学习起来比较艰难。这些课程从原始社会一直讲到社会主义，接着讲述历史怎么发展过来、人类社会怎么发展过来的，给了你系统的马列主义的理论教育。比如说当时学辩证法，我原来是看通俗读本，尤其是艾思奇写的通俗读本，到了中国人民大学完全不一样了，都要看原著。我原来学习的那些知识都是一些最基础的，但是到了中国人民大学，学得比较深。列宁的著作、马克思的著作等马列主义的主要著作，第一年都要看完。除了马克思主义基础，还会学习中国革命史、世界共产主义运动史，包括工人运动怎么起来的，《共产党宣言》一书怎样发表的，等等。①

第二门课程是辩证法，许庆瑞觉得自己的哲学基础是在那个时候打下的，比如从这个时候开始理解对立统一规律等。

我觉得我以前对辩证唯物主义是不太了解的，在大学包括在交通大学，当时交通大学讲的政治课没有这么深的，中国人民大学的特色就是仿照当时苏联的培养模式，苏联当时派来的专家都是顶级的专家，这些人给我们讲辩证唯物主义、历史唯物主义、经济学。这对我们认识、看待事物的方法都产生了影响，让我们学会辩证思维，不是用一种绝对的观点、静止的观点，而是用发展的观点来看问题。其次，从辩证唯物主义来讲，要寻找事物发展的规律，而辩证法就是找出事物发展普遍规律的方法之一。②

---

① 许庆瑞访谈，访谈时间：2018年9月5日，访谈地点：浙江杭州。
② 许庆瑞访谈，访谈时间：2018年9月5日，访谈地点：浙江杭州。

许庆瑞在学习这个观点以后，研究任何问题都试图找出它的规律性，也体悟到我们理解事物才能有深度，而不是被表面现象所遮蔽，才能看到事物的本质和规律。

除了马列主义和辩证法，许庆瑞还学习了政治经济学，这门课让他了解了马克思主义的经济学知识：

> 过去在交通大学只讲经济学，到了中国人民大学学的是政治经济学，这门课把马克思主义的资本论、经济学中的剩余价值、共产主义的基础理论讲清楚了，包括为什么共产主义可以胜利、资本主义必然灭亡的规律等，打下了马克思主义的经济学知识基础。[1]

除这些课程之外，许庆瑞还学习了"中国革命史"，授课的老师是胡华教授。胡华在延安时就加入中国共产党，华北大学成立后，担任过共产党史教学组组长，负责编写教材，他编写的《中国新民主主义革命史》，是中华人民共和国成立后出版的第一本中国革命史教材，推动了中华人民共和国成立初期全国学习中共党史的热潮。[2] 在中国人民大学最初半年的学习，给许庆瑞打下了坚实的马克思主义理论基础。这些课程的修习，让许庆瑞开始从朴素的拯救贫穷落后中国的理念转向用马列主义世界观来重新认识世界。

在研究生一年级的学习中，大部分同学能够坚持下来，但退学的人也有，许庆瑞坚持了大半年，中途因为胃出血被迫休学。休学的一年，许庆瑞回到上海老家养病。养病期间，他把马克思主义的相关图书认真地看了一遍，还完成了不少读书报告，迅速提高了马克思主义思想水平。不仅如此，他还担任上海青年团静安区病休人员的支部书记，与范文兰同志一起组织病友学习，学习革命前辈的精神，增强斗志，力争早日康复。

---

[1] 许庆瑞访谈，访谈时间：2018年9月5日，访谈地点：浙江杭州。
[2] 周一平. 中共党史研究七十年. 长沙：湖南出版社，1991：256.

回忆起在中国大民大学第一年的学习，许庆瑞感叹，在那里很重要的就是学到了马列主义的基础知识，包括辩证唯物主义的哲学观：

一个人如果没有哲学思想的话，思维就不行，没有辩证的思维，因为辩证发展的观点能够看到事物的发展规律和本质。

这对他今后的研究起了很大的作用。许庆瑞的研究队伍中，大家都认同辩证唯物论，并且将它作为研究与分析问题的主导思想。

由于学习了马列主义，许庆瑞坚定了知难而进、攀登科学高峰的信心。马克思在《资本论》中写道："在科学上没有平坦的大道，只有不畏艰险沿着陡峭山路攀登的人，才有希望到达光辉的顶点。"[①] 马克思的这一名言，成为许庆瑞当时学习的座右铭，他立志必须攀上高峰，到达光辉的顶点。[②] 在中国人民大学读书期间，许庆瑞每天认真听课、学习看书，直到深夜，为此两眼常常充满血丝，人也十分消瘦。爱人沈守勤每月从自己43.5元的工资中给许庆瑞15元用作伙食费，让他多喝牛奶，增加些营养。

二、工业企业组织与计划专业的理论学习

1952年8月病愈后，许庆瑞返回中国人民大学继续研究生二年级的学习。研究生一年级的课程是基础课，从二年级开始主要学习专业课。

许庆瑞当时使用的一本专业课用书，是由苏联纺织工学院的教授约菲自己编写的，叫作《工业企业组织与计划》，该书主要讲授企业应如何组织。该书共有十四章，封面是浅黄色的，人们称之为

---

① 杨智，黄栋梁，陈继林. 马克思主义学说与党建理论. 武汉：湖北科学技术出版社，2008：214.
② 许庆瑞手稿.

"黄皮书"。该书在当时的中国产生了很大的影响，差不多每一个企业都选用这本书。当时讲授社会主义工业企业管理的书独此一本，这是当时国内第一本新企业管理教材，甚至连国务院主管经济管理的薄一波副总理都认真阅读。

薄一波副总理当时也是管经济的。有人问他："你怎么管经济管得这么好，你看的什么书？"薄一波就回答："我就看中国人民大学这本《工业企业组织与计划》。"①

在中国人民大学学习时摄于北京展览馆前

专业课用书除了《工业企业组织与计划》外，还有《工业经济》《企业经济活动分析》。虽然中国人民大学的专业课程不多，但是学生要读大量的原著。许庆瑞虽然在交通大学时期学习过工业管理工程，但是和苏联专家讲授的不同——交通大学学的是美国的一套管理知识。中华人民共和国成立后，大学工科的专业课没有受社会制度的影响，但是后面学经济方面的知识时，由于资本主义是以经营管理资本主义经济为中心，再教这些管理知识就不合适了，交通大

---

① 许庆瑞访谈，访谈时间：2018年12月14日，访谈地点：浙江杭州。

学当时就请留过苏的祝伯英给交通大学的学生讲苏联的劳动经济。许庆瑞在中国人民大学求学期间学习的经济理论主要是社会主义经济学。管理学的基础理论中，非常重要的一门就是经济学，企业的经济实际上是企业里面更深层次的内容，应该符合整个社会经济发展规律。从产业发展规律再到企业中的规律，因为企业经济是整个社会主义经济学的一个部分，所以经济学专注于社会主义经济学的发展规律。当时西方一些国家，都把企业管理作为经济学的一个重要分支。这一点与美国不一样，美国的研究管理着重于从工程上来讲，较少从经济上来谈。另外，美国社会反映出来的是资本主义主导下的经济规律，美国的研究路线不能用到我国的企业中来。社会主义经济学的基础和美国不一样，研究社会经济发展的规律，社会主义经济在企业里面又体现出来了，比如说价值规律，在企业中的应用就体现在经济核算、成本管理等上。要学好企业管理，必须要有经济学的基础和理论，许庆瑞认为这是中国当时从苏联学习到的有益知识。

在中国人民大学学习期间，让许庆瑞记忆深刻的还有校长吴玉章。吴玉章是中国革命队伍中的三大元老之一，是中央委员，同时兼任中国人民大学校长。许庆瑞记得，吴校长很认真，每到开学前，他都会到学生宿舍里面来看望学生，检查开学前的准备工作。

所以每年我在宿舍里面都会碰到这位老校长，他来看我们宿舍准备得怎么样，他很关心学生的生活，为人很和气，当时他年纪很大了，估计有七八十岁了，头发都白了，拿着拐杖有人扶着，工作起来很认真。[1]

三、在上海机床厂和北京机床厂毕业实习与调研

在第一年学完基础课、第二年学习专业课的后期，中国人民大

---

[1] 许庆瑞访谈，访谈时间：2018年12月14日，访谈地点：浙江杭州。

学要求学生一定要做一篇毕业论文,而且毕业论文要到企业中去做。许庆瑞当时做的毕业论文的研究领域是机械工业的技术管理。

在做毕业论文期间,许庆瑞的苏联导师回国,接任许庆瑞导师的是一位中国老师,名叫王嘉谟,是中国人民大学前两届的毕业研究生,毕业后留校任教。当时的管理分为几大块:生产管理、材料管理和技术管理、成本管理。研究技术管理的人不多,许庆瑞在交通大学期间学习过机械工程,技术方面比较熟悉,于是就开始从事技术管理方面的研究。① 他选择到上海机床厂进行调查和研究。

到上海机床厂后,许庆瑞发现了新产品试制中的问题,当一种产品产量达到全国企业的需求量后,如果没有开发出新的品种满足各方面需求,就会出现产品滞销的情况,原有产品无人问津,如果新的需求品种研制不出来就会出现"吃不饱又吃不了"的问题。当时的社会需求变化趋势要求从单一品种发展到多品种,要求从产品的设计之初就进行管理,而不仅仅是对生产流程进行管理。在这个过程中,他更加强烈地意识到技术管理对企业的重要性。

上海机床厂当时在技术管理方面属于做得比较好的,许庆瑞到该厂后,一待就是半年,住在机床厂的工人宿舍里,有空就跟工人聊,和工人打成一片,以便获得更多的一手资料和真实情况。经过深入调查,许庆瑞发现,该厂的新产品试制是一个大问题。产品在机床上进行生产满足了当时的社会需求后,若无后续工作,工人就无事可做了。问题出在哪里呢?许庆瑞发现,如果不试制新产品,而是千年不变地重复生产一种产品,工厂肯定不能长久发展:

上海的工人与技术人员头脑比较灵活,脑子转得快,我们这些概念提出来,当时总工程师很重视,马上把这个概念吸收过去了:要学苏联生产技术准备这一套,进行新产品试制。当时每一个礼拜

---

① 中国企业管理当时分为八大部分,即计划管理、技术管理、财务管理、人事管理、安全管理、生产管理、材料管理、成本管理。

总工程师的助手——生产技术准备组长,都要开会检查生产技术准备方面的问题,我跟他合作,把很多概念告诉他,然后由他带上去给厂里的领导,他们领会得很快。后来工厂很快就转型了,从生产单一品种转向生产多品种,后来上新品种很快。厂里从开始只会做工具磨床,后来发展到了会做多种生产磨床,包括齿轮磨、平面磨各种磨床都做出来,生产就上去了。①

从这次机床厂的调查实践中,许庆瑞深刻地体会到,要做研究,不能脱离实际。这也与中国人民大学本身注重实践的特点有关,什么问题都从实际出发。许庆瑞在中国人民大学学习期间,对此体会深刻,他学习每一篇文章,都要先了解文章的背景是什么,不能是无源之水,一定要弄清楚这个问题是在哪里提出来的,然后再跟进。

我后来做研究就跟学生讲,你们一定要深入实践当中,不要局限于专注在房间里看书写论文,这样是写不出好东西来的。你面对的是实际问题,你的研究是要解决问题的。所以我坚持和学生一定要到实践当中去。②

经过四年的研究生学习,1955年8月,许庆瑞毕业,和李丽华两人留校任教。李丽华曾是一名地下党员,后来调到昆明理工大学任管理系主任,几十年来,两人一直保持联系,交流工作,有着深厚的友谊。

四、打响管理教材改革的第一枪

中国人民大学工业经济系当时有三个教研室,即工业经济教研室、工业企业组织与计划(后来叫工业企业管理)教研室和技术学

---

① 许庆瑞访谈,访谈时间:2018年12月14日,访谈地点:浙江杭州。
② 许庆瑞访谈,访谈时间:2018年12月14日,访谈地点:浙江杭州。

教研室。技术学教研室负责讲授技术方面的知识，比如工业中的纺织、煤炭、机械等，这些是技术学的内容，目的是让学生掌握一些技术方面的知识，因为许多学生不是毕业于工科学校。在课程设置上，最基础的课程是经济基础方面的课程，也就是经济学，还有哲学类的一般课程。第二层次的课程就是工业经济学，主要是部门经济。第三个层次的课程是专业课，主要就是工业企业管理，以及技术定额制定、工业企业经济活动分析等。中国社会主义工业企业管理学的学科体系和内容，是20世纪50年代初期从苏联引进的，一般习惯于按照管理业务来划分学科内容，如组织管理、计划管理、供销管理、生产管理、质量管理、技术与科研管理、劳动人事管理、设备管理、成本财务管理、行政和生活福利事业管理，学科名称叫作"工业企业组织与计划"。1958年教学改革，将名字改为"工业企业管理"，并结合我国企业的实际对内容进行了调整和补充。许庆瑞讲授和研究的主要方向是技术管理，包括新产品研制和企业管理。

许庆瑞第一次讲课是给学校国民经济计划系的本科生。当时，除了给学生讲授《工业企业组织与计划》这本教材的14个章节以外，他还讲了"生产技术准备与新产品试制"这一章节。这是新内容，技术性较强，同学们反映很好。当时的管理学还没有像今天这样有许多不同的分支学科和课程，当时学校的工业经济系的主要课程有两门，一门是"工业企业管理"，一门是"工业经济学"。工业经济系有两个教研组，一个教研组专门讲"工业经济学"，有几十位教师；另一个教研室负责教"工业企业管理"，"工业企业管理"下面分了很多不同的类别，如生产管理、技术管理、财务管理、劳动管理，合起来形成了一门总的课程，即企业管理。

同样，许庆瑞在讲授"工业企业管理"中着重讲技术管理：

做出一个产品首先要设计，怎么设计，设计怎么管理，需要像工程一样，工程如果管理不好，就要返工，所以要有一个规律性知识。要设计好一个产品，要按什么步骤来设计，这就是设计管理。①

为了讲好这门课程，许庆瑞自己编写了技术管理的教材和讲义。②

按照他的思路，技术管理领域主要分为五个部分。第一部分是技术准备，一个产品出来以后，首先技术上要准备好，比如说加工要有图纸，设计、质量要保证，技术管理的第一步就是设计管理，设计工作怎么管理好就是一个重要问题。当时中国的"三反""五反"运动中，出现了很多工程上返工的问题，就是因为没有按照规则来进行。按照规则，第一步是大框架的设计，然后逐步深化，最后到设计能够加工的图纸。如果不按照程序，机理上如何实现还没弄清楚，第一步就开始设计零件图，那么这个零件即使生产出来，也没办法派上实际用场。这就使得当时的工业生产出现了很多浪费。因此，按设计程序办事很重要。

第二部分是组织工作。在技术设计中会有不同的设计人员，这么多设计人员如何进行分工组织、成立什么科室、大家如何分工和配合，都需要进行管理，避免人力浪费。

第三部分是图纸管理。图纸如果出错就需要修改，修改完以后必须将原图也修改，这些都要考虑到。当时的情况是，工厂现场生产时发现了问题，便让技术人员修改图纸，但往往出现仅现场改图却没修改设计原图的情况，那么下次按照原图做又会出错，所以图纸的管理也非常必要。

第四部分是工艺管理。图纸设计之后接下来的环节是工艺，要把产品按照图纸加工出来，但是按照图纸做出产品有很多不同的加

---

① 许庆瑞访谈，访谈时间：2018年12月14日，访谈地点：浙江杭州。
② 1961年7月，中国人民大学工业经济教研室编写了《中国工业企业管理讲义》，其中第二章为"新型的社会主义工业企业的管理制度"，第二节为"党委领导下的厂长负责制"。参见：工业经济教研室.中国工业企业管理讲义（上）（供校内讨论修改用），1961年；工业经济教研室.中国工业企业管理讲义（下）（供校内讨论修改用），1961年。

工方法，哪种方法最经济、最合理？这就需要用到工艺经济学，比较不同的工艺方法在质量、需要消耗的人力和物力上有什么区别。因此，设计管理的下一步就是工艺管理。

工艺管理结束后就是第五部分的工机具管理。要加工一个零件需要有加工的工具，用什么工具进行加工、如何保证定位正确等，都需要进行工机具管理。工机具管理还包括工机具设计、制改、保养及维修，工具准备后还要保证设备的正常运转。此前的工业企业管理中没有很好的设备维修制度，都是等到机器坏了再修，修理时工人停工，会造成工时的浪费。因此需要改成计划预修制度，定期检查，就像人做体检一样，在发生事故之前先把问题扼杀在摇篮里。

按照这些设想，许庆瑞讲授的技术管理在当时主要分为五部分，这是他自己进行的改革。在此之前，从苏联借鉴的企业管理，没有技术管理这部分，正是因为意识到技术管理的重要性，许庆瑞的研究生论文就专门到上海机床厂进行调研和做技术管理。

> 因为我的导师当时认为技术管理在中国是薄弱环节，中国当时最早是抓生产管理，以生产管理为中心，生产管理里面重点是抓计划，安排好每个人什么时候做什么事，防止误工和劳动力浪费。第二步就发现了光是生产管理不行，必须要有技术管理，所以后来企业里面也重视技术管理了，不能光是老产品、老面孔，一定要有新产品出来，所以我研究生的论文就搞的新产品研制，怎么样把新产品搞出来，不光是老产品。①

从单纯的生产管理到重视技术管理，是许庆瑞在中国人民大学时期的一大发现。尽管如此，许庆瑞依然在琢磨如何让学生在课程讲授中受益，并且让学生感受到最主要的是缺乏生产技术准备与新产品试制方面的实践经验和经历。在此后的两三年中，许庆瑞在下

---

① 许庆瑞访谈，访谈时间：2018年12月14日，访谈地点：浙江杭州。

厂调研之际，会亲自参与厂里的新产品技术准备与试制。特别是在上海机床厂调研和学习的那几年，他参与了该厂总工程师的生产技术准备工作，组织协调了生产车间、试制车间的新产品技术准备和试制，将此前在生产过程中彼此分离的生产技术准备和试制过程结合起来。

在上海机床厂调研时，许庆瑞所在的生产技术准备组组长是吴舜耕，许庆瑞从他那里学到了不少书本上学不到的东西。

1958年，适逢中国开始进行教学改革，破除苏联的教条主义。20世纪50年代初期，许庆瑞进入中国人民大学读研究生，当时苏联是"老大哥"，认为跟苏联走就没错，把苏联的东西搬过来就是最先进的，其实苏联也有落后的东西，比如技术方面就比西方落后。许庆瑞看苏联的书，发现苏联做到了而我们没做到的就是生产技术准备管理这一部分，所以许庆瑞首先就把苏联书籍中有用的东西拿过来。

在这种背景下，许庆瑞与中国人民大学工业经济系的教师一起进行了管理教材的改革。对此，许庆瑞回忆道：

> 1958年下半年，徐昶和我带机械本科班同学到上海机床厂实习，学生队伍中有一位调干生名安邦。他到标准件车间修理组参加劳动并实地了解全车间的设备状况，如实写了《标准件车间设备磨损情况、原因分析和改进情况》的报告，并送机床厂厂领导。领导很重视，批交总机械师复查，结果完全符合实际情况。厂领导责成总机械师对全厂设备进行排查，这也是我们下厂的收获之一。[①]

在技术管理方面，许庆瑞主要参考的是苏联亚波里斯基的《新产品快速掌握法》以及《苏联机器制造百科全书》的第七卷第十五章——生产技术准备。

---
① 许庆瑞手稿。

1958年，调干生安邦（中）与上海机床厂工人共同查看研究设备磨损情况

当时我看《苏联机器制造百科全书》，苏联这个做得还不错，《苏联机器制造百科全书》中有一卷也是讲的生产管理，还有一卷讲的是技术准备，我把这部分翻译成中文，并结合我在企业中的调查，融合到我自己撰写的企业的技术管理这一部分。①

1959年，许庆瑞在与中国人民大学工业经济系师生到上海机床厂蹲点调研的基础上，总结了该厂在质量管理及技术管理方面的经验，深入研究该厂发展新品种、新产品试制和生产技术准备方面的内容，将其纳入新编教材的技术管理篇章，充实了技术管理部分的内容，改变了只注重当前的生产管理，忽视长远的发展新产品、新技术及技术管理的偏向，使管理学的内容与教材趋于全面和完整。

通过将自己对上海机床厂的调研与苏联教材中技术管理的部分相融合、充实并发展适合中国工业企业生产实际的技术管理，许庆瑞进一步认识到，仅有理论上的知识是远远不够的，只有参加到实践中，亲自了解事物的发展过程，才能进一步体会到实践出真知的道理。

---
① 许庆瑞访谈，访谈时间：2018年12月14日，访谈地点：浙江杭州。

我觉得调查研究是一个基础，这么多科研成果出来，我们落地的，都是有实际依据的东西，不是光看看资料，而是要带着学生做实地调查，这是我们的调查方法，很重要。我们做研究一定要从实际出发，这些观点不是脑子里想出来，我如果不到机床厂去，就不会对生产技术准备有深刻的体会。①

也就是说，从过去的强调生产管理，提出由以计划管理为中心转到以技术管理为中心，这是许庆瑞在管理教材改革上做出的重要贡献。如果仅仅注重生产管理，而不注重多品种发展的技术管理，就会导致产品卖不出去，这种情况在当时的中国并不少见。比如上海机床厂生产了工具磨床，而且只能单一生产工具磨床，生产之后很快就会达到全国饱和的使用量，因为一个机床可以用几十年，人们当然不会很快再买第二台、第三台，所以工厂经营就会遇到困难。仅仅抓生产管理是不够的，一定要多品种发展。发展多品种就需要进行新产品设计，这是技术管理的重要内容。技术管理涵盖从常规的工艺管理转向新产品设计、生产技术准备，包括图纸和工艺工程乃至工具的管理，有了这一套管理之后才可以发展出来多品种的新产品，多品种发展与生产管理大相径庭，而且生产管理中间还有一大堆技术管理工作。这样一来，许庆瑞就将技术管理的概念扩大了，将工艺管理提高到工艺设计与管理，不仅有工艺，还要涵盖设计以及新产品的技术准备。这部分的思想后来也被写入1961年7月工业经济教研室编写的《中国工业企业管理讲义》之中。

五、参与修订《工业七十条》

除了在教材与讲义编写中融入技术管理，中国人民大学工业企业管理教研室还打响了管理教材改革的第一枪，否定了原来采用的苏联模式。在这些研究和教学工作的基础上，1958年，许庆瑞与中

---

① 许庆瑞访谈，访谈时间：2018年12月14日，访谈地点：浙江杭州。

国人民大学工业企业管理教研室同人一起进行管理教材改革，编写了具有我国特色的工业企业管理教材。教材进行了两大改革，一个是否定了泰勒制，一个是否定了一长制（厂长负责制），提出建立新的企业领导机制与管理体系，新型的社会主义工业企业的管理制度中，应该实行党委领导下的厂长负责制、职工代表大会制等基本管理制度与各项业务管理制度。这次改革是与中国当时进行的《国营工业企业工作条例（草案）》（也称《工业七十条》）的修订相一致的。

"大跃进"开始之后，中国的经济发展一度停滞，企业生产出现了问题，管理混乱，大批设备受损，产品质量和劳动生产率低，技术人员的积极性受挫，许多企业处于瘫痪或半瘫痪状态。1960年下半年开始，中央针对工业生产中出现的计划与制度管理失序，以及国民经济困难的严重性，提出了"调整、巩固、充实、提高"八字方针，并深入企业进行调查研究。首先是李富春带领国家计划委员会、国家经济委员会、第一机械工业部（以下简称一机部）、中国科学院经济研究所和北京市委等单位的人到北京第一机床厂展开工作。接着，国家计划委员会、国家经济委员会到石景山钢铁公司等企业继续调研。薄一波在北京主持了中央局经委主任和省市主管工业的党委书记参加的座谈会。[①]1961年6月，薄一波接替李富春，到重工业基地沈阳继续进行调查，并在中共中央东北局的协助下，开始起草《国营工业企业工作条例（草案）》。

许庆瑞在研究生学习期间，发现了技术管理的重要性，当时所有的机械工厂都由一机部管理，该部也认识到了技术管理的重要性，许庆瑞就与其联合，拓展技术管理领域的工作。20世纪50年代末，中国人民大学的工业企业管理教研室和一机部的联系非常密切，一机部的领导和中国人民大学的校长等，原来都一起在延安从事革命工作，是革命队伍里的老战友。所以，一机部遇到问题就会找中国

---

① 林超超. 动员与效率：计划体制下的上海工业. 上海：上海人民出版社，2016：149.

人民大学帮助解决，因为这些干部不仅重视实践，还比较重视理论。正因如此，结合技术管理的工作，许庆瑞参加了一机部的很多工作，其中就包括《工业七十条》的修订工作。汪道涵时任一机部副部长，他让中国人民大学派教师和一机部同志一起进行企业规章制度的研究。

在此背景下，1960年，应一机部汪道涵副部长及部政策研究室的邀请，许庆瑞参加了一机部在上海机床厂的调研工作。一机部工作组成员包括在中国人民大学学习过的李六平、王都等同志。许庆瑞和他们一起，又与国务院发展研究中心马洪主任率领的工作组一同进行修订《工业七十条》的工作调研。

在工作调研中，许庆瑞结合上海机床厂的实际，总结了该厂在质量管理及技术管理方面的经验，深入研究该厂发展新品种、新产品试剂和生产技术准备方面的内容，除了纳入新编教材的技术管理篇章之外，还将从工艺管理到技术准备纳入《工业七十条》的管理规程中，这也是许庆瑞通过调研做出的贡献：

马洪找了中国科学院经济研究所，当时所长是孙冶方，经济学家，他是有名的苏联二十七个半的马列主义者。他到苏联学习过，是真正的有学术研究水平的人，我深受他的影响。他想一个问题可以一晚上不睡觉，一直把这个问题想出来为止，非常厉害。他当时看出苏联一个很不合理的东西，就是设备的折旧费用不能用于修理，不能用作设备更新。他把它叫"豆腐要卖猪肉的价钱"，为什么？坏的机床不能更新，因为修理比买新机床合算，这个观点是不对的。设备老到一定的时候，你修出来，花的钱还不如买一台新的，所以他提出"豆腐要卖猪肉的价钱"这个观点。当时经济改革里面以他的思想作为主导，不能搞老的、陈旧的方法，应该寻找新的管理方法，当时一机部的副部长跟着他一起研究用经济方法来管理企业，过去都是用行政手段来管理企业，不讲经济规律。这在我们中国政革上也是一个里程碑，所以后来我们就按这个思路来进行调研。[1]

许庆瑞不仅与中国人民大学工业企业管理教研室的同志一起进行管理教材改革，编写了具有我国特色的工业企业管理教材，对泰勒制和一长制的否定还写入了《工业七十条》。也就是说，许庆瑞及其所在的工业企业管理教研室进行的管理教材改革，与中国经济与政治制度的发展与实践是紧密结合在一起的。

为什么要否定泰勒制？泰勒制是美国的管理思想，用科学的方法进行劳动定额，被列宁称为"榨取血汗的'科学'制度"：

> 我在交通大学读书的时候，就学习过泰勒制，美国管理里面有很多泰勒的思想，他的科学方法就是劳动定额，以前工人做工没有定额，一天做下来，老板给你多少钱就多少钱。泰勒发明了动作-时间分析法，测定定额。比如做杯子要分几道工序，每道工序需要多少时间，然后你拿秒表给它测定，每个动作多少时间，要给他加起来，列宁称之为"榨取血汗的'科学'制度"。为什么科学？他的方法是科学的，给出了定量的计算方法，但最后是要榨取工人血汗的。定额越来越紧，让工人付出越来越多的劳动，所以"榨取血汗的'科学'制度"是泰勒的主要思想。苏联当初学美国的时候也把它拿过来，苏联用一套定额制定方法，基本上是泰勒这套方法。以图解决"工人没有积极性""做多做少一样"的问题。不解决就会"做多做少一样"，要找到新的管理方法。我们在中国人民大学时的管理教材大改革，就是把美国这一套泰勒方法否定掉。通过新设计、新的工时定额制度调动工人的积极性。[2]

为什么要否定一长制呢？一长制是苏联提倡的企业管理制度。

---

[1] 许庆瑞访谈，访谈时间：2018年12月14日，访谈地点：浙江杭州。
[2] 许庆瑞访谈，访谈时间：2019年4月26日，访谈地点：浙江杭州。

中国全面学习苏联时期，苏联专家来到中国，其中有相当一部分专家在中国人民大学。学校按照苏联方法进行教材改革，这在全国是起到了领先作用的，很多学校、工厂都派干部等到学校来学习。在这种情况下，一长制被引入。一长制就是"首长说话算数，没有民主"，在东北推行了一段时间之后发现行不通。当时有领导提出，中国革命的经验是要发扬民主，在党的会议上都可以对领导提意见，而苏联的管理制度中却没有这一条，只讲绝对服从，过于偏重领导的作用，群众的作用不能得到发挥。

中国的革命经验比苏联要丰富，毛泽东主席领导中国解放、进行革命战争，比苏联搞得彻底，所以到现在我们国家比较稳定。①

许庆瑞和工业企业管理教研室的老师发现苏联的一长制在中国行不通，苏联专家所编写的教材也只是根据苏联的经验来进行的，于是工业企业管理教研室一批年轻教师首先提出来要修改苏联的教材，改革企业领导制度，实行党委领导下的厂长负责制，主要强调民主管理，反对一长制，这些改革被写入他们编写的教材之中。1958年9月，工业企业管理教研室完成了初稿《工业企业管理讲义》。1961年7月，人民大学工业经济教研室在初稿的基础上进一步完善为《中国工业企业管理讲义》上下册，其中第二章为"新型的社会主义工业企业的管理制度"，第二节为"党委领导下的厂长负责制"：

我们第一次把苏联教材中不合国情的部分改掉，改成适合中国的，将苏联的企业领导制度改掉，改成单位的厂长负责制、职工代表大会制度，苏联的管理教材领导制度是一长制，我们的领导制度是党委领导下的厂长负责制的民主管理。共包括三个制度，党委领

---

① 许庆瑞访谈，访谈时间：2018年12月14日，访谈地点：浙江杭州。

导下的厂长负责制、职工代表大会制度，还有"两参一改三结合"的合理化建议。"两参"是指工人参加管理、干部参加劳动。干部不能只是指手画脚参加劳动，所以我们中国干部参加劳动是从这个地方开始的。"一改"是改革不合理的规章制度，制度不能一成不变，所以我们这个是按辩证法在改革企业制度。当时在管理方面提出了八大管理，即计划管理、技术管理、财务管理、劳动管理、人事管理、安全管理、生产管理、材料管理、成本管理，技术管理只是其中一个方面。我们率先进行了改革以后，其他单位认为这个方向是正确的，也都跟了上来。现在我们企业里面还有这些管理制度，其影响一直延续到现在。①

在工业企业管理教材的改革中，许庆瑞和教研室的同事一起，从国家的发展与需要出发，提出了反对一长制的观点。这种观点和改革后来也融入《工业七十条》之中。

《工业七十条》强调既要依靠专家，又要依靠职工，要"两条腿"走路。《工业七十条》的制定是一个划时代的改变，促进了企业转型，在中国的工业发展中起到了很大的作用。

正是因为这个重大转变，党委领导下的厂长负责制这部分改革受到了邓小平的关注和重视。1961年开始，国民经济进入调整时期，新中国还没有一套完整的、切实可行的工业企业管理办法，邓小平对工业条例的起草抓得很紧。1961年7月初，薄一波主持的《国营工业企业管理条例（草案）》起草小组写了初稿，其中就包括计划管理、责任制度、技术管理、经济核算等具体问题。7月29日，邓小平对东北工业进行调查之后，听取了薄一波关于工业企业管理条例起草情况的汇报和说明，并组织大家对条例进行反复讨论。会上大家提出工业企业管理条例研究出来难度很大，可以只主

---

① 许庆瑞访谈，访谈时间：2018年12月14日，访谈地点：浙江杭州。

攻企业管理条例，主要写企业内部问题。对此，邓小平表示赞成。[①] 此后，邓小平主持中央书记处会议，对《国营工业企业工作条例（草案）》进行反复讨论，并最后将草案归纳为70条。8月11日，邓小平主持中央书记处会议，在讨论关于加强党委对企业的领导、党委领导下的厂长负责制这部分内容时，引起轩然大波，为此，邓小平决定亲自修改和构思这部分内容。最后根据邓小平的口授写成并讨论通过了党委领导下的厂长负责制，即《工业七十条》中的第五十四条、第五十五条、第五十六条、第五十七条，具体内容包括：在企业的生产行政上，实行党委领导下的厂长负责制，实行集体领导和个人负责相结合的制度；企业生产行政中的重大问题，必须由企业党委讨论和决定；企业党委应当支持以厂长为首的全厂统一的行政指挥系统行使职权，应当认真维护各级和各方面的责任制。不仅如此，关于党委领导下的厂长负责制及党委的工作、厂长的权力，在条例的总则中做了规定：在国营工业企业中，实行党委领导下的行政管理上的厂长负责制，是我国企业管理的根本制度。企业内的一切重大问题，必须经过党委讨论决定。[②] 党委领导下的厂长负责制的提出，对恢复和建立正常的生产秩序，提高企业的管理水平、技术水平和生产水平起到了重要作用。

由于《工业七十条》是原则性和纲要性的框架，并没有说清楚其中的道理，于是马洪根据薄一波的意见，组织中国科学院经济研究所和一些院校组成了编写小组，由马洪负责主编，形成了《中国社会主义国营工业企业管理》[③] 一书。许庆瑞也加入该书的编写工

[①] 高志中.艰辛的探索：1952—1976年的邓小平.福州：福建人民出版社，2014：135-136.
[②] 吴振兴，孔昕.邓小平.北京：中国工人出版社，2014：166-168.
[③] 这本书出版了两套，一本是马洪等编写的《中国社会主义国营工业企业管理初稿之二》，由中国科学院经济研究所于1963年出版。还有一本，分上下两册，是《中国社会主义国营工业企业管理》编写小组编写的《中国社会主义国营工业企业管理》，由人民出版社于1964年出版。

作中：

  按照《工业七十条》整顿企业时，因为《工业七十条》仅仅是一些简单的条条框框，并没有具体的执行规则，企业要整顿，要想办法弄一本书出来，介绍企业管理到底应该怎么管，于是薄一波让人民出版社出一部书，讲工业企业管理到底怎么管。编写任务交给了马洪。马洪原来是国务院发展研究中心主任。接到任务后，马洪就找了中国科学院经济研究所的孙冶方，经济研究所把这个任务交给了工业经济组。后来我们就和工业经济组编写了一部书，叫《中国社会主义国营工业企业管理》。[①]

  《中国社会主义国营工业企业管理》经过多次修改，1963年出了初稿，1964年由人民出版社内部出版发行，全书共60万字，其中技术管理和工业企业的生产组织这两部分是许庆瑞撰写的。这本书是中国社会主义企业管理学的奠基之作[②]，是新中国第一本有影响的企业教科书[③]，是中国一部较早从理论和实践的结合上论述中国社会主义国营工业企业管理的专著[④]。也就是说，该书的出版是为了配合《工业七十条》，从理论和实践上说明如何解决工业企业管理中的问题，以解决中国实际问题为中心，让大家了解工业企业管理为什么要做这些改革，并总结了革命根据地时期和中华人民共和国成立后的工业企业管理经验[⑤]，提出了反映中国社会主义企业组织结构的理论。特别是，其中提到管理的组织形式要按照生产过程的工艺特点、产品对象和布局来划分车间、工段和小组，并且建立行政管理

[①] 许庆瑞访谈．访谈时间：2018年12月14日，访谈地点：浙江杭州．
[②] 熊勇清．管理学100年．长沙：湖南科学技术出版社，2013：337．
[③] 石俊志．商业性债权转股权法律研究．北京：中国检察出版社，2005：210．
[④] 《中国经济科学年鉴》编委会．中国经济科学年鉴1984．石家庄：河北人民出版社，1986：856．
[⑤] 中南财经大学．经济科学学科辞典．北京：经济科学出版社，1987：19-20．

机构。

《中国社会主义国营工业企业管理》出版后，成为社会主义工业企业管理的奠基性教材，是当时干部的必读教材。为此，还举办了培训班让干部更好地学习管理知识：

这本教材到目前为止，也是人民出版社出版过的很重要的著作，原来人民出版社不出管理类的书籍，这是根据国家需要出的书。这本书的封面是天蓝色的，还出口到了国外，国外也很重视这本著作，因为中国的改革和思想在这里面得到了充分的体现。当时也办了很多的培训班，中国人民大学当时由于是牵头单位，很多厂长都到那里学习，有厂长学习班，我还在里面讲过课，把厂长都找来培训。教材的使用与厂长领导学习结合起来，这是中国特色。①

六、在中国人民大学的收获：理论与实践并重

回顾在中国人民大学求学和工作的十年，许庆瑞认为：

中国人民大学这十年对我革命世界观和价值观的形成，奠定了非常重要的基础。②

这种价值观就是"高、精、笃、实"。

在中国人民大学的研究和教学工作，更是让许庆瑞体悟到做好做深学术研究只有勇攀高峰，才能精益求精。

要达到"高"与"精"的要求，绝不是一朝一夕可以完成的，需要坚持不懈的努力，需要持之以恒的思想作风，只有具备"高、

---

① 许庆瑞访谈，访谈时间：2018 年 12 月 14 日，访谈地点：浙江杭州。
② 许庆瑞手稿。

精、笃、实"的思想作风和文化，才能使我们在科学攀登的漫长道路上，不畏艰险，达到预期的研究目标。①

许庆瑞在中国人民大学时期，除了能够接触到思想活跃的教师和同学，了解最新的思想外，还开始关注最新资料的发展，这也成为他此后研究历程中对"高"的始终如一的要求：

> 我是中国人民大学图书馆委员会的委员。因为我很喜欢看书，进入中国人民大学的图书馆后，我觉得有些资料跟不上。有一次校长开会，系领导让我也去，我就提了个意见，我说图书馆的资料工作跟不上去。校长是个老革命，当时我还是个助教，他看到我敢于讲话，就下一个指令，让我参与图书馆委员会的工作。后来中国人民大学工业经济系主任看到我对资料有兴趣，就让我兼任工业经济系资料所的主任。此后，我一直关心资料的发展。②

理论与实践要并重，教学、调研与国家的实践与需要密切结合，是许庆瑞在中国人民大学时期对"笃"和"实"的深刻体会。以许庆瑞在上海机床厂的调研为例，他通过到上海机床厂蹲点调研，总结了机床厂在质量管理与技术管理方面的经验，在此基础上得出发展新品种、新产品试制和生产技术准备对企业管理与发展的重要性，并且将这部分内容写入新编教材的技术管理篇章，这部分内容又被纳入《中国社会主义国营工业企业管理》这本奠基性的著作之中，不仅丰富和完善了管理学的内容与教材，还对企业的具体管理起到了指导和推进作用。

在中国人民大学时期，许庆瑞学到了最新的、前沿的理论知识，他所在的工业企业管理教研室是一个思想活跃的群体，敢于用新的

---

① 许庆瑞手稿。
② 许庆瑞访谈，访谈时间：2019年4月26日，访谈地点：浙江杭州。

东西否定旧的,有辩证法的思维,不仅在理论上走在前列,还愿意将理论与实践相结合。否定一长制就是这群活跃的年轻人率先提出的:

> 我们在教材里面所做的修改,并没有和一机部的管理干部进行协商和讨论,是中国人民大学教研室的教师自己提出来的。这也是当时马洪他们要跟中国人民大学联系的原因,因为中国人民大学的教师出的新思想比较多。加上我们与企业联系、调研,特别是一些年轻教师,接受新思想比较快。我们的教研室就是由这样一批年轻教师组成的。他们中虽然有比较多的人参加过革命,但思想还是非常开放的,所以率先改革了。①

在进行管理教材改革、否定一长制的过程中,许庆瑞与同事们进行了大量的调研,从1958年开始,1961年调查结束,差不多到1962年国家提出来,以后就在全国推广,各个学校和企业基本都采用了,这是完全新的思想。在改革过程中,1960~1961年,许庆瑞和同事们基本上都是在厂里蹲点,跟着一机部做调查。

因为改革不能拍脑袋,必须要到企业里面看企业怎么改,吸收先进的东西。实际上企业里面在管理上也碰钉子,比如说修机床的问题,修机床代替了买机床,老是修来修去,修不好钱也花下去了,当时他们就反思了,这是受苏联的财务制度的制约,苏联老的财务制度只允许你用折旧金去修设备,不能用这个基金去买设备,所以要破这些框子。一机部组织了调查组下去,邀请中国科学院经济研究所、中国人民大学这些在理论上比较走在前面的机构,跟他们一起做调查,一起讨论怎么修改,最后拿出来的版本再由国家经济委员会讨论决定后,送到党的领导机关,这是一个很隆重的过程。我

---

① 许庆瑞访谈,访谈时间:2018年12月14日,访谈地点:浙江杭州。

们调查了差不多两年，才把这个提法进行了完善。①

通过几年的政产学研相结合的调研，许庆瑞认为自己初步改变了理论脱离实际的倾向，这也是他在中国人民大学学习与工作的收获和优势。

1957年10月1日，许庆瑞的儿子在北京出生，为其取名建新。爱人沈守勤每个工作日都抱着幼小的建新乘公交车去上班，将孩子送到单位哺乳室，风雨无阻。此时的许庆瑞忘我地工作，平时基本不回家。由于工作需要，许庆瑞的两个孩子从两周岁起，就被送去了全托幼儿园。

① 许庆瑞访谈，访谈时间：2018年12月14日，访谈地点：浙江杭州。

第四章

调入浙江大学,创建管理学科

一、浙江大学工程经济教研组

1960年，许庆瑞由中国人民大学调入郑州有色冶金学院工作，沈守勤调入冶金部郑州铝业公司工作。因中国科学院经济研究所工作需要，许庆瑞被借调到北京进行调研，参与马洪领导的工作组编写《中国社会主义国营工业企业管理》。他在技术管理领域的研究工作，形成了两篇研究论文——《社会主义工业管理问题讲解（十七）：怎样才能提高产品质量》《社会主义工业管理问题讲解（十九）：加强生产技术准备，努力发展新品种》，后者发表于《前线》。1962年，许庆瑞由郑州有色冶金学院调到浙江大学电机系工程经济教研组工作。此后，许庆瑞一直在浙江大学工作至今。

许庆瑞为什么会从中国人民大学调到郑州有色冶金学院，接着很快又调到浙江大学工作呢？他回忆道：

有一个时期北京人口太多了，中央机关太臃肿了，所以要下放干部。我的爱人在冶金部工作，后来从中央调到基层，当时我还在中国人民大学工作，学校出于照顾我爱人的原因，就同意我们一起去，所以我就调到郑州有色冶金学院了。但是郑州有色冶金学院的师资力量还没有形成，没有教学与研究工作可做，接着我又被借调到北京，帮助中国科学院经济研究所写教材。教材写了一半，有几所学校要调我去，一所是浙江大学，一所是湖南大学。我的爱人出生在上海，她说还是杭州好，离上海也近，所以我就到了浙江大学。[①]

1962年下半年，许庆瑞正式到浙江大学工作。到了浙江大学之后，他发现浙江大学是与中国人民大学传统与风格完全不同的学校。浙江大学有着悠久的历史和传统，而且"工作环境还是不错的，做学问的人很多，许多老师有几十年的教龄"。当时浙江大学电机系

---

① 许庆瑞访谈，访谈时间：2018年12月14日，访谈地点：浙江杭州。

的工程经济教研组刚刚成立，主任为洪鲲老师，教研组成员有翁永麟、安邦、王爱民、黄擎明、谭仁甫、王燮臣、张秘机、石瑛、黄振年等。

1952年全国院系调整后，浙江大学主要是工科院系，以最基础的机械、电子、土木和化工这四个领域为主，目标是培养工厂和企业所需要的工程技术人员。当时，工程经济教研组也是学习苏联培养工程技术人员的模式，希望这些未来要进入工厂和企业的工程技术人员懂管理，具备经济和管理学方面的知识。

工厂的技术人员不懂管理、没有经济观念是不行的。比如说设计一个杯子，只要技术先进就行了，没有考虑到经济上的合理，怎么加工办法最简单，使成本降低，技术人员不懂管理和经济，就不会有这个观点，因为此前的工程里面不讲经济，所以要给技术人员讲授经济知识、管理知识。于是，浙江大学就在全校设了一个讲授公共课的教研组，专门讲一门课，就是讲工程里面的经济问题、管理问题。[1]

比如当时的华东纺织工学院工程经济教研组，正是因为该学院的纺织工程专业需要学习"纺织企业组织与计划"，该教研组编写了《纺织企业组织与计划讲义》。[2]

浙江大学的工程经济教研组由机械系和电机系两个教研组的教师合并而来。早在1954年，是每个系各自教管理学这门课程，后来机械系和电机系的教师合并起来，成立了工程经济教研组。工程经济教研组的教师，或者来自全国有管理专业的学校，或者到这些学校进修过。教研组的主任洪鲲，原来学的是发电专业。从中国人民

---

[1] 许庆瑞访谈，访谈时间：2018年12月14日，访谈地点：浙江杭州。
[2] 中国纺织大学图书馆. 纺织院校图书馆1917—1987中文纺织服装类图书联合目录. 1990：11.

大学到浙江大学的，除了许庆瑞，还有他的两名学生——安邦和黄擎明。

为什么他们会到浙江大学呢？浙江大学的翁永麟老师当时要学中国人民大学的管理知识，他跟我比较熟悉，经常到中国人民大学要资料，后来我们就熟悉了。到一机部做调研的工作他也参加了，所以我跟他比较熟。他了解我，就要求学校把我调过来。当时浙江省委书记陈伟达兼任浙江大学校长，考虑到这时候经济困难，这几年不能有调动，但是通过他的关系，浙江省给了四个名额，调了一个我，还有大连工学院的侯虞钧及苏企洵教授等进了浙江大学。①

哈尔滨工业大学是继中国人民大学之后的一所有管理专业的大学，石瑛、黄振年就是哈尔滨工业大学工程经济系毕业的。有的教师，如王燮臣、翁永麟，原来没有学过管理，但到中国人民大学和哈尔滨工业大学进修过。比如王燮臣原来是从机械系毕业的，因为要开工程经济这门课，他就留下来改行学企业管理，浙江大学将他送到哈尔滨工业大学去进修。许庆瑞进入浙江大学时，王燮臣已经在教研组里待了多年。张秘机也是学管理专业出身，当时浙江大学要开这门课，就向各个学校要了一些人来。这三部分人组成了浙江大学工程经济教研组，他们负责给学生上工程经济的课，内容包括工业企业管理与工程经济分析。这门课程一般给高年级的学生开设，让学生在毕业前学习一些管理知识，以满足今后工作的需要。

二、劳动教育与编译工作

因工作需要，1964 年，许庆瑞再次参与中国科学院经济研究所孙冶方所长建议的、由一机部汪道涵副部长领队的调研组，赴上海机床厂调研，寻求运用经济方法管理企业的政策与途径。1964 年 12

---
① 许庆瑞访谈，访谈时间：2018 年 12 月 14 日，访谈地点：浙江杭州。

月,《中国社会主义国营工业企业管理》(上下册)由人民出版社出版,成为干部必读书,被推广应用到学校和企业。

1964年左右,许庆瑞曾与教研室的教师们一起攻读《资本论》。

> 许老师来浙江大学之后做了一件重要的事情,就是让大家学《资本论》,读原著,大家就啃这本原著,有三大本,我们都慢慢地啃。①

教研室的老师希望在理论方面有所提高,于是询问许庆瑞的建议,许庆瑞建议他们可以从提高经济学理论开始,所以当时组织教研室的老师一起学《资本论》,主要是希望大家有经济学的基础:

> 其实学《资本论》也不是一朝一夕的,因为我在中国人民大学读书时,学校主张要学马列主义,而且一定要学原著,不能光看看讲义,因为只有看过原著以后理解才会深刻。比如说马克思所讲的"在科学上没有平坦的大道,只有不畏劳苦沿着陡峭山路攀登的人,才有希望达到光辉的顶点"。学习《资本论》也是这样,如果不看原著,是不知道劳动创造价值的缘由的。看原著实际上是寻找规律的过程,真正理解资本主义社会的本质是剥削工人的剩余价值,资本主义必定走向消亡。②

1966年"文化大革命"开始以后,浙江大学的工程经济教研组基本解散了,学生停课,教师们有的下工厂,有的去了其他地方。许庆瑞和王燮臣先是到了无线电厂,后来无线电厂搬到另外一个地方,许庆瑞就留在电机系,在系里的研究室做一些零碎的工作。劳动之余,许庆瑞和王燮臣还会一起去河里游泳:

---

① 王燮臣访谈,访谈时间:2018年11月5日,访谈地点:浙江杭州。
② 许庆瑞访谈,访谈时间:2018年12月14日,访谈地点:浙江杭州。

中午吃过饭我们两个人一起去河里游泳，那个时候知识分子每年都要下乡劳动，苦的时候大家相互鼓励，累的话在河里凉快一下，我们之间的关系很好。①

有一次游泳时，水草很多，许庆瑞被水草缠住了腿，王燮臣就在边上教许庆瑞怎么游出来，并鼓励他坚持。许庆瑞迄今仍对此心存感激：

游泳时他还救了我的命，算是我的救命恩人了。他人很好，也非常忠厚。我们这个教研组很不错，同事之间的关系很好。②

1967年，许庆瑞下放到浙江大学临安"五七干校"参加劳动，其间因抬机器扭伤腰，回到杭州休养。1968年，许庆瑞到浙江桐庐农村参加浙江省组织的社会主义教育运动，住在农民汪光生家中两个月，进行"三同"，即同吃、同住、同劳动。当时许庆瑞把读中学的儿子许建新也一起带了过去，参加劳动，与农民近距离接触。许庆瑞与汪光生一家建立了亲密关系，后来汪光生一家也到杭州许庆瑞家住过。

1971年，浙江大学开始复课，招收工农兵学员。"文化大革命"后期，工程经济教研组的工作停滞，教师没有事情可做，许庆瑞与洪鲲两人被调到资料室编译国外的技术动态，在电机系从事翻译工作，兼任电机系的编译人员，负责编译技术资料。浙江大学当时在可控硅和中频、计算机等领域的研究属于全国启动比较早的。可控硅无转向器电机是一种新型无级变速电机，结构简单、制造方便，能做成高速大容量机组，而且运行可靠、环境适应能力强、应用范围广，可广泛用于工业、矿业、交通运输等领域。加上无须经常维

---

① 王燮臣访谈，访谈时间：2018年11月5日，访谈地点：浙江杭州。
② 许庆瑞访谈，访谈时间：2018年11月5日，访谈地点：浙江杭州。

护，还特别适用于空间、深海勘探、原子能工业等领域。在可控硅的应用方面，浙江大学早在1974年春就取得了重要进展，解决了启动和低速运行时可控硅的换流问题，还与金华电机厂协作研制成功了无转向器电机。[1]中频的研究也是首先从浙江大学开始的——此前就只有高频和低频，中频是新开辟的一个路径。

浙江大学在这些领域的研究人员都比较关注国外的技术，所以许庆瑞和洪鲲被调到资料室，希望他们从国外的杂志上了解新的技术发展，并翻译出来，以供参考。洪鲲的专业是发电，许庆瑞此前的专业是机械，并不熟悉专业知识，为了了解这些专业知识、将编译工作做得更好，许庆瑞旁听了电机系、计算机系和数学系的大量课程，包括电机、工业电子装置、工业自动控制、软硬件等，这些学习还扩充和更新了他在工程方面的基础知识。

除了旁听电机系等的专业课程外，许庆瑞还因为编译工作的需要，自学了日、法、德三国语言。随着高等院校普遍开设计算机专业，浙江大学于1962年组建了科研组，借助从苏联购买的磁鼓，设计制造了浙江省内第一台计算机ZD-I，并于1965年初步调试成功，进行了试运算。1967年，浙江大学又购置了DJS-5型晶体管计算机，用于工程计算，并在1972年设立了计算机教研组，在无线电系设立电子计算机专业，讲授计算机课。[2]许庆瑞于1974年旁听与学习了计算机专业课程。

> 工科都是讲微积分的，理科讲数学分析，数学分析我们也去学一学，这样对大家整个科学的水平要提高一层。[3]

由此可见，许庆瑞非常注重及时学习和吸收新知识。

---

[1] 浙大科研处.浙江大学科学研究成果选编 1978—1980：36.
[2] 徐祖哲.溯源中国计算机.北京：生活·读书·新知三联书店，2015：197.
[3] 王燮臣访谈，访谈时间：2018年11月5日，访谈地点：浙江杭州.

三、创建管理学科，改革领导人才培养方式

1976年"文化大革命"结束，1977年恢复高考，1978年浙江大学从教育部划归中国科学院领导，学校设置科学管理教研组，原属电机系的工程经济教研组脱离电机系，原工程经济教研组人员全部转入科学管理教研组，成为直属学校的一级教学机构。

因"文化大革命"期间高校停止招生，企业管理干部无法从高校毕业生中得到补充，培训和补充企业的领导与管理干部成为当务之急。1980年接受浙江省委组织部的委托，浙江大学开始招收经济管理干部专修班学员（两年制脱产学习）。专修班的生源由省委组织部在本省企业干部中选拔。浙江大学将科学管理教研组升格为科学管理系。为调整与解决行政、教学用房及专修班学员的住宿用房问题，科学管理系从浙江大学本部（玉泉校区）迁入当时的分部（现之江校区）。

1980~1988年，干部专修班共举办9届，培养学员459人，其课程设置有以下几类：第一，马列主义与中国革命史类课程；第二，数理类、经济类基础课，包括数学、经济学、国民经济管理、会计学、财务管理、经济活动分析等；第三，管理类课程，包括工业企业管理、生产管理、运作管理、技术经济分析等，还包括下厂实习。

浙江大学党委对浙江省委托培养在职干部的专修班工作十分重视，任命了强有力的党政干部，每年的毕业典礼都有校党委领导参加。干部专修班毕业的学员中，有不少后来从事中央、地方党政领导工作。

除以上承办干部专修班外，1979年为了补充教师队伍，科学管理教研组还承担了最早招收管理硕士研究生的任务，培养新生力量。1979年5月，教育部召开部署工科院校专业调整会议，天津大学等6所院校决定设立管理工程专业。1979年11月26日~12月3日在上海召开的一次座谈会上，参会者认为高等院校培养师资和科研机关的科研人员具有十分重要的意义，应根据需要尽可能扩大研究生

招收规模。经讨论决定，浙江大学与上海交通大学联合招收第一届管理工程硕士研究生，共20个名额，两校各招收10名。第一年在上海交通大学上课，第二年在浙江大学上课。

当时讨论决定，浙江大学招收的10名硕士研究生要求从数学系本科生中选拔，因为学习管理工程不仅需要有工程学基础，从学科发展趋势看还需要有扎实的数学基础。比如1979年招收的硕士研究生蒋绍忠等人，分别来自清华大学、复旦大学、浙江大学等学校的数学专业。这些学生的课程分为两部分：第一部分是传统的管理课程，如生产管理、财务管理等；第二部分是现代管理，借鉴当时西方的高校管理专业，开设了运筹学等课程。这种教学模式，与此前我国以计划经济管理为主、偏重定性分析的课程设置和培养不同，引入了以优化、模拟、统计等数量化为基础的课程。对于这些新增加的前沿的数量化课程，浙江大学特地邀请了中国科学院系统科学研究所的老师来讲授随机过程、动态规划和线性规划等。

浙江大学管理工程系1983届毕业生合影（摄于1983年10月15日）

第五章

赴麻省理工学院与斯坦福大学访学

因中国在科技管理方面人才培养的空白，建立科技管理专业成为当务之急，经中国科学院批准，许庆瑞作为出国访问学者，1980年到美国麻省理工学院（MIT），进入管理学院爱德华·罗伯茨（Edward Roberts）教授及其领衔的技术管理教研组学习，后又赴斯坦福大学访问学习。两年的赴美学习，使许庆瑞不仅了解、学习了美国技术管理和系统动力学的前沿研究领域与研究方法，熟悉了美国的管理学学科设置和人才培养方式，还与创新管理领域的领军人物罗伯茨、埃里克·冯·希佩尔（Eric von Hippel）、托马斯·艾伦（Thomas Allen）教授等建立了深厚的友谊。

许庆瑞（左）与詹姆斯·厄多伯克（James Utterback）教授（右）合影

一、出国进修，寻找理想学府

浙江大学要办科学管理系，但是怎么管理科学技术，并没有固定模式可循，也没有资料可借鉴。当时中国从中央部委到省级市级从事科技管理工作的人员已不下20万人，工业方面也早已有培养工业与企业管理人才的院、系和在职学习渠道，而科技管理方面却是空白。苏联当时虽有科研管理的专业书刊，设置有科学管理学科，但偏重科研管理，怎么管技术研究和应用研究没有涉及，而且没有涉及科研与技术管理的广泛领域。也就是说，科学管理系的课程设置和人才培养模式没有样板可循。

当时中国科学院有设置管理方面专业课程的学校。一个是中国科学技术大学，位于合肥，但也没有这方面的院系和师资，主要做科学研究，进行技术攻关。在历史悠久的工学院中，浙江大学开设了一门课程，叫作"工厂的设计与组织"，主要讲授工厂里的机器设备如何安排、照明如何设计安排最合理等。哈尔滨工业大学也归中国科学院领导，但是管理上相对比较弱。相比之下，中国科学院所属的几所大学中浙江大学的管理学领域实力最强。

1979年，中国科学院给浙江大学40个教师名额到国外进修访问，许庆瑞位列其中，目的是去国外寻找培养科技管理人员的研究领域并学习经验。

去哪里访问呢？许庆瑞与翁永麟开始着手寻找理想的访问学校。当时有三四所学校愿意接收许庆瑞，后来他为什么选了MIT呢？

因为我感觉MIT在美国是最著名的学府，西海岸是斯坦福大学，东海岸是MIT，我去的MIT的工科比斯坦福大学还强，所以就选到MIT学习。我在交通大学读书时，从MIT留学回来的老师在该校任教的很多。所以在我印象里，MIT也是比较好的学府。当时有几所学校备选，最后还是选了MIT。[①]

MIT斯隆管理学院最初共接收了从中国前去访问的5位学者，除了许庆瑞外，还有4位学者来自上海机械学院。当时一机部要培养管理干部，于是专门设立了一个项目，办了管理培训班，从美国请了很多教授来授课，麻省理工学院的教授在被邀之列。麻省理工学院知道上海机械学院有4名学员被接受，但MIT斯隆管理学院做事比较认真，派三个负责人亲自到北京参加面试，其中，威廉·庞德（William Pounds）担任MIT斯隆管理学院院长14年，副院长西

---

① 许庆瑞访谈，访谈时间：2019年4月26日，访谈地点：浙江杭州。

多也来了,还有院长助理艾伦·怀特(Alan White),三人组成了面试小组,进行考核。1980年5月,面试在北京饭店举行。上海机械学院的4名学员是进修人员,基础有所欠缺,英语也不过关,最后结果是,MIT只接收了许庆瑞一个人。

二、到罗伯茨教授的教研组

MIT斯隆管理学院是在美国开创技术创新研究的先锋,其先驱人物包括罗伯茨、冯·希佩尔与艾伦。罗伯茨教授在技术创新方面的研究领域广泛,包括技术战略与技术创新战略、技术创新的组织与管理、技术创新的国际比较研究、研发系统动力学研究等。冯·希佩尔教授专注于用户创新方向的研究。艾伦教授专注于技术信息流方面的研究。罗伯茨教授及其领衔的技术管理专业,除全面发展技术管理专业外,还应用系统动力学研究"研究与发展管理"。

罗伯茨是MIT马丁信托创业中心的创始人和顾问,他在MIT获得了四个学位,分别为电气工程学学士和硕士、商业管理硕士、经济学博士。1958年,他在福瑞斯特(Jay Forrester)的带领下,成为MIT系统动力学小组的创始人之一。MIT很早就有研发管理的理念,第二次世界大战期间,MIT便与美国政府之间有着密切联系,参与了不少军工项目的研发工作,比如雷达的成功研制。战后,MIT依然期望能够将研究成果应用于社会并促进经济的发展和增进人类福祉,正因为此,MIT的技术管理和系统动力学成为罗伯茨教授研究小组的特色。

许庆瑞抵达波士顿之后,罗伯茨把许庆瑞的办公室安排在他所带领的创新办公室的西厢房内,位于斯隆管理学院五楼中心办公室圈内西侧。沿查尔斯河(Charles River)北侧的三间办公室,分别是罗伯茨、冯·希佩尔、艾伦的办公室。办公室圈的中心是一个很大的公用场所,24小时提供免费咖啡和茶水,并放置了一个大圆桌供大家用餐与交流。许庆瑞与另外一位来自加拿大的教授共用一间办公室，紧挨着罗伯茨的办公室。可以说，罗伯茨对许庆瑞办公室的安排非常用心，这样做是为了方便许庆瑞与他和冯·希佩尔及艾伦随时进行交流。

1981年夏许庆瑞（左）与罗伯茨教授（右）合影

许庆瑞进入罗伯茨的研究小组之后，与MIT技术管理专业的第一届研究生一起学习了系统观与系统动力学量化模型模拟方法。

系统动力学是经济数学的分支，是一种研究方法，用来研究复杂系统中信息反馈行为的计算机仿真方法。福瑞斯特原来研究计算机里面的存储器，是电子计算机方面的专家，还曾担任美国国防部的专家。第二次世界大战后期，福瑞斯特负责了代号为"旋风"（Whirlwind）的计算机项目，当时美国海军为了训练轰炸机飞行员，向MIT提出能否开发一款由计算机控制的飞行模拟器，并要求该模拟器能够基于空气动力学设计，与实物无限接近，以便军方可以通过该模拟器进行各种航空训练，该模拟器的核心就是计算机。福瑞斯特提出了比特并联模式，安装了能够并行处理16比特的计算机通路，使其运行速度大大提升，并在美国防空系统工程中获得应用，可以满足空军所提出的实时截获雷达进行可行性演示验证的要求。[1]福瑞斯特于1956年放弃了在电机控制领域的研究，将反馈控制的基本原理用于社会经济学系统，进入MIT研究公司管理问题，运用计算机科学和工程反馈控制过程的知识对社会与管理系统进行分析研究。他认为管理太复杂，不能单靠数学来解决复杂的管理问题，而要把系统理论、反馈理论和数学模型结合起来，用计算机模拟来进行决策分析。特别有名的是，福瑞斯特出版了标志性专著《工业动态学》(*Industrial Dynamics*)，创立了一个全新的科研领域和应用于社会分析的系统动力学，以及第一个系统动力学研究机构MIT系统动力学小组，将系统动力学应用于研究工业企业系统中的生产、销售、广告、库存等经营管理方面的问题。到了晚年，他受当地政府官员的委托，帮助政府用系统的动力学来研究市政情况的发展：

  一个城市如何发展，需要用到预测工具，他就把系统动力学用在这里面，预测这座城市三十年、五十年会怎么样。作为政府官员你要看预测，提早制定政策措施。这个工作做了以后，有很多管理学界的人都认同他，于是在MIT成立了专门的系统动力学方面的教研室。福瑞斯特到MIT以后，组织了一个管理科学组，有好几十个人。另外，还聘请了有名的计算机科学家，再请了各个学科中基础比较扎实的学者后，福瑞斯特把他们的知识与管理知识相结合，开创了许多新学科。[2]

1973年，麻省理工学院的专家开发了一个电脑项目，持续建模来推演全球情况，该项目最初就是由罗马俱乐部委托福瑞斯特开发

---

[1] Bardi U. Jay Wright Forrester（1918—2016）: his contribution to the concept of overshoot in socioeconomic systems. Biophysical Economics and Resource Quality, 2016, 1: 12.
[2] 许庆瑞访谈，访谈时间：2019年5月31日，访谈地点：浙江杭州。

的——罗马俱乐部想根据我们现有的行星资源，预测全球未来的发展。通过罗马俱乐部的网站我们可以知道，其使命是"促进人类对面临的全球性挑战的理解，并通过科学分析提出解决方案、沟通和支持"。福瑞斯特的模型研究发现了最有可能影响地球发展的五个基本因素：人口、农业生产、不可再生资源的枯竭、工业产出和人类产生的污染。

这是一种从整体出发的系统思考方法，用系统动力学为组织问题的解决带来了新的视角。系统理论的研究在20世纪60年代转向非线性的复杂性科学。20世纪70年代，系统动力学进入蓬勃发展时期，逐渐发展成为一种了解和认识人类动态复杂系统的具有普遍性的研究方法。由罗马俱乐部提供财政支持、以米都斯（Dennis L. Meadows）为首的国际研究小组所承担的世界模型研究课题，开始利用系统动力学研究世界范围的人口、资源、工农业和环境污染诸因素的相互关系，以及产生后果的各种可能性。美国国家模型研究小组则将美国的社会经济作为一个整体，成功地研究了通货膨胀和失业等社会经济问题，第一次从理论上阐明了经济学家长期争论的经济波动的产生机制。

在《系统动力学的管理应用》（Managerial Applications of System Dynamics）一书中，罗伯茨发展了系统动力学，并提出了系统动力学的两个重要思想：组织行为源于组织结构，如与生产过程有关的物理结构，以及决定着组织决策的政策和惯例；提出了分析组织时应该主要依据各种潜在的"流"（flow），如人员、资金、物质资料、设备和信息流等，而不应该重点关注这些要素之间相互割裂的独立功能。[1]不仅如此，20世纪70年代末80年代初，也就是许庆瑞进入罗伯茨的研究小组之际，罗伯茨非常关注新技术的管理、组织与技术创新以及研发管理，发表了一系列关于组织的技术创新模拟，新技术公司的管理、研发管理等系列研究论文，对研发实验室的表

---

[1] Roberts E B. Managerial Applications of System Dynamics. Cambridge：MIT Press，1978.

现进行功能分析，对创新过程中团队管理的关键要素进行功能分析，对如何将技术置于公司计划之中从而发挥技术预测的作用进行探讨，还分析了创新过程中的人力资源管理等问题。[1] 罗伯茨的研究视野非常广阔，在许庆瑞访学期间，罗伯茨还关注生物医学领域的技术创新，以及高校的商业创新，他甚至作为张朝阳的天使投资人投资了早期的某互联网公司。[2] 正因此，许庆瑞在罗伯茨的教研组学到了美国进行技术创新管理的前沿理论和方法：

系统动力学领域最早的书是福瑞斯特写的，福瑞斯特是系统动力学的创始人。他收了三位以系统动力学为研究方向的学生，其中一位就是罗伯茨，罗伯茨是做得最成功的教授，在创新方面他做了很多，写了很多书。在《系统动力学的管理应用》这本书中，他发展了系统动力学，提出了系统动力学的两个重要思想，并将系统动力学研究应用于研究与发展管理。我除了跟随罗伯茨教授学习和研究创新，还学了系统动力学，深受他的影响。[3]

1980年12月，许庆瑞参加了MIT的教授大会，讨论、审核罗伯茨创办的技术管理专业，这让许庆瑞第一次见到了美国办学的民主作风、重视教学并重视教授办学的办事方式。MIT的工科实力强大，管理学院也有很强的优势，而且管理学院的技术管理专业，正好可以满足许庆瑞的访学需求。

---

[1] Roberts E B. Stimulating technological innovation: organizational approaches. Research Management, 1979, 22（6）: 26-30; Roberts E B. What do we really know about managing R&D? Research Management, 1978, 21（6）: 6-11; Rhoades R G, Roberts E B, Fusfeld A R. A correlation of R&D laboratory performance with critical functions analysis. R&D Management, 1978, 9（1）: 13-17.

[2] Roberts E B, Peters D H. Commercial innovation from university faculty. Research Policy, 1981, 10（2）: 108-126; Roberts E B, Robert I L, Stan N F, et al. Biomedical Innovation. Cambridge: MIT Press, 1981.

[3] 许庆瑞访谈，访谈时间：2019年5月31日，访谈地点：浙江杭州。

学习科技管理是中国科学院的要求，我们找不到科技管理专业，但是找到了技术管理，另外还找到了研发管理，MIT 在 20 世纪 60 年代就开始注重研发管理了，所以说这两个内容都符合中国科学院的要求。

在赴美之前，许庆瑞还在上海图书馆发现了罗伯茨关于系统动力学的书籍：

看来看去感觉很好，他用系统动力学模型来研究解决管理类的问题，我觉得是很好的，因为过去我们这个领域里面都是文字，没有数理、推理，所以我们准备吸收这方面内容。①

在美国学习的两年中，许庆瑞主要学习和研究科技管理、技术管理和系统动力学等课程。他听了 MIT 著名管理学教授的课程，切身体会到这些教授是在用研究成果和心得讲课：

他们不宣讲别人的讲义、教材，讲的大多是自己的研究成果和积累，使我认识到提高教学质量一定要立足于科学研究，而且要立足于实践。我深感国内的差距和自己责任的深重。②

比如艾伦将他多年研究技术信息流的成果写成了一本书——《管理中的技术流：R&D 组织中技术转移和技术信息扩散》（Managing the Flow of Technology: Technology Transfer and the Dissemination of Technological Information Within the R&D Organization）③，并且开设了

---

① 许庆瑞访谈，访谈时间：2019 年 5 月 31 日，访谈地点：浙江杭州。
② 许庆瑞. 自序 // 许庆瑞. 许庆瑞集. 杭州：浙江人民出版社，2011：1-2.
③ Thomas A. Managing the Flow of Technology: Technology Transfer and the Dissemination of Technological Information Within the R&D Organization. Cambridge: MIT Press, 1984.

"技术信息流组织"这门课程。冯·希佩尔做出的"用户是创新者"的新发现,是他开设的"技术创新管理导论"课程中的重点讲授内容。罗伯茨将研究与发展动态学的研究在他主讲的"系统动力学"中进行讲授,深化与更新了教学内容,开拓了学生的研究思路。

此外,在学习期间,许庆瑞深刻地感受到将系统动力学研究方法应用于管理学领域的重要性,仅仅用数据模拟的方法是计量经济的研究方式,管理学研究的问题不需要太精细,但很多东西要预测和推测,经济学模型由于简化假设的需要不可能做到预测和推测,因为这一套工程做下来太麻烦,而且做得太细也没有意义。但是在工程和管理领域,往往要预测到十年、二十年、三十年之后的状态,特别是要做计划和战略,此时计量经济就没有这种预测能力了,因为几十年预测用计量经济的方法可能有一定局限性,所以预测就需要用到系统动力学。在 MIT 学习期间,许庆瑞利用罗伯茨的系统动力学方法,分析了中国的经济计划怎么运用系统动力学来安排:

我写了一篇文章给罗伯茨看,他看了后觉得不错。罗伯茨倡导的是一种定性、定量相结合的方法。他用定量方法,但是很多地方又有定性的判断,判断多少年以后的趋势。有些是客观数据,有些没有就需要靠你的经验,依靠你的知识积累,要有知识积累才可以估计出来,像公司里面也是这样,工程师往往凭经验就知道这个地方受多大的力、应该如何处理,工程上往往需要将经验与计算两者结合起来。①

三、麻省理工学院的暑期课程与管理教育

在 MIT 斯隆管理学院访问进修期间,许庆瑞参加了由罗伯茨教授办的暑期技术管理/创新高层经理培训计划(Summer Seminar/

---
① 许庆瑞访谈,访谈时间:2019 年 5 月 31 日,访谈地点:浙江杭州。

MOT Program），参加人员以企业高层管理中的技术副总裁或研究部主管人员为主体。培训班为期两周，一般安排在7月中下旬。

参加下来，许庆瑞觉得暑期技术管理/创新高层经理培训计划班办得很成功，每年都有各大公司的高层管理者来参加，有一批名师主讲关于技术创新与管理方向最新的理论与成功实践，这些高层管理者学习后，可以学以致用。暑期班上的主讲老师都是这个领域的大师，包括罗伯茨、艾伦、冯·希佩尔。当时美国著名大师级技术管理名师共有10人，MIT斯隆管理学院就有3位。

暑期班的安排计划性很强，上午讲课，下午组织讨论。秘书们提前一两个月就准备了上千页的教学参考阅读资料。在暑期班，学员不仅能听到名师的精彩授课，接触到精选的丰富的参考资料，还可以在讨论课上互相交流工作经验，共同探讨企业中遇到的难题，听取教授、同学们的不同见解。

前来参加学习的学员普遍职位很高，加上这个季节的波士顿天气凉爽，所以他们都带夫人来避暑，学校还给他们安排了较好的住宿条件。良好的学习生活条件与学习上的收获，每年都能吸引一大批大企业高层技术管理总裁、主管来参加培训，这也是当年阿尔弗雷德·斯隆（Alfred P. Sloan）在MIT投资创办斯隆管理学院的目标。

斯隆不仅在东海岸的MIT投资兴办了管理学院，还在西海岸的斯坦福大学投资兴办了类同的学院，在暑期里举办面向高层经理的暑期学习班。管理学院举办暑期班和高级经理班，也反映了美国教育形式的多样化。美国除了有针对本科生、硕士生和博士生的教育外，还有各种形式的短期教学。高级经理班的学习时间是9周，同样也是请最著名的教授给学员上课，讲授管理研究的新进展，比如系统动态分析就由这门学科的创始人福瑞斯特来讲授。这类高级经理班的学费很高，一周至少要1000美元，两个月下来要花几千美元，研究与开发班的学费两周需要 2000 美元。[①] 尽管学费高昂，但前来参加学习的管理人员觉得很值，因为他们在这里学到了最新的管理知识。公司也愿意出资让管理人员到学校学习新的管理知识，让他们可以紧跟时势。这一事实也反映了中美两个国家的高层人士均洞悉：不仅要培养科学与工程技术的管理人才，还要培养一大批管理科技及工程的高层次管理人才。特别是，罗伯茨还会将研究和开发暑期班收取的学费进行分成，将他自己的一份钱投资在年轻的助理教授上，资助他们开展科研，科研成果又用来充实教学，形成教学与科研的良性循环。

暑期技术管理/创新高层经理培训计划班结束后，罗伯茨全家会离开波士顿到他们在新罕布什尔州的乡村别墅去过暑假。罗伯茨教授很好客，曾邀请许庆瑞去他的别墅度假，在轻松自在的气氛下进行交流，从中许庆瑞也了解到不少美国社会的文化、习俗与历史。

四、新理念、新方法、合作启程与深厚友谊

在美国访问和交流时，除了专业学习外，许庆瑞对从研发管理到技术管理，从工业动态学到研发动态学，从技术管理到技术创新等领域有了深入了解，还注意考察美国管理教育的现状、发展历史和经验教训。

为了对美国的管理教育和美国科技管理两方面的情况进行考察，许庆瑞访问了 10 所学校，包括麻省理工学院、斯坦福大学、哥伦比亚大学、加利福尼亚大学洛杉矶分校、加利福尼亚大学伯克利分校、哈佛大学、加州理工学院和东北大学等。此外，他还走访了三个研究所和一些咨询公司，如斯坦福大学国际研究院等。在考察中，许庆瑞注意到管理领域的几个新动态和趋向。一是，随着科学技术的发展，科学技术在整个经济发展中的比重逐渐增大，迫切需要既懂技术又懂经济管理的人才。虽然美国懂技术的人才不少，也有懂管

[①] 这里指的是 1980～1982 年美元的市价。

理的人才，但是有多领域的知识、两者都懂的人才并不多。针对这种状况，美国在学校里发展联合计划，由工学院和管理学院联合开办技术管理专业，培养科学技术管理方面最基层的管理者。他们将这个专业的硕士研究生培养为能够担负工程技术和技术发展工作的中高层管理人才。不仅如此，美国还设立了双学位制度，学生可以修读理工科和管理两个专业的学位，通过四年半到五年的学习，可以获得技术和管理两个学士学位，成长为比较全面的管理人才。二是，美国注意到加强生产管理的重要性，但是这方面的教师匮乏。三是，不能仅仅注意数量化，还要注重管理学科的质性化。[①] 这些考察和发现，都为许庆瑞回国后进行管理学科的组建和发展提供了经验借鉴。

访学和考察期间，许庆瑞与 MIT 的教授结下了深厚的友谊并开启了合作。1980 年抵达波士顿不久后的一天晚上，罗伯茨便邀请许庆瑞参加他同班同学的聚会，有的人走了与罗伯茨不同的技术创业道路，开创了新技术公司，事业很成功。罗伯茨、冯·希佩尔及艾伦都很重视实践调查。冯·希佩尔最早的成名之作也是他三十多岁时提出的，是他在多个公司做了深入调研之后得出"用户是创新者"的原理及结论，为此，他在副教授时即被授予终身教职。艾伦的"技术信息流"也是他长期在英国与美国企业进行实际调研的结果。这些交流为许庆瑞今后同他们的深入交流与合作创设了条件。

在 MIT 近两年的时间里，许庆瑞跟随罗伯茨教授运用系统动力学研究科研规划，并开始用定量、半定量的方法研究科技管理与技术创新方面的问题。这些都为他后来回国后开展新的教学和研究打下了基础。

---

① 许庆瑞. 美国管理教育考察报告. 管理者，1983，（增刊）：1-9.

第六章
技术管理与管理学科的组建

1982年，许庆瑞结束两年的美国考察生活，于8月回到浙江大学。此前在1981年，浙江大学划归教育部领导，科学管理系更名为工业管理工程系。许庆瑞回国后，努力将国外的工程管理、科技管理理论与实践经验介绍到国内，提出"创新应以企业为主体"的新思想，最早将技术创新的新概念引入中国，撰写了国内第一批技术创新领域的专著《技术创新管理》与《研究与发展管理》等；组织举办战略管理学习研讨班，带动了管理学领域的教学改革，改变了两个模式：将中国的技术管理升级为技术管理与技术创新管理，将管理的范围从生产扩展到经营。他与学科同人在全国范围内推动组建管理学科，推动中国管理学领域在学科建制和研究方向上大步向前。

一、提出"创新应以企业为主体"的新思想

如前所述，早在1978年，浙江大学原属电机系的工程经济教研组独立出来，成立科学管理教研组，1980年又升格为科学管理系，此后浙江大学建立了第一个管理工程硕士点，创建了第一个管理学科领域的研究所和第一个跨学科研究中心——浙江大学管理科学研究所和浙江大学创新与发展研究中心，培养了浙江大学第一批管理学科硕士研究生。1982年11月，许庆瑞在中国科学院管理科学组召开的会议上，提出了"创新（包括研发）应以企业为主体，企业必须与大学、研究院结合"的思想，纠正了当时的一种片面认识——认为技术创新的主力是研究院所。

为什么许庆瑞能够前瞻性地提出"创新应以企业为主体"呢？这与他对国外理论和实践的充分吸收，并结合中国现实进行的深入思考有关。在美国进修期间，许庆瑞发现，美国注重技术管理，特别是注重技术管理过程中的研究与发展管理，而在中国这个领域几乎是空白。即使是在中国人民大学求学和研究时期，许庆瑞和管理领域的同行也并没有完全掌握技术管理这一领域，更谈不上研究。

中国人民大学在这个领域没有人研究，技术管理的概念都不清楚，什么是技术管理，到底管哪些范围，并不清楚。①

技术管理是在生产管理之后发展起来的。到美国考察访问之后，许庆瑞注意到美国从20世纪60年代开始在企业管理上转向以研究与发展管理为导向，而不再是只注重生产管理了。

根据中国科学院的要求和希望，我当时到美国去的初衷是学习科技管理，结果发现他们没有科技管理，他们早在20世纪60年代就开始了研发管理的研究。我到美国麻省理工学院之后了解到研发与发展的概念，即 Research & Development，这是技术管理里面最核心的。②

有了这些了解，许庆瑞开始从科技管理发展到技术创新，并总结了国际范围内企业管理的发展过程。这个过程一般要经历三个阶段：以生产管理为导向的阶段、以营销管理为导向的阶段、以研究与开发管理为导向的阶段。以生产管理为导向一般发生在工业化早期，生产趋向集中，生产规模日益扩大，产品供不应求，这种情况下企业面临的是如何成倍地提高生产率以满足日益增长的需求这一任务。这时管理的任务是致力于改善生产系统，比如采用流水生产线来达到高效率的大批量生产。中国在20世纪50年代中期的企业管理就基本属于这一阶段。当生产集中后，随着生产效率提高、大量商品供应市场，市场需求会逐渐趋于饱和，加上不断加剧的市场竞争，会促使企业的战略从生产管理导向转为营销管理导向，从社会和市场需求出发来寻求企业的发展机会。美国从第二次世界大战以后，尤其是在20世纪60年代以后的一段时期主要以营销管理为

---

① 许庆瑞访谈，访谈时间：2018年9月5日，访谈地点：浙江杭州。
② 许庆瑞访谈，访谈时间：2018年12月14日，访谈地点：浙江杭州。

导向。从20世纪60年代中期开始，随着市场趋于饱和、社会需求得到基本满足，企业必须创造新的需求、新的顾客并开辟新的市场，有新产品和更为物美价廉的产品，这就需要企业在产品上、工艺上和技术上进行创新。而实现这个目的需要做的工作就是做好研究与开发。随着生产发展和技术进步，企业间的竞争转向了科技实力的竞争。因而从20世纪60年代中期开始，发达国家的大企业都创建和充实企业的研究和开发机构，并投入大量经费。[①] 许庆瑞到美国之后发现，美国发展市场经济首要的就是要把经济和科技结合起来。

当时中国企业的情况是，从20世纪70年代开始，一大部分企业从生产型转向了生产-经营型，基本属于营销管理导向的阶段。20世纪80年代初，中国已经意识到"经济建设必须依靠科学技术，科学技术必须面向经济建设"，认为中国开展的经济体制改革、科技体制改革势在必行[②]，为此特别关注不同国家的科学成果管理以及科研体制。中国科研管理研究会在1981年编译了《苏联怎样管理科学与技术》《科研机构的资金管理》；中国科学院计划局于1981年编写了《欧洲及北美地区各国科技政策的现状与展望》；1982年中国科学院管理科学组创办了《管理科学译丛》，专门刊登介绍国际上管理科学领域的研究成果；中国科学院政策研究室还编译了《美苏科学政策》。但是，科学技术和经济之间如何挂起钩来，联系科学技术和经济的桥梁是什么？这时国内并没有人给出答案。许庆瑞十分敏锐地意识到，技术创新实际上是把科学技术和经济结合起来的一个很重要的环节。

如何通过技术创新将科学技术与经济结合起来，还需要考虑到中国的现实，而不能仅仅照搬美国的理论。许庆瑞注意到中国的企

---

① 许庆瑞.技术创新管理.杭州：浙江大学出版社，1990：5.
② 中国科学院出版图书情报委员会，《科研规划参阅资料》编辑委员会.国外科技体制汇编.1984：前言.

业基本还处于营销管理导向的阶段，他还通过调查研究发现，中国的科技人员与研发资金投入、科研仪器与设备的投入等大部分都集中在中国科学院和各个部委、地方研究机构，这种分配会导致企业缺乏创新能力。不仅如此，中国的科技体制存在科学技术与经济严重脱节的问题，使得科学技术成果应用率极低，该观点得到了中国科学院计划局1980年统计数据的支持。当时，中国科研成果的应用率为1%，大大低于美国学者门彻斯特（Manchester）的统计数据（约14%）。

许庆瑞注意到，当时中国技术是技术，经济是经济，企业关心发展经济，学校关注科研成果，导致经济和科技是脱节的。这是为什么呢？当时的情况是企业生产出来的东西不能直接拿到市场上去卖，都要国家收购，国家收购以后分配到各地。在外国，实行的是市场经济，市场是一条纽带，把经济与科技连接起来。工厂利用科技对产品进行改进，生产出既便宜又好的产品。

中国科学院科技政策局的骆茹敏邀请许庆瑞参加中国科学院管理科学组召开的关于如何培养科技管理方面的人才的会议。在会上，结合研究与发展管理的理论研究，考虑到中国在研究与发展领域的实际情况，许庆瑞富有创见地提出了"创新应以企业为主体"的观点：

苏联没有技术创新，美国有技术创新。1982年在中国科学院开会的时候，我就讲了一个观点。中国当时科技跟经济是脱节的，科技是归中国科学院搞的，跟国家经济委员会根本不挂钩，所以科学技术怎么用到经济上去，这中间没有桥梁了。我到了美国一看，它们的技术管理和技术创新让我思想开窍了，技术创新实际上是把科技和经济结合起来的一个很重要的环节。当时中国科学院的科研成果有很多，但是100项科研成果中用在经济上的却只有1项，中国投了大量的钱搞科学研究，却不能应用，为什么？技术创新这个环节没有抓好。所以后来我就提出来，我们不能光搞科学研究，还要搞技术创新，就是要把技术跟经济和科学研究结合起来，所以我提出创新不能以中国科学院为主，而是应该以企业为主，企业是经济实体，它有将科技成果运用于经济的愿望。①

在发现研发工作大部分集中在研究机构、企业缺乏创新能力之后，许庆瑞提出中国未来的发展必须依靠技术创新。此后，许庆瑞不断向国家经济委员会等有关部门宣传技术创新工程对改革开放、增强企业创新能力和国力的重大意义。当时国家经济委员会主管科技工作，1988年国家经济委员会便将技术创新概念放到出台的政策文件之中。许庆瑞是中国当时最早提出技术创新的学者，也是最早讨论创新概念的学者。即使是到了20世纪80年代末期，许庆瑞和学生赵建、张四纲、吴晓波等去企业蹲点调查时，企业都不知道创新是什么。

我们那时候去和企业讲这两个字什么意思，他们都不知道。②

由此可见，许庆瑞关于"创新应以企业为主体"观点的提出，是走在时代前列的。2018年，国家提出要创新引领，国家对创新的作用的认识达到空前高度。在中国发展经济必须进行技术创新思想的萌芽，是许庆瑞于20世纪80年代初期提出的，后来大家慢慢认识到技术创新的重要性，后来又通过技术创新工程开始推广，一直到今天，对创新的认识和推动是一级一级往上去的。

---

① 许庆瑞访谈，访谈时间：2018年12月14日，访谈地点：浙江杭州。
② 陈劲. 积淀八十载 绽放二十春：浙江大学创新与发展研究中心论文集（第二卷）. 杭州：浙江大学出版社，2015：126.

二、编写我国第一部《研究与发展管理》教材

正是因为国内没有深入研究与开发、宣传技术管理,很多人尚未听闻研究与发展管理,也不知道技术创新的概念与理论,国内更多人熟悉的是科研管理,而非研究与发展管理,更不知道研究与发展管理的基础知识和理论。当时很多人不仅不知道创新为何物,还认为研发问题应该是国家层面来关心,特别是那时候真正的民营企业还没有发展起来。在这种背景下,为了让更多的管理科学理论研究者与实践者了解研究开发与技术创新的基本理论,许庆瑞于1983年急着想把国外科技管理理论与实践经验介绍到国内,悉心编写我国第一部《研究与发展管理》教材。1983～1985年,他埋头苦干编写教材,凌晨四五点就起床挥笔书写,不敢有丝毫懈怠。该书于1986年由高等教育出版社出版,对促进技术创新理论在中国的传播以及国家技术创新工程建设发挥了重要作用。后来有研究者评价:

《研究与发展管理》

> 许庆瑞(1986年出版)的《研究与发展管理》是我国最早关于产品创新理论的著作之一,从科研过程、科研组织、科研计划等方面系统阐述了研究与发展管理的基本原理和方法。[①]

许庆瑞回忆道:

---
① 任保平,钞小静,魏捷.中国经济增长质量发展报告(2014):创新驱动背景下的中国经济增长质量.北京:中国经济出版社,2014:180.

当时撰写这本书时，缺乏实际调查研究基础，以至于书中的理论不少是借鉴已有的成果。①

虽然这时的许庆瑞并没有实际展开技术创新的相关研究，但是我们可以发现，该书中其实蕴含着他对在中国进行研发管理的重要性和具体展开方式的前瞻性理解与重要观点。

许庆瑞的这本书力图总结中国科研管理和借鉴国外科研管理的现行经验。考虑到国内熟悉的名称是"科研管理"，公众对研究与发展管理较为陌生，他专门对研究与发展管理的重要性做了说明，特别是对中国进行研究与发展管理的重要性进行了说明。随着科技体制的深入改革和科研规模的空前扩大，尤其是中国的产品随着对外开放正面临国际市场的严峻挑战，加强研究与发展管理成为迫在眉睫的重要问题。他注意到，世界上为数不多的跨国公司在世界市场上占有很大的销售份额，市场的激烈竞争，迫使这些跨国公司在研究与开发上投入大量的资金和人力。即使在有计划的商品经济条件下，中国的企业同样面临着产品质量和品种之间的激烈竞争，企业要在国内市场上立于不败之地，确保经济效益的持续增长，必须从生产型向生产经营型转变，并向科研开拓型发展，大力加强研究与开发力量及其管理工作是实现这一转变的关键。

许庆瑞从20世纪80年代初期就一直强调要注重研发，研究生期间在上海机床厂蹲点时，就已经意识到要开发新产品，但是没有意识到要进行研发，后来到美国去学习和考察，发现大企业里面有规模很大的技术部门开展研发，才认识到研发的重要性。他自己也反复提到，新思想的产生与一个人的见识有关：

光看书是看不出东西来的，要下去实际体验，所以搞管理实际

---

① 许庆瑞访谈，访谈时间：2019年5月31日，访谈地点：浙江杭州。

上要去研究实践，没有实践不行。①

也就是说，许庆瑞在《研究与发展管理》一书中不仅仅是在介绍研究与发展管理的理论，也在对照该理论思考中国的实践，他的这种思考甚至是从对基本概念的剖析和理解开始的。这也是他在研究领域一直保持的特色——不是照搬理论，也不是借用理论，而是从理解基本的概念入手。例如，在该书的绪论部分，他详细探讨了什么是科学，什么是技术，科学与技术的关系是什么，还指出中国学术界当时对技术概念的理解，长期以来受苏联"劳动手段"学派的影响，将技术的含义局限于劳动手段和生产工具。实际上，20世纪60年代以来，特别是通过技术革命和技术革新，人们开始对"技术"一词有了更广义的理解，将其理解为是包括劳动工具、劳动对象、劳动者和劳动技能在内的总称，这种理解更符合当代世界技术革命的新形势。基于这种对技术的理解，科学与技术之间既不是平行关系，也不是单向作用，而是一种相互关系。许庆瑞注重概念分析的例子在该书中还有很多，比如对科研劳动特点的分析、创造性的重要意义、发明和技术创新的概念、研究和发展过程中的知识流和信息流、基本研究单位等。

特别值得指出的是，对于当时对创新和技术创新都非常陌生的中国而言，许庆瑞对发明、创新、技术创新等概念的介绍和剖析，在这时就显得尤为重要。他先从技术变革谈起，介绍了"技术生命周期"这一概念。一项新技术，与一种新产品一样，有初生、发展、成熟、衰退等不同的阶段，这就是它的技术生命周期。因此，无论是一个工业部门还是一家工业企业，如果不能认识到一项技术已经衰退而仍然对技术改革进行大量投资，必然会造成人力、物力和财力的浪费，给企业乃至国家带来不应有的损失。比如晶体管在美国电子行业中占据优势地位后，导致许多原来生产电子管的技术力量

---

① 许庆瑞访谈，访谈时间：2018年12月14日，访谈地点：浙江杭州。

很强且资金雄厚的公司失败和破产，这就是注重技术变革带来的改变，以及对技术变革缺乏预见而遭受的后果。在对技术生命周期进行剖析后，许庆瑞很自然地引入了发明和技术创新的概念。发明和创造不一样，是第一次提出某种技术的新概念、新思想和新原理，技术创新就是技术变革过程中继发明之后的一个阶段，是一个改造世界的实用阶段。发明是人类认识世界的阶段，是原理的发现，而技术创新是为了满足社会需要而对现有知识的新的综合，是新技术的第一次商业性应用。技术发明是引向技术创新的源泉之一，而且从技术发明到技术创新有一个时间上的间隔，这个间隔被称为创新阶段。许庆瑞的这种分析，不仅明晰了发明、技术生命周期、技术创新等概念以及它们之间的区别和联系，而且可以让读者很容易理解技术创新的重要性和特殊性，以及所处的位置。正是因为从发明到技术创新有一个过程，而创新又是新技术、新产品的开拓、发展乃至引入市场，是发展研究开发和制造工程的工作成果，就更加需要了解技术创新的整个过程。

　　许庆瑞不仅探讨了技术创新的概念，还特意提到在中国进行技术创新的重要性，强调技术创新是一个为了满足社会需求而进行的科技知识转换过程，既是30年来社会主义革命和建设的经验总结，也是现实的需要。在社会主义计划经济体制下，人们往往会产生一种错觉，似乎生产出产品就是尽了企业对社会的责任，却忽视了社会主义生产的根本目的。许庆瑞发现，美国的技术创新与中国的技术管理不一样，中国当时的技术管理讲的是为了生产能够正常进行，要把技术后方弄好。比如维修，机器不维修好，生产便无法正常进行；比如工具，没有好的工具也不行，没有好的仓库和运输条件也不行。

　　强调创新和用户、市场需求相结合的另外一个重要意义，是要使广大科技人员不把他们的视野孤立在实验室与研究所的狭小范围内，盲目地为技术创新而技术创新，而要认识到科技必须为国民经济服务，为生产服务，为满足人民的需要服务。可以看到，自1982年11月许庆瑞在中国科学院管理科学组召开的会议上提出"创新（包括研发）应以企业为主体，企业必须与大学、研究院结合"的思想之后，他一直在思考如何在中国进行技术创新的问题。

如何进行技术创新呢？刚从MIT回国的许庆瑞虽然还没有针对中国的企业、研究机构以及国家宏观政策展开具体研究，但是他已经开始在理论上进行深入思考。这些问题包括：如何对研究与发展的技术信息流、研究单位、科研劳动等进行组织，如何进行研究与发展的计划工作，如何进行技术预测，如何对研究开发项目进行评价和选择，如何对科研进行经济管理，如何从战略与策略上对研究与发展进行管理。在科研的经济管理方面，许庆瑞认为中国20世纪80年代正在进行科技体制改革，推行技术合同制，开拓技术市场，有偿转让科研成果，改革科研的经费拨款制度等，其实质是从宏观上运用经济手段和方法来管理科研，使科研单位与生产单位从经济利益上联系起来，充分发挥现有科研力量，促使科研成果尽快转化为生产力。他也提到，科技体制改革为科研机构创造了良好的、充满生机的外部环境，同时也给研究单位带来了压力和动力，使研究单位必须在社会-经济-技术的大系统中，充分调动各方面的积极因素，运用经济方法，加强核算和管理，充分重视科研的经济效益和社会效益，加快出成果的速度，而不能停留在过去完全由国家供给经费、向国家报销的"供给制"管理方式上。[1]研究与发展计划的编制要有依据，既要考虑社会发展和国家经济建设的需要，还要考虑中国的资源特点和能源特点，地方研究所要结合地区经济发展需要与地区资源和能源特点。[2]科学研究发展计划的编制重点是国家急需的课题，并有科学价值与使用的经济价值，有利于发展本国、本地区和本企业的特色。

---

[1] 许庆瑞.研究与发展管理.北京：高等教育出版社，1986：348.
[2] 许庆瑞.研究与发展管理.北京：高等教育出版社，1986：199.

注重通过具体方法来阐明理论问题，注重对实践的思考，既是许庆瑞撰写《研究与发展管理》坚持的原则，也是许庆瑞从1983年到1985年一直试图将新的研究方法应用于解决中国的技术创新、研究与发展管理以促进经济和科技发展的努力。除了对如何利用科技信息、从哪些渠道获得科技信息、如何运用技术文献等这些问题的分析外，许庆瑞还重点研究介绍了技术预测的方法，即直觉法、趋势外推法、规范型预测或面向目标的预测、动态模型法或因果型预测法、技术监视法、交叉影响分析法、前景法。正是许庆瑞对这些方法的透彻理解和掌握，才为他后来和学生一起运用新的方法来研究技术创新奠定了坚实的基础。

为什么许庆瑞能够在中国还未听闻技术创新这一概念、中国的企业并没有遇到市场竞争问题时，就率先针对中国的科学研究、企业发展与经济发展的现实进行深入思考，提出中国的创新应以企业为主体，并且迫不及待地将自己的学习和思考写入《研究与发展管理》之中呢？

许庆瑞在当时的观点和思考，是走在时代前列的，具有前瞻性。20世纪80年代初期，中国的企业依然是国营企业，并没有市场上的需求压力和竞争，没有出现像美国、德国等国家出现的市场竞争带来的技术创新的紧迫性问题。

中国的改革开放是在70年代末，80年代那个时候没有民营工厂，没有民营企业，叫有计划的商品经济，商品经济当中没有民营企业这个概念。到了80年代民营经济发展，1989年、1990年以后，特别是邓小平南方谈话之后才掀起了民营企业发展的高潮。[①]

许庆瑞敏锐地觉察到，中国实行改革开放进入市场经济之后，创新问题一定是管理中的核心问题。在市场经济的条件下，企业的

---

① 魏江访谈，访谈时间：2018年11月4日，访谈地点：浙江杭州。

竞争优势，从根本上来说，就是来自创新：

> 许老师是走在了我们国内的技术创新研究和实践的前列的，超越了我们当时的时代发展。那时候很多人都不知道创新为何物，很多人认为这个研发问题应该是国家层面来关心的，特别是那时候真正的民营企业的发展还没有起来，很多企业根本没有这样的意识，都是国营企业。严格来说，国营企业只是国家的一个生产车间，每年把生产的指标分解下来就行了，所以没有自主的决策机制在里面。那自然而然也就没有我们说的市场中的竞争压力，所以这个情况下自然而然大家就无须考虑怎么样获得竞争优势的问题。那个时候我们的市场经济刚刚萌芽，刚刚有些个体户诞生。[①]

为什么许庆瑞在20世纪80年代初期就能够提出超越时代发展的观点和建议呢？这与他早期的学习和研究积累，以及对世界前沿的敏锐感知有关。如前面所述，许庆瑞在交通大学时期学习的就是工业工程管理，在中国人民大学研究生期间的学习以及工作后的方向都是技术管理。这些学习和工作其实都是围绕着生产和技术的问题，加上在中国人民大学时期他经常到上海机床厂蹲点，对企业的实际情况非常熟悉。1980年他最早一批被派出去学习管理，学的又是技术与创新管理。这些因素综合起来，使得许庆瑞既有知识积累又能够直接接触和进入世界前沿，而且对企业非常熟悉，以至于在中国刚刚实行改革开放、企业并没有什么现实需求的时候，许庆瑞就提出了技术创新的重要性，就看到了创新的问题一定是企业得以生存和发展的焦点问题，是企业竞争优势的来源，因而率先进行技术创新研究是必然的。许庆瑞必然会选择这个方向，是因为他有这样的知识积累，又站到了世界技术与管理研究的前沿，创新的问题又是面向未来他看到的企业的生命线。这就是高瞻远瞩。

---

① 张钢访谈，访谈时间：2018年11月12日，访谈地点：浙江杭州。

学生魏江感慨道：

> 非常前瞻，不是国家的需要，而是未来的需要，这个就是科学家了不起的地方。后来到了20世纪80年代末90年代以后，我印象特别深刻，一直到1997年、1998年企业都不让我们讲创新，1997年企业就不让我们讲创新，都讲营销、财务，但是因为许老师做得早，所以才引领发展，所以说他最早做创新的时候很孤单。[1]

可以看到，在教学改革方面，许庆瑞用研发管理、创新管理来充实、丰富中国原有的技术管理，将技术管理升级为技术管理与技术创新管理。1986年《研究与发展管理》一书出版后，许庆瑞组织举办了科研管理暑期学习班，学员为研究所与科研管理部门负责人，使用的教材就是《研究与发展管理》。此后，该书在促进技术创新理论在中国的传播以及国家技术创新工程建设方面发挥了重要作用，并于1992年获得国家教育委员会全国优秀教材奖二等奖。1996年出版的《全国高等学校优秀教材及作者简介》一书再次介绍了《研究与发展管理》教材与许庆瑞的学术贡献。

如果我们将许庆瑞编写的《研究与发展管理》放在中国整个创新管理领域的发展史中来看可以发现，它的前瞻性和重要性尤为突出。这是中国第一本创新管理领域的书，让中国的企业真正认识到了研发的重要性，让中国的学者真正认识到了研发管理是管理的重要分支。此前，很多人都没有研发管理的概念，只知道生产管理、质量管理。1986年该书出版时，虽然已经恢复了管理系管理专业，但国内高校的管理类专业尚未开设这门课程，学生和教师甚至这个领域的研究者并没有认识到研发管理是管理的重要分支。这个分支如果不夯实，后面的技术创新管理就成了无源之水、无本之木，特

---

[1] 魏江访谈，访谈时间：2018年11月4日，访谈地点：浙江杭州。

别是以企业为主体的技术创新管理就没有了根基。当我们将《研究与发展管理》这本书放在大学的研究角度、教学的角度、企业实践的角度甚至政府管理政策的角度来看，它的重要性就更加明显了，因为它确实是为中国后来的创新管理、技术创新领域的开拓和研究，特别是企业的技术创新实践奠定了基础。总之，《研究与发展管理》一书中的观点和思想，以及许庆瑞撰写该书的初衷，都是超越了当时时代的需求、领先于时代的。

三、孕育企业经营管理新理念

中国的企业管理研究和实践的理论框架，如何在科学技术迅猛发展和中国的发展转型下，从管理学走向经营学，是许庆瑞在20世纪80年代初努力思考的问题。

许庆瑞意识到，在科学技术迅猛发展的信息时代，社会经济以及人们的生活等都在酝酿和发生着新的巨大变革，这种变革已经影响到了企业和企业管理的各个方面。管理的机能也是随着生产力的发展而不断发生变化的。国际范围工业生产管理的发展，是从生产管理扩大到营销管理，再到多品种的综合管理，到了第四阶段，生产与经营趋于国际化，国际竞争日趋激烈，企业高层的战略性管理就显得更加重要，如何做好战略性决策与制定经营策略，成为企业经营成败的关键。在这种情况下，需要有一部分人从事高层的战略性参谋、规划和决策工作，从原有的管理组织体系中分离出一部分人专门从事长远的战略性管理。因此，经营与管理不同，是企业中高层的领导与决策问题。[①]

1982年底，刚从美国学习回来的许庆瑞，受邀给国家经济委员会、全国总工会企业管理专题研究班的学员授课。根据中央建议，国家经济委员会、全国总工会企业管理专题研究班从1982年9月开始举办，目的是总结中国三年多来企业管理的经验，探索建立有中

---

① 许庆瑞.经营学初探.管理现代化，1985，4：10-12.

国特色的社会主义企业管理科学体系。研究班的专题涵盖了国营工业企业领导制度、工业企业思想政治工作、工业企业管理基础工作、工业企业经济效益、工业企业技术改造和工业企业经营管理。研究班面向的对象是全国在企业经营管理方面有经验的企业领导人、领导机关主管该项工作的管理者、大专院校和科研机构的教学研究人员。许庆瑞在研究班上做了《有关美国经营策略的若干问题》的报告。在报告中，他介绍了美国管理学院培养经理人才的经验、科学的学术思想和适合经理人才知识结构的课程体系，概括了美国在经营策略管理方面总结出来的工作程序和概念、组织结构。这些工作程序包括：确定指导方针、分析环境、分析企业内部的条件、规划经营目标、制定经营策略、拟定策略计划、实现组织策略、检查与评价执行情况。公司确定指导方针的基本出发点是增强企业的生命力和确定企业未来的发展；对环境进行分析是为了应对变化的环境以快速反应、准确预测、尽早安排；对企业进行分析是针对企业内部的生产情况、职工状况、产品方面等进行分析，企业的经营目的是指企业（公司）在较长时间内将从事何种活动，以及满足市场和用户的哪些需要。他在研究班上的发言，后来形成了论文《有关美国经营策略的若干问题》，入选1983年12月2日到1984年1月13日举办的国家经济委员会、全国总工会第19期企业管理专题研究班问题研究专集——《工业企业经营管理》。

在美国学习的两年期间，许庆瑞强烈地意识到，企业的高层领导重视研究、开发与技术创新，已经成为20世纪70年代以来的一个重要发展趋势，也已经成为现代化经营的一个重要特征。许庆瑞发现，日本企业能自20世纪六七十年代以来在世界市场的很多领域中占据领先地位，重要原因之一就是日本企业的高层领导中大多具有理工科基础；相反，欧美某些大企业的第一把手很多是经营、财经专业出身的精英人才。在高技术发展迅速的时代，如何培养和配备科技管理人员，特别是科技管理的中高层人才，亦成为加速高技术发展、增强企业竞争优势的重要一环。美国的管理工程比较看中管理，而苏联只管生产。战略管理是最高层的，中间这一层是生产管理、经营管理、财务管理，再往下是工厂管理。苏联注重的是第二层，而缺少对第一层的重视。

我在美国一看，美国培养厂长首先要从战略管理培养起，没有战略思想，就没有长远思维，光看年度计划有什么用？苏联的计划都是年度计划，没有更长远的独立的思考，一定要学战略。所以我就提议，要学美国那样培养厂长，有战略管理的头脑和眼光。[①]

1984年，许庆瑞组织举办了战略管理研讨班，学员为企业负责人与战略部门负责人，当时学员有华立集团总裁汪力成、昆明制药的李南高、海尔的史春洁与杜光林等人。

社会主义的经营学与其他国家的有什么不同？这也是许庆瑞着重探讨的问题。20世纪80年代初的中国企业正处于转型时期，为了适应当时企业转型的需要，教育部希望编写《工业企业经营管理学》教材，由许庆瑞担任主编。

1983年4月，机械工业管理工程类专业教材编审委员会拟定了《机械工业企业经营管理学》教学大纲，许庆瑞在后来的几次教材编写大纲讨论会、初稿讨论会上，又根据教育部关于编写理工科教材应贯彻"少而精"的原则和"削枝强干"的精神，对教学大纲与内容进行了适当的补充与修订。1986年，出版了《工业企业经营管理学》，这是高等学校的试用教材。

在《工业企业经营管理学》中，许庆瑞首先论述了中国改革经济体制、增强企业活力的重要性。中华人民共和国成立以后，仿照苏联建立了一套高度集中、政企不分、以行政管理为主的经济管理体制，将管理企业的各种权限大多集中在国家的行政部门，管理的

---

① 许庆瑞访谈，访谈时间：2019年4月26日，访谈地点：浙江杭州。

办法不是以经济方法为主，而是以行政管理为主。这种经济管理体制与当时的生产力发展水平还是适应的。再加上那时在方针、政策上是正确的，在方法和步骤上坚持从中国实际出发，企业还能发挥一定的创造性，所以这种统一的经济管理体制在当时的社会主义建设中发挥了积极的作用。但是随着社会主义改造的基本完成和我国经济发展的规模越来越大，这种经济管理体制抑制了企业和职工的积极性、主动性和创造性，企业在很大程度上失去了活力。20世纪80年代初期，由于国民经济的调整和经济体制改革、计划指导下市场调节作用的发挥、企业经营自主权的相对扩大，广大机械工业企业面临许多新的情况和问题。为此，许庆瑞建议机械工业必须从那种只按照国家计划来组织生产的模式，转变为既管生产又管经营的模式，工业企业从生产型向生产经营型过渡。[①]

既然经营不同于管理，而中国的实际情况又与西方国家的工业企业管理不同，工业企业是在国家计划指导下的社会主义企业，许庆瑞提出社会主义经营学的研究对象是如何在不同条件下，根据国家计划与市场需求，确定企业的经营目标与策略及其实施的途径，包括如何通过人才开发、技术创新、市场开拓和其他重大组织措施，不断提高企业的经济效益，充分满足国家建设与人民日益增长的精神与物质生活需要。[②]结合中国企业转型的具体情况，经营的机能超过生产管理的范围，涉及流通领域，经营管理不仅涉及生产过程的管理，而且更多地涉及流通过程的经营与管理，它是商品经济发展的必然产物。为此，许庆瑞认为国内经营管理的目标是从提高基本生产的效率转向提高整个企业和社会的经济效益，管理的重心是从日常的生产管理转向长远的、全局性的、战略性的经营决策。而且，社会主义工业企业管理的重要意义在于它的管理思想和方法，是符合按经济规律要求办事、符合有计划的商品经济发展的需要，体现

---

① 许庆瑞.工业企业经营管理学.北京：机械工业出版社，1986：1-3.
② 许庆瑞.经营学初探.管理现代化，1985，4：10-12.

和运用了现代管理的系统方法。

重要的是,许庆瑞在《工业企业经营管理学》中再次提到了重视科技管理、将技术创新放在重要位置对社会主义工业企业经营管理的重要性。社会主义工业企业经营管理的重要意义,在于它要求企业重视科技管理,将技术创新作为推动技术进步、提高产品竞争力和企业经济效益的重要手段。为此,他在这本书中撰写了"新产品开发"和"技术创新"两章,讨论新产品开发的意义与方式、产品生命周期、新产品开发的程序、新产品设想的产生、新产品的筛选与试验、新产品的评价、新产品开发的策略,技术创新的内容与过程、有效创新的途径、企业的研究与发展及其策略、技术引进、企业研究与发展的组织管理,再次强调和倡导技术创新在企业经济效益提高、经济发展与社会进步方面的重要性。

我们看到,在管理教育的改革方面,许庆瑞推动的第一个转变是将中国的技术管理升级为技术管理与技术创新管理,第二个转变是将管理的范围从过去的生产型扩展到经营管理型。过去中国的企业是生产型,一个企业只负责生产,跟市场没有联系,生产出来的东西交给国家,由国家统一分配,企业自己不销售。当时有一个禁区叫作市场化禁区,现在我们谈市场化是常态,但是在20世纪80年代初期把市场等同于资本主义,这样就将管理局限在企业范围的生产管理。生产型的范围就是生产制造,经营管理型不一样,除了生产制造之外还要营销,需要有市场部门与研发部门,因为产品经营之前要制造出来,生产之前还要把研发做好。另外,企业不能只看眼前,要看长远,要有战略。这就是许庆瑞带动的第二种模式的变化,他最先在教育部进行倡导。

在相当长一段时间内,传统观念认为,社会主义下没有市场经济,社会主义实际上有市场,到农村去,农民也有市场,后来逐渐改变了观念,把市场问题释放出来,慢慢地,企业就不是生产型而是经营型的了。许庆瑞带动的两个模式变化结合起来,就将技术管理延伸开来，加上研发和经营，就成了技术创新管理。从20世纪80年代中期开始，一直到20世纪末，中国的企业完成了这两个模式的转变，企业的范围完全扩大了，视野也不一样了，人的眼光看得更远了。提及此，许庆瑞谈道：

> 我觉得管理上是突破了两个禁区——市场的禁区和经营的禁区，企业才变活了，所以我们改革开放的目标当时就是搞活企业。当时邯钢有一个故事，叫作推墙入海，企业有一堵墙，把它堵上了不能入海，大海代表经营，代表做生意。所以一个企业不做活，它只能生产这些东西，职工最多能分配到一点生产资料，职工生活水平没有办法提高，这也是没有经验，跟着苏联走的结果。后来国家一些从事理论研究的干部在同学界的交流过程中逐渐意识到了这个问题，当时中宣部有一位领导很相信经济界，我们就跟他反映意见，他都听进去了，积极向中央提建议，后来就开始改革，把市场纳入企业经营范围，企业跟市场打交道，可以做营销，成立营销部，慢慢地企业就活了。实际上中华人民共和国成立之前一个企业也是这么完整的，上面有董事会，下面也是各种部门都有的，就是到了社会主义初期变成了封闭的生产型，苏联走路走错了，计划性不能排斥企业的自主性，计划性不能同市场对立起来。①

鉴于许庆瑞在经营管理学领域的独到理解，浙江大学还被推荐举办经营管理学的短期研讨班。1983年10月24～30日，教育部部属高等工业学校管理工程专业协作组第四次会议在武汉召开，会上除了建议教育部尽快成立全国管理工程专业教材编审委员会，着手制定教材建设规划外，还建议举办短期讨论班，集中讨论某一课程的内容、重点和难点，交流教学经验。其中，会上建议由浙江大学

---

① 许庆瑞访谈，访谈时间：2019年5月31日，访谈地点：浙江杭州。

主持经营管理学短期讨论班。①

正是由于《工业企业经营管理学》对社会主义工业企业经营管理在概念、理论、方法等多方面的透彻分析，以及此后在工业企业从生产型向经营型的转变过程中发挥的重要作用，1992年，该书获国家教育委员会全国优秀教材奖二等奖。

四、对比分析美国的管理教育改革经验

科学技术研究和工业企业发展，都离不开人才的培养。如何通过管理科学教育培养管理人才，如何促进学科发展，是许庆瑞在美国考察期间一直密切关注的问题。当时，国内正兴起管理教育改革高潮，中国高等管理教育一是基础比较薄弱，二是受苏联影响比较大，虽然也吸收了西方的内容，但是严格地说并没有结合中国实际，形成自己比较完整的一套体系。管理科学领域的核心知识是什么？管理教育应该如何展开？国内并不清楚，也亟须知道相关内容和展开方式。

薄一波副总理当时特别关注管理教育改革。他借到美国与卡特总统签订中美协定的机会，访问了一些名校的管理学院，包括MIT。当时许庆瑞正在MIT访问学习。薄一波于1982年到美国后，直接到MIT斯隆管理学院，与学院副院长倾谈管理领域的核心知识。对此，许庆瑞回忆道：

管理是什么？当时各种讲法都有，搞数学的认为管理就是数学，搞工程的认为管理就是工程，搞文科的认为管理就是人文。但管理实际上是一种交叉科学。薄一波请管理学院的副院长讲一下管理学院的核心知识是什么，副院长跟他说核心知识主要包括三个方面：第一个是心理学与行为科学，因为要管理人必须了解人家的心理，

---

① 教育部部属高等工业学校管理工程专业协作组第四次会议纪要 // 许庆瑞，王嘉霖，钟守义，等. 论高等管理工程教育. 武汉：华中理工大学出版社，1991：297-303.

你不了解是不行的，从微观来讲心理学很重要，要了解管理人的心理学、行为科学的知识。第二，从宏观来讲是经济学，因为管理的现象都是经济现象，在经济大局里开展活动，所以不懂经济学知识不行。美国学管理学，核心是要懂经济学。麻省理工学院培养人，要求打好经济学基础。它与专门的经济学领域还不太一样。专业学习经济学的对经济学的要求更高。定性与定量经济学知识我们都要有。这两方面讲得很有道理。第三是计算机。我们要学会用计算机来分析与建模，这个工具大家都要掌握。这几个是核心知识。[①]

薄一波针对国内管理学相关领域在名称和学科归属上的争论询问许庆瑞的意见。许庆瑞向他介绍了美国的情况，提出管理既不属于数学，也不属于工程，而是单独的门类。比如 MIT 使用的名称是管理学院，而不是管理工程学院。不过，美国的教育体系中，管理又有进一步的分类，比如针对工程的管理学叫作工程管理。美国的这种分类与国内不同，在国内，管理工程和工业工程是一个意思；而在美国，管理工程和工业工程却有区别。

鉴于中国当时管理教育改革对核心知识的关注，以及对管理学的称呼问题的争论，适逢 1982 年 9 月 8～14 日在天津召开全国高等院校管理专业教育座谈会谈论管理教育改革，会上对管理教育的核心知识以及相关的称呼有争论，而许庆瑞在美国了解的这些知识当时国内还不太清楚。许庆瑞就把当时在 MIT 与斯坦福大学时了解到的情况向国内做了传达。

1982～1983 年，许庆瑞在 MIT 考察了三个学期外加一个暑假。在斯坦学大学考察了两个学期和一个暑假，参加了两个进修班。除了听课，许庆瑞还参加了这两所学校的一些会议，进行了研究，找了这两所学校的院长、系主任进行座谈，了解他们的管理教育经验，以及在管理教育上的动向。鉴于此，许庆瑞就他在美国时期的学习

[①] 许庆瑞访谈，访谈时间：2019 年 5 月 31 日，访谈地点：浙江杭州。

与对管理教育的了解，特意写了一篇文章发给国内管理教育改革的学者参考。许庆瑞发现，要加强管理基础课的教学，管理知识体系里的三个方面很重要，特别是经济学方面的基础知识。MIT将宏观经济学和微观经济学作为一门课程来讲授，而芝加哥大学，比其他学校更加重视经济学这门基础课，将宏观经济学和微观经济学分别作为两门课程来讲授。美国不同学校的管理学各有自己的特色。比如芝加哥大学，以数学、经济学和会计学见长；MIT以数量化、管理技术系统、财务见长；斯坦福大学管理教育课程的特点是少而精，它有独特的办学思想，在课程设置上，根据管理问题中的共同因素来开设课程，因为管理存在着概率、动态、平衡、决策等因素，根据这四个因素，斯坦福大学的管理学院开设了5门课程，即经济分析、概率分析、决策分析、动态分析和系统最优化理论。由于管理本身有社会性，许庆瑞建议要结合社会主义制度来考虑管理教育，特别是在社会学和心理学方面，要批判地吸收美国的管理教育核心内容。另外，要根据中国的国情来运用美国的管理体系。比如核心知识中的软件和计算机，中国并没有太多资源可以利用，而且也不是短期可以用上的，所以许庆瑞建议在将计算机用于管理方面，中国可以做一些研究试验，但是要大规模推广，还要等到计算机推广普及之后。因为美国在20世纪80年代初期时已经发展计算机二三十年了，计算机很便宜，普及化程度高。虽然就未来发展而言，中国应该大量使用计算机这一先进技术来研究管理，但是当下的条件还不成熟，需要逐步推进。

除了管理教育中的核心知识，许庆瑞认为美国灵活性强的多种管理教育形式，以及管理教育和管理实践相结合的方式值得国内借鉴。比如美国用多种而不是一种模式来培养多方面的管理人才，而且学校与企业的联系比较密切。管理教育通过在职干部的培养、咨询以及各种培训计划来进行。

在管理教育的专业设置方面，许庆瑞发现美国有两类管理教育体系。第一类是管理学院。为此,他观察和比较了美国排名前列的三所管理学院的专业。麻省理工学院斯隆管理学院有14个专业招收硕士研究生,包括会计、应用经济学、财务、技术管理等。斯坦福大学有7个专业,分别是会计、决策科学、经济分析、财务、市场、组织行为、政策和策略。哥伦比亚大学管理学院有会计、银行、公司策略等9个专业招收硕士研究生。另外,美国强调通才教育,不像我国将专业分得很细,而是强调知识面要宽,这样培养的学生才会产生创造性和新的观念。这是第一类教育体系。第二类是管理工程,美国叫工业工程。工业工程大致可以分为两类:一类以传统的管理工程为主,从科学管理开始,适当讲授运筹学知识;一类在运筹学方面的比重比较大,最核心的课程除了运筹学外,还有会计、计算机应用、概率与数理统计、工程经济等。

许庆瑞比较了美国两类管理教育体系培养出来的人才去向,以及美国管理教育中存在的两种不同的学术思想。他发现,一种学术思想是在教育中强调多讲授管理原则,另一种是用具体案例讲解来代替抽象的管理原则讲授。麻省理工学院斯隆管理学院认为这两种思想都不够全面,应该有一个科学的知识体系来作为管理决策的依据[1],也就是前述所及的经济学、数学、心理学、计算机等综合知识。依靠该思想,麻省理工学院斯隆管理学院成为美国第一流的管理学院。在做了细致的考察和比较之后,许庆瑞认为美国办好管理教育的经验,是要拥有较为全面的学术知识、不同学科背景的师资队伍与好的学生来源,要加强科学研究,并且管理教学要同实际相结合,加强管理基础课等。

五、推动中国管理教育改革

正是因为有了对美国管理教育的细致考察和对比,许庆瑞回国之后便立即投入国内的管理教育改革工作之中。1984年8月,教育

---

[1] 许庆瑞.美国管理教育考察报告.管理者,1983,(增刊):1-9.

部发出《关于正式成立高等工业学校应用理科、技术科学及边缘学科八个教材编审委员会的通知》，许庆瑞被任命为管理工程类专业教材编审委员会副主任委员，并担任管理工程编审小组组长。1985年12月，他担任高等学校科研管理研究会常务理事。1984年两次参加管理教育国际会议，此后又6次赴欧洲国家，以及加拿大、日本考察管理学科和管理教育情况。

这时候的许庆瑞不仅仅是介绍与分析美国的管理教育经验，而且对中国管理科学教育中存在的问题进行了分析，并提出建议。中国从20世纪70年代末起实行对外开放、对内搞活的政策，特别是1984年10月，党的十二届三中全会通过了《关于经济体制改革的决定》，明确提出要及早造就一支社会主义经营管理干部的宏大队伍之后，管理教育成为"热门"。1978～1985年，恢复和新设的普通高等财经院校达41所，经济、管理类专业点从1978年的157个增加到1116个。魏江回忆了当时的情况：

中国的农村改革是从20世纪80年代初开始的，改革完了以后改城市，在城市改革过程当中就出现了一批国有企业"破三铁"[①]，国有企业要做承包制的改革，那个时候没有民营企业，不叫民营企业，这个时候国企要改制，国企改制的时候就发现管理很重要，管理在80年代是非常热门、非常吃香的专业，所以那个时候大家一窝蜂地去读管理，在那个时代，管理专业的录取分数都很高。[②]

虽然管理教育发展十分迅速，取得了不小的成绩，但是在专业划分、专业知识面以及专业名称、课程设置上尚不能反映社会主义初级阶段的实际情况，没有形成具有中国特色的课程体系。[③] 为此，

---

① "三铁"指"铁饭碗""铁工资""铁交椅"。
② 魏江访谈，访谈时间：2018年11月4日，访谈地点：浙江杭州。
③ 许庆瑞，王嘉霖，钟守义，等. 论高等管理工程教育. 武汉：华中理工大学出版社，1991：3.

许庆瑞建议，高等教育管理人才培养的重点人群首先是硕士研究生，这是由管理科学的学科性质所决定的，也是由高层决策人才所必需的知识结构决定的。对于科学技术迅猛发展的现代社会中的高技术企业管理人才来说，懂得技术是实现领导与决策不可或缺的条件，与决策环境有关的各学科知识、决策科学的系统知识、管理与控制方面的知识、与人的因素有关的知识等也必须具备。其次，要有完整的管理教育体系。管理层次一般分为最高领导层、中高级管理层和基层管理层。针对中国社会主义现代化建设的需要，要合理调整管理教育三个层次间的比例，逐步发展以硕士生为主的高层次管理教育，大力兴办以培养硕士生为主的管理学院。同时还要提高专科生的比重，同时发展职业教育中的管理教育，加强现有管理干部的继续教育，逐渐建立一个适合我国国情和现代化建设需要的多层次、多规格、多种学制的管理教育体系。①

浙江大学从1983年开始招收管理专业的本科生，许庆瑞将自己对世界管理教育趋势的思考与本科生进行分享。当时还是工业管理工程系本科生的张钢，至今仍清晰地记得许庆瑞给他们做报告时的情景：

在我的印象里，我第一次见到许老师，是我们班可能通过辅导员请系主任来给我们做报告。要么是在1985年底，或者是1986年初，许老师刚从国外考察回来，给我们讲"世界管理教育的趋势"。浙江大学当时是第三届招收管理专业的本科生，我们是高中上大学的，对管理没有什么实际的概念。虽然也上了几个月的课，但是实际上我们在很大程度上并不真正理解管理，更多地可能觉得这是一个新兴的学科，对于未来的中国发展有重要的支撑和引领作用。许老师当时这么讲，我个人也是感觉他引领我们认识到管理对中国未

---

① 许庆瑞.关于管理教育与管理科学研究的几个问题.管理工程学报，1986，1：8-9.

来发展的重要性。①

当时张钢等人对许庆瑞还有一个比较朦胧的印象：

就是很潇洒，给我们的感觉是很高大。那时候还比较少有人穿呢子大衣，许老师好像还穿了呢子大衣进来，我们的党总支书记陈忠德老师陪着许老师来的。那个时候我们的感觉就是，许老师有非常浓郁的学者气质和风度，让我们感到高山仰止，感觉这个老师能代表我们系的形象，确实是有这样一种崇敬的心情在里面。②

1979年上半年，除了许庆瑞所在的浙江大学，清华大学、同济大学、华中工学院、天津大学、大连工学院、上海交通大学、哈尔滨工业大学、吉林工业大学、上海机械学院等11所院校设立了管理工程专业，并成立了管理工程专业协作组。1986年4月17~22日，管理工程专业协作组在浙江大学召开了第六次协作组会议，这次会议有国家教育委员会所属的45所工科院校以及其他兄弟院校代表70人参加。会议建议探索我国高等工业管理专业教育的道路，研究有效地培养大批工业管理高级专门人才。

特别值得一提的是，经过协作组全体代表的酝酿协商，这次会议统一改选并推举了浙江大学和华中工学院为新的协作组牵头单位。1985年12月，许庆瑞担任高等学校科研管理研究会常务理事。在教育部1986年5月29日下发的《关于委托有关高等工业学校开展管理专业教育研究的通知》中，指明国家教育委员会高教二司制定了《关于我国工业管理高级专门人才的培养道路和方法课题研究计划》，委托有关高等工业学校开展研究工作，为了保证研究工作的顺利进行，决定以管理工程专业协作组两个牵头单位为主，建立课

---

① 张钢访谈，访谈时间：2018年11月12日，访谈地点：浙江杭州。
② 张钢访谈，访谈时间：2018年11月12日，访谈地点：浙江杭州。

题研究领导小组，组长是许庆瑞。这个课题有四个方面的内容，即制定工业管理高级人才培养目标和基本规格、培养工业管理高级人才的教学规律、管理专业教师队伍的建设以及各国管理教育的比较研究，计划两三年内的活动以调查研究为主。担任浙江大学工业管理工程系系主任的许庆瑞，主要组织开展了研究工作，进行了社会调查。

在这次研究调查中，作为国家教育委员会管理教育考察团的成员，许庆瑞赴加拿大进行了考察、访问，还撰写了考察报告《加拿大本科管理教育的特色》，提出加拿大管理教育体系集北美与欧洲的长处，形成了自己的特色，强调通才而不是专才，进行"一主一辅"的专业化设置，注重管理本科生的入学选择和实际能力的培养，以及提倡企业与学校的合作教育。考察结束后，许庆瑞提出加拿大的合作教育是值得借鉴的教育制度，管理本科教育应该注意通才教育，因材施教，可以允许有才能的学生选修MBA中的某些课程，有利于培养杰出的管理人才。[1] 在这次关于管理教育的调研中，浙江大学的蒋绍忠对高等学校管理人才培养的目标、知识结构和学科体系进行了探讨，认为管理工程学科主要是培养辅助决策人员和一部分部门负责人，而企业中其他的管理人员则来自大专毕业生、有长期实践经验的技术人员和工人。他建议本科培养目标定位于高层决策人才是不现实的，学科型人才和实务型人才在实践经验、知识结构和工作性质上差别很大，用同一种模式来培养这两种人才很困难。为此，他建议在现有的学科体系中，增加一个管理大学科类，与现有的理学、工学、农学、医学并列。浙江大学的钟守义还发现了浙江大学管理工程专业本科生毕业分配情况的变化。从1986年开始，受管理专业毕业生青睐的企业开始转向非国营但有影响的企业以及三资企业。这类企业的特点是开办不久，待遇好，年轻人常常能在

---

[1] 许庆瑞，王嘉霖，钟守义，等. 论高等管理工程教育. 武汉：华中理工大学出版社，1991：226-235.

其中独当一面,所学到的现代经营管理知识也有用武之地。浙江大学当时的管理工程本科生,所学习的知识比较偏重理工科,强调在了解理科和工科背景的基础上做管理。张钢就是1985年入学的,他回忆道：

> 我们读管理是比较偏理工的,当时理科的课程很多,包括微积分、普通物理,还有常微分方程等,当时在三分部都是跟信电系一块上的课。因为当时在三分部只有两个系,一个是工业管理工程系,再加上一个信电系,即使搬到本部之后,我们很多的理工科的课程也是跟其他的相关理工专业一起上。所以我们接触科学技术方面的内容要比现在的管理专业的同学多。非常强调必须了解现实的理工工程的背景,然后才能更好地在这个基础上做管理。而我们当时管理的课程也比较偏重科学管理中生产运营的管理。因为最早科学管理其实就是从生产运营和车间入手。所以,当时我们生产管理、质量管理、生产计划方面的课程,其实很大程度上都是这样比较偏生产运营操作的。[1]

许庆瑞作为组长负责组织教育部委派的"关于我国工业管理高级专门人才的培养道路和方法课题研究",顺利组织了全国有关高等工业学校开展管理专业教育的调查和研究。1988年11月底,管理工程专业协作组在重庆大学召开了高等管理工程教育研讨会,汇报了研究成果,会议交流了近百篇文章,从中精选出三十余篇,编成了《论高等管理工程教育》,由许庆瑞等担任主编[2]。

到了20世纪80年代末,中国的管理工程教育在许庆瑞等人的推动下获得了长足发展。张钢还记得1989年自己本科毕业时,国家

---

[1] 张钢访谈,访谈时间：2018年11月12日,访谈地点：浙江杭州。
[2] 许庆瑞,王嘉霖,钟守义,等.论高等管理工程教育.武汉：华中理工大学出版社,1991.

对管理学本科生的需求量很大。他是浙江大学第三届管理学本科毕业生，之前每届就招一个班，每个班三十几个人，毕业生的总量并不大。他们这一届的同学毕业后，大部分去了国营企业就业，还有到政府部门工作的。当时专门有一类企业叫贸易类企业，因为很多企业没有自营进出口权，各地都有贸易公司，而且贸易公司还细分为不同的行业，如丝绸贸易公司、皮毛贸易公司、农产品贸易公司。从浙江大学毕业的不少管理学专业学生就进入这些贸易公司工作，还有少数学生考取了与管理相关的研究生。

许庆瑞与同仁在国家经济发展急需管理人才之际，适时推进了管理工程教育的进程，为国民经济的发展及时补充了一批急需的经济与技术管理人才。

第七章
推进管理工程学科发展

许庆瑞与学科同人在全国范围内推动组建管理学科，并不仅仅限于在学科建制上进行探索，还深入思考与探索管理学科的性质、任务与地位，特别是推动国家教育委员会对管理学科的认识和支持，着力提高学科地位，与同行们竭力参与学科建设，充实学科力量。从人才规格、知识基础与体系、培养计划、生源、师资队伍、设备与实验条件的建立和完善等多方面明确学科的性质与地位；寻找与扩大资源，充实学科实力，包括依托国家自然科学基金委员会等组织，扩大科研资金来源，努力提高管理学科在社会上的地位和作用。

一、提升管理学科的学科地位

管理学科因其特殊的性质和地位，有人认为它是社会科学，有人认为它是经济学科，还有人认为它只是一些经验与常识，构不成学科。学科性质模糊，对其的认识不一，大大影响了学科的发展及其作用的发挥。长期工作在管理学科前沿的同人的工作不受重视，也得不到相应的支持。而中国经济大发展的现实，要求加强管理，节约资源，发展经济，这一内在推动力促使一部分处在经济管理岗位上的人员认识到管理的重要性，并着力推进以解决问题。例如，20世纪五六十年代，著名经济学家孙冶方发现我国长期沿用苏联关于设备折旧的经验（即折旧费只能用于修理设备而不能用来购置新设备的规定）而形成了"豆腐要卖猪肉的价钱"的怪现象，提出要进行改革。在许庆瑞的推动下，一机部汪道涵副部长委托许庆瑞同一机部办公厅的工作人员、中国科学院经济研究所及中国人民大学工程系的师生一起下厂调查，力图调查研究出改革方案。在此背景下，浙江大学的一部分老师，包括王爱民、翁永麟、许庆瑞、王燮臣、黄擎明等，于20世纪60年代初期到上海机床厂等企业，做了较长时间的调查研究。这些研究不仅有助于解决我国经济发展与改革中的大问题，历练了管理院系的师生们，也推动工科院校领导扭转了对管理科学原有的认识和理解。

要提高管理学科的地位，不仅要在认识上改变人们的片面观点，更需要在实践上着力推动和扭转。为此，管理学界的同人在组建管理学科教材委员会之际，着力于提升国家学科序列中管理学科的地位。例如，在20世纪80年代国家教育委员会组织的教材会议上，汪应洛、许庆瑞以及大部分高校同人提议，管理学科应有自己独立的门类。原学科目录大门类共9个，如天文、地理、生物、数学、工程等，而管理学科被设置在工程门类下一级学科"机械工程"下的二级学科"机械工程管理"中。1979年后，经管理学界同人们奔走，加上提高管理学科地位的迫切性，国务院决定设置国务院学位委员会来研究建立学位制以及学科等问题。许庆瑞和管理学界同人提议在原有9个学科门类基础上增设一个新的学科门类——第十大类，即管理学类，后于1985年经国务院学位委员会学科评议组管理工程学科评议组讨论后通过。这一创举大大鼓舞了长期工作在管理科学研究与教学的一线同人，各院校也纷纷充实力量，大力开展管理科学的研究与教学工作，出现了"百花齐放"的形势与局面。

还有几件关系学科发展的大事也值得一提，如同意建立管理学科的博士点及确定招生计划等。1986年经国务院学位委员会批准，浙江大学被列入第一批"管理科学与工程博士点单位"，并开始招收博士生。在此形势下，西安交通大学的汪应洛招收了第一批博士生，包括席酉民（曾任西安交通大学副校长及管理学院院长）、李垣（曾任西安交通大学管理学院院长、上海交通大学安泰经管学院执行院长及同济大学经济与管理学院发展与改革战略委员会主任）。浙江大学的许庆瑞招收了吴晓波（曾任浙江大学管理学院院长、学科评议组成员，教育部"长江学者"）、魏江（现任浙江大学管理学院院长，教育部"长江学者"）、陈劲（清华大学教授、国家杰出青年科学基金获得者、教育部"长江学者"）、张钢、郭斌、徐金发、项保华等。他们在发展中国管理科学，特别是技术创新方面，均做出了杰出的贡献。

二、受聘为国务院学位委员会学科评议组管理工程学科评议组成员

借提升学科地位之机，许庆瑞着力在协调方面做了以下工作。与国务院学位委员会建立联系通道，使下情能及时上达取得领导部门的及时支持。这里，最重要的一点就是建立了作为领导管理科学之首的国务院学位委员会办公室直属下的管理工程学科评议组。国务院学位委员会学科评议组的参与人员包括国务院、国家教育委员会、国家经济委员会的领导人员以及科研专家。

国家教育委员会主管研究生工作的吴镇柔处长做了很多有益的工作，她在广泛征得国内管理科学前辈周志诚、翟立林及王亚强等教授的意见后，组成了由朱镕基、郑绍濂、汪应洛、王众托、许庆瑞、傅家骥等为成员的国务院学位委员会学科评议组。学科评议组的成立，大大提升了管理学科在国务院、国家教育委员会及各大院校领导心目中的地位。经1985年6月学科评议组管理工程学科评议组在北京召开的会议讨论，决定将管理学科提升到第十大门类，即与天文、地理、工程等大门类并列，还肯定了管理学科在改革开放新形势下的重要地位，推动了管理学科的持续大发展。会议还提出，应在改革开放新形势下迅速改革，必须填补管理工程人才培养的巨大缺口，并应设立各类工程的教材委员会和出版社等。许庆瑞被聘为国务院学位委员会学科评议组管理工程学科评议组成员共两届，即1985年2月16日第2届，任期5年，1992年4月20日第3届，任期5年。当时的国务院学位委员会学科评议组管理工程学科评议组的两届成员包括朱镕基，国家教育委员会、国家经济委员会有关领导，刘源张（中国科学院系统科学研究所）、汪应洛（西安交通大学）、郑绍濂（复旦大学）、傅家骥（清华大学）、王浣尘（上海交通

大学)、王众托(大连理工大学)、许庆瑞(浙江大学)、黄梯云(哈尔滨工业大学)等,他们为发展和提升管理学科的地位发挥了巨大的作用。会议还批准部分院校自1986年起设置管理工程类博士点,开始招收管理工程博士生。

三、推进国家自然科学基金委员会管理科学学部的建立

管理学科发展历史上的第二件大事,是国家自然科学基金委员会的成立。国家自然科学基金委员会成立之初,许庆瑞等立即建议设立管理科学部。在中国科学院第四次学部委员大会上,89位学部委员(后改称院士)为改革中国的科研管理体制、促进科学发展,借鉴国外科研管理的经验,联名提出建立中国科学院学部科学基金以支持基础研究的建议。① 根据《中共中央关于科技体制改革的决定》,国务院于1986年2月14日发出《国务院关于成立国家自然科学基金委员会的通知》,国家自然科学基金委员会一边组建一边工作。② 基金委员会主任是唐敖庆,副主任是胡兆森。胡兆森是许庆瑞在交通大学求学时期的同学。国家自然科学基金委员会在组建时期,最初只设立了数学物理、化学、生命、地球、工程与材料、信息6个基础科学部,其中并没有管理科学部。对此,许庆瑞回忆道:

> 胡兆森是我的大学同学,他曾是地下党员,毕业以后分配到鞍钢,鞍钢又把他调到首钢了,后来中央把他调到冶金部,在冶金部和国家科学技术委员会从事领导和管理工作。先是担任国家科学技术委员会的局长,后来调到了国家自然科学基金委员会,担任常务副主任,受命当执行副主任。他找我,我跟他谈了以后,他觉得管

---

① 唐敖庆. 发刊词. 中国科学基金,1987,1:5-6.
② 唐敖庆,胡兆森. 我国科学基金制要在实践中完善. 中国科技论坛,1987,1:41-43.

理还是很重要的，后来就建议成立一个管理科学组。①

管理科学部的成立也经历了一段较为漫长的时间。在国家自然科学基金委员会的学科门类下，经各校奔走呼吁和争取，到1986年首先初步成立了一个管理科学组。当时到中国科学院管的研究所和学校，和国家自然科学基金委员会的联系是通过管理科学组进行。

组长叫骆茹敏，是一位女同志，这位女同志很能干，后来又来了一个专职干部叫作陈晓田，他为人很谦虚，跟骆茹敏一起，在胡兆森等人的帮助和努力下成立国家自然科学基金委员会下属的管理科学组。管理科学组成员除了我、汪应洛、王众托，还有复旦大学的郑绍濂教授等，都是管理学界比较知名的教授，有10个人左右。②

1986年6月26日，许庆瑞即被聘任为国家自然科学基金委员会第一届管理科学学科评审组专家，此后又多次被聘为管理科学学科评审组专家。③1986年10月，国家自然科学基金委员会的管理科学组成立，可以认为是从国家级科学管理组织的高度确定管理科学是一门科学，开始了以国家名义支持管理科学研究，并给予管理学界一定的资助和支持，此后管理学科的科学研究工作日益深入并迅速发展。

许庆瑞和国家自然科学基金委员会管理科学组的其他专家一起，思考着今后中国应该研究管理学方面的哪些大问题，这里的管理学是广义的，不仅仅是企业管理学。他们提出应该研究国民经济重大问题：

---

① 许庆瑞访谈，访谈时间：2019年5月31日，访谈地点：浙江杭州。
② 许庆瑞访谈，访谈时间：2019年5月31日，访谈地点：浙江杭州。
③ 陈晓田. 国家自然科学基金与我国管理科学（1986—2008）. 北京：科学出版社，2009：129.

1986年8月国家自然科学基金委员会管理科学学科评审组会议

  科技与教育这两个重点投资方向，到底是哪个在前面？国家财力有限，哪个先作为重点来投？哪个在后面？哪个多投哪个少投？当时有人把它比喻为两个胖子过一个小门，两个人一起过时过不去，只能一个一个地过，那么谁先过？在教育与科技的投资决策上，是先投科技还是先投教育？我们用系统动力学建模做了一个研究，结论是应该先投教育再投科技。因为人才是通过教育培养出来的，有钱没有人还是白搭，最重要的还是人，所以我们管理科学组出台了一个报告，很明确地提出首先要投教育，因为教育关系到科技，先投教育，看世界各国的情况也都是教育在先。①

  管理科学组讨论之后，认为第一个应该关注国民经济重大问题，当然，企业管理也应该被纳入研究范围。企业管理组里面分成三个学组，既有宏观方面，又有微观方面，许庆瑞在企业管理一组。管

---

① 许庆瑞访谈，访谈时间：2019年5月31日，访谈地点：浙江杭州。

理科学组也在国家自然科学基金委员会之外再聘请人,国家自然科学基金委员会的张虎山也负责一个宏观方面,每年都要一起开会讨论。张虎山当时也特别注重国家自然科学基金委员会如何促进中国的科技体制改革。他在1988年左右对一些研究单位进行了走访,并与有关专家进行了讨论,对如何理顺科研体制,促进国际交流,促进研究工作与人才培养、生产的紧密结合等提出了许多建议。① 他还特别重视创新领域的研究,后来许庆瑞也申请获批了国家自然科学基金委员会的第一批课题:

国家自然科学基金委员会很重视创新,在创新方面投入的钱是最多的,所以申请创新方面的课题是最容易的,所以我们中国在创新领域的研究发展与基金会的投入有关系。国家投了不少钱,虽然最开始钱不多,有一万多块钱,但是当时一万多块钱还是可以干很多事情的。②

20世纪80年代末,许庆瑞向国家自然科学基金委员会申请了课题——"系统动力学方法在科研管理与经费规划与管理中的应用"。课题完成后在上海举行了鉴定会,复旦大学的郑绍濂等主持和参加了会议。

国家自然科学基金委员会主任张存浩根据调查基础,在兄弟院校管理工程教育大批同人的大力呼吁下,建议将原有的管理科学组升格为管理科学学部,1996年,国家自然科学基金委员会将管理科学组升格为学部,即管理科学部。此时国家自然科学基金委员会由此形成了数学物理、化学、生命、地球、工程与材料、信息、管理七大科学部。从此,管理学科的研究经费大大增加,带动了管理科

---

① 张虎山,计承宜. 对基础研究与部分应用研究体制问题的一些看法. 中国科学基金,1988,2:11-14.

② 许庆瑞访谈,访谈时间:2019年5月31日,访谈地点:浙江杭州.

学研究的发展和成果的推广应用。

课题"系统动力学方法在科研管理与经费规划与管理中的应用"在上海举行鉴定会

四、倡议创办《管理工程学报》

专业学术刊物《管理工程学报》的创办是管理工程学科发展史上的一件大事。许庆瑞一直非常重视管理科学的研究基础支撑，特别是建议浙江大学图书馆征订国外管理学专业的学术期刊。在电子期刊远未普及的20世纪80年代，图书馆征订的这些期刊，无疑为浙江大学管理学科的研究人员提供了巨大的便利。但是许庆瑞并不止步于此，他希望能创办中国人自己的专业学术刊物。

管理工程从20世纪80年代以来获得了很大的发展，在教育方面，全国已经有110所高等工科院校设置了管理学院、管理系或专业，已有190多个管理工程系专业点，已经或正在培养博士研究生、硕士研究生、本科生、专科生等各层次的管理人才，一些学校还开始进行双学士、工商管理硕士的试点工作，为各经济管理部门、工矿企业、高等院校、研究机构培养了和正在培养着大批管理人员、教师和研究人员，他们有一部分正在从事高层管理决策、高级研究和教学工作。科研在国家或地区经济发展模型、管理信息系统、物资管理、交通运输管理等领域取得了丰硕的成果。为了使管理工程进一步发展，在理论方面进一步探索中国社会主义经济管理的道路与模式，研究适合中国经济管理体制的各种数学模型等方法，除了必须加强理论研究、教学研究、编写高质量教材等具体工作之外，还必须有畅通的渠道来反映理论研究、科研和教学方面的成果，方便研究人员及时进行交流。为此，许庆瑞和几位老师一起合作建议创办国内工程管理和管理工程刊物。

他们先试办了一份内部资料，最初的名字是《管理研究》，一共出了两期，没有刊号，内部发行，属于内部交流和资料性的刊物。[①]许庆瑞在交通大学求学时期的恩师、国内管理学界的著名学者周志诚教授，为此专门写了祝词，他认为《管理研究》对提高与普及管理科学的水平能够发挥重要作用。

管理科学的重要性现在已被越来越多的人所了解。当前的问题是如何提高与普及管理科学的研究水平。这需要各方从理论和实践两个方面做出不懈的努力。从现实需要看，我国在这两方面的工作都显得还很不足。而两者比较起来，管理科学的理论研究及推广更显得不力。因此，在这方面我们有许多事情可以做。[②]

前两期的《管理研究》刊登了国内管理领域的高水平研究论文，比如胡左浩的《关于我国计划形式和经济管理方法的转换问题》、张秘机的《企业管理现代化刍议》，以及许庆瑞的《关于管理教育与管理科学研究的几个问题》等。

---

① 许庆瑞访谈，访谈时间：2019年8月24日，访谈地点：浙江杭州。
② 周志诚．祝《管理研究》杂志花蕾繁茂．管理研究，1985，1：1.

1986年11月14日，在许庆瑞的发动和倡导下，国务院学位委员会学科评议组管理工程学科评议组部分成员以及国家教育委员会管理工程教材委员会全体委员倡议创办《管理工程学报》，用来反映管理工程科学研究、教育研究、理论研究的成果。管理工程学科评议组等的倡导者认为，管理学科应该有一份学报，当时系统工程领域已经办了一份学报，管理工程也有必要创办一份刊登高水平管理工程学术性论文的杂志。当下虽然不乏管理方面的杂志，却缺少一份刊登管理科学方面的理论性、学术性刊物，因而创办这样一份刊物，名称拟定为《管理工程学报》，已是当务之急。这一倡议立即得到国家教育委员会批准。

　　1987年，高等工业学校管理专业教育研究项目领导小组于5月15日至21日在湖南召开了"关于我国工业管理高级专门人才培养道路和方法"课题研究工作会议，参加会议的有浙江大学、华中工学院、西安交通大学、上海交通大学等19所院校的专家和教授28人。在这次会议上，大家交流了一年来的研究成果，代表们对10年来管理工程专业教育的状况做了基本估计，认真分析了当时管理工程专业教育中存在的问题，会议收到了各所学校提交的调查报告、工作总结和研究论文共20篇。许庆瑞注意到，管理工程专业在国外有七八十年的历史，是一个趋于成熟的专业，即便这样，随着技术创新、新手段的出现与管理新理论的创造，其教学内容与方法、培养目标与规格等也在不断地发展与变化。中国在20世纪50年代聘请了苏联专家，效仿苏联建立了各类工业企业生产组织与计划专业，许庆瑞在中国人民大学求学时期，即亲历了这一过程。后来这类专业在"文化大革命"时期停办，20世纪70年代末恢复以后，在开放、搞活政策下，我国管理教育界开阔视野，引进了许多管理理论与现代管理方法，吸取了世界各国成功的管理教育经验。但是由于我国政治制度、经济体制和文化传统等与国外差别很大，而且中国正在进行经济体制改革，这就意味着中国的管理工程教育在博采众长的同时，应立足于中国的经济社会现状，创造出具有中国特色的管理工程教育理论。该项课题已经取得的初步成果，陆续刊登到《管理工程学报》上，推动了课题成果的广泛交流与学科发展。

1988年5月19日，国家科学技术委员会下达了《关于同意创办〈中文科技资料目录——导弹与航天〉等三十四种期刊的批复》，其中浙江大学主办的《管理工程学报》在列，序号11，归口部门是国家教育委员会，学报为季刊，公开发行。《管理工程学报》的编委会由全国管理工程学界的专家组成，汪应洛任编委会主任，许庆瑞任编委会副主任和主编，这是国内最早的工程管理和管理工程类刊物。它的创办奠定了浙江大学在工程管理和管理工程方面的学术领先地位。

作为我国管理学界最早的学术刊物之一，该刊物创办后一直被国家自然科学基金委员会管理科学部认定为A类重要刊物，被中国科学院文献情报中心认定为管理科学类重要期刊，并被列入科技部中国科技论文统计源以及美国《国际期刊目录》(*International Periodical Directory*)，而且被许多著名高校评为一级杂志。1999年，国家自然科学基金委员会管理科学部第一次认定的管理科学17种公开发布的重要学术期刊中，就包括《管理工程学报》；2007年《管理工程学报》再次入选国家自然科学基金委员会管理科学部第二次认定的管理科学重要学术期刊。[①] 该刊物2012～2017年连续6年入选"中国最具国际影响力学术期刊"。

五、组织编写高校管理类新教材

为适应改革开放对高校新教材的迫切需求，国家教育委员会成立新的教材编写委员会，组织编写高校各类管理类教材。

---

① 陈晓田. 国家自然科学基金与我国管理科学（1986—2008）. 北京：科学出版社，2009：257-261.

1987年5月于湖南召开国家教育委员会管理专业教育课题研究工作会议讨论教材审查问题（中间左位为许庆瑞，左三为北京航空航天大学的顾昌跃）

  1977年全国恢复高考，大批学员跨入校园，面临教材陈旧、无法适应新形势下教学的状况，国家教育委员会成立了各学科的教材委员会，要求从速编写和出版能适应新形势的新教材。国家教育委员会于20世纪80年代中期设立了新的教材编写委员会，许庆瑞被聘为管理工程分组副主任委员，并承接了多项教材的编写任务。如前文所述，许庆瑞1982年回国后以迫切的心情日夜编写《研究与发展管理》，该教材于1986年出版，1992年获国家教育委员会全国优秀教材奖二等奖。1984年，他编写《工业企业经营管理学》教材，于1986年出版。此书引入了市场、营销、战略等新观念，除作为教材外，还为当时企业转型（从生产型转为经营型）提供了思想和理论指导。此教材于1992年获国家教育委员会全国优秀教材奖二等奖。

  许庆瑞在20世纪80年代中后期就开始编写、1990年出版的我国第一本《技术创新管理》，对促进技术创新理论在中国的传播以及90年代国家经济贸易委员会对"推广技术创新工程"的工作起了重要作用。90年代，国家经济贸易委员会领导将此教材分发给委内有关干部，技术创新这一理念被接受，并决定在全国启动技术创新工程活动。此后，国家经济贸易委员会举办了技术创新工程推广学习班，在学习班上分发此教材，作为教材编写者，许庆瑞多次去讲课，从此，"技术创新"这一新概念逐渐被社会和企业接受。第一批全国技术创新工程推广企业共有6个，即海尔、方正科技、江南造船厂、南京化工、华北制药、邯钢。此教材的参编人员还有邢以群、王世良、左军等。

1993年出版的《企业经营战略》于1996年获机械工业部第三届高等学校机电类优秀教材奖二等奖。该书由许庆瑞任主编，参加编写的人员还有吴振寰（上海交通大学）、翁永麟、徐金发、王世良、陈劲、王胜强。

2000年出版的《管理学》，许庆瑞任主编，吴晓波、陈劲、徐金发、邢以群等参加编写。该书于2001年获中国高校科学技术进步奖一等奖，2002年又获浙江省教学成果一等奖。《研究、发展与技术创新管理》于2000年出版，2002年获全国高校优秀教材二等奖，许庆瑞担任该书主编，参加编写的人员有吴晓波、陈劲等。路甬祥评价该书为"实现了理论与实践的紧密结合和统一，是近年来在该领域中难得的系统教材，的确是面向二十一世纪的优秀教程"[①]。

此外，浙江大学工业管理工程系组织系内老师编写教材。年长的两位教师王爱民、张友仁编写出版了《生产管理学》。实验室主任王燮臣与邬文华出版了全国通用教材《管理信息系统》，该书由浙江大学出版社再版达十年。黄擎明编写出版了《技术经济学》。蒋绍忠编著了《线性规划与网络优化》，并与袁利金合编了《系统动态学——社会系统模拟理论和方法》等。

---

① 摘自路甬祥写给许庆瑞的信。

第八章

技术创新与二次创新理论的提出

1986年，许庆瑞被评为教授。1989年，浙江大学校长路甬祥决定在浙江大学设立决策科学与战略研究中心，任命许庆瑞为主任。该中心由管理系、数学系、计算机系、社会科学与系统工程研究室（化工系内）5个单位联合组成，常驻于管理系内，研究国民经济发展所面临和需要研究的重大问题，包括科技与教育经费的投入与分配等重大问题。这是浙江大学成立的第一个跨学科研究中心。此后，许庆瑞与时任浙江省机械工业厅厅长的吕祖善商讨政产学研合作研究事项，倾尽全力推动企业的技术创新。他作为中国企业家协会理事，为优秀企业家举办讲座和培训，将技术创新的思想率先浸润到企业家之中；他利用系统动力学的研究方法，从技术创新开始，开启并引领了此后长达30多年的创新领域的研究。他不仅是国内最早开展技术创新研究的学者，还逐渐构建了具有中国特色的技术创新管理理论体系。

一、宏观战略规划制定与系统动力学初探

许庆瑞注意运用系统动力学的理论与方法思考战略问题，较早地将系统动力学引入中国。系统动力学被引入中国后，得到中国学者的热烈响应与支持，并将其广泛应用于国民经济管理的各个领域。在中国，很多学者运用系统动力学理论和方法，对社会生活、生态环境、社会可持续发展、企业经营管理等领域的实际问题进行了系统研究，为社会经济发展做出了巨大贡献。目前，系统动力学方法在我国已开始用于地区和国家级规划模型，一些高等院校及专业学术团体正积极参与研究并向社会推广应用。[①]

针对中国在经济体制改革与科研体制改革中的问题，许庆瑞在1984年左右提出用系统工程的方法来分析经济社会科技规划中的问题。宏观战略规划的拟定是一个涉及面广、因素复杂、规模大的系

---

① 谢英亮，刘勤蓝，江华.系统动力学在企业经营仿真中的应用.北京：冶金工业出版社，2012：2-3.

统工程，必须根据系统科学的原理，采用系统工程的方法来进行。同样，一个国家、一个省市、一个跨国公司战略的拟定，也可以采取系统的、长远的、动态的和社会的观点，系统分析环境、拟订战略目标、确定策略途径并组织实施。在这个过程中要分析总任务、目标和方针，同时还要弄清整个系统的外部环境及其发展的规律性，对内部自身优势和劣势进行分析。他以浙江省为例，说明战略规划的拟定必须要重视对外部环境的系统分析，要将浙江省置于中国这个大系统之中进行考虑，既要分析国内、省内的条件，还要对世界经济的发展和国际市场的动向、世界政治的发展情况有较为全面的研究与分析，从全社会的角度和生态方面进行分析。如果对国内外动态和趋势没有足够的估计和分析，所制定的战略、策略必然缺乏足够的客观依据。在速度和效益方面，要明确指导思想，即速度上去的同时，效益也必须同步，并使人民得到实惠。从系统的观点分析，战略的制定不能仅仅停留在总体目标和战略上，还应该考虑各个子系统战略目标的制定，从功能方面来划分不同的子系统，比如产业系统、市场系统、科技系统、教育系统、财政金融系统等——它们是现代社会构成中最重要的 5 个领域。在产业结构方面，许庆瑞再次提到了在发展新兴产业的同时，还应该利用新技术来改造传统产业，而且不能放弃原有的优势。比如从国际市场需求来看，浙江省的丝绸就必须解决抗皱问题。在行业规划方面，有必要将省（市）的各个行业中心、科研机构、大专院校集合起来，将科技和产业结构联系起来考虑。[①]

战略及其规划的制定面对的是高度复杂的社会系统，具有系统性、动态性、非线性、多层次性、不确定性、空间性、长程性等多种特点，还有协同性、自组织性、多行为性、多目标性。如此高度复杂的社会经济系统是难以进行量化描述和分析的，很难用研究社会经济问题的一般数学方法进行研究。许庆瑞特意提到，福瑞斯特

---

① 许庆瑞. 关于经济社会科技战略规划中的若干问题. 管理工程学报，1985，1：2-5.

创始与开发的系统动力学能够满足这些要求,通过模拟揭示不同子系统与因素间的相互作用并描绘其深远的后果,因而有助于进行多子系统、多层次的战略规划制定。生产、教育、科技、人才培养和资金等不同因素之间存在着互相作用的紧密联系,只有利用能够描述它们之间相互作用的数学模型之后,才能正确地确定资金的投放方向和战略部署。中国此前的战略规划中,往往缺少对多因素及其相互关系的定量描述,利用系统动力学可以获得定量分析,从而有助于做出优化的战略决策。的确,以福瑞斯特的系统动力学模型为核心的美国国家模型研究,将美国的社会经济作为整体,成功地研究了通货膨胀和失业等社会经济问题,第一次从理论上阐明了经济学家长期争论的经济长波的产生机制。

二、技术引进的战略、体制与政策

福瑞斯特的系统动力学从研究工业动力学开始,在自动控制理论中,以电气系统控制机械系统动作的伺服系统理论为基础,利用反馈观念提出的决策变量结构的概念,为解决复杂问题开辟了很好的途径。但是决策变量结构的选择,需要系统动力学的应用者自身拥有丰富的知识、经验和技巧,如何根据系统动态行为的要求来科学选择决策变量与结构,还需要依靠研究者自身的能力。更为关键的是,如何将系统动力学应用到中国的经济、科技和教育领域的实际之中,用于技术创新的中国现实,尚未有人做过相关工作,有大量根本性的问题没有解决。对于难度如此之大却有益于解决中国现实问题的研究工作,许庆瑞毅然决定接受挑战。

1912年约瑟夫·熊彼特(Joseph Alois Schumpeter)首次提出"创新"这一概念,将创新定义为"企业家对生产要素之新组合",创新被看作经济发展的根本动因。但是许庆瑞关注的创新研究的焦点不局限于宏观的经济增长,还包括企业的微观层次创新。在美国访学期间,特别是和罗伯茨的交流,让许庆瑞意识到,在揭示企业创新这一领域，研究者已经从20世纪四五十年代的企业家动力论理论、研究企业中具体的创新过程、着重解决新技术发展和个体的创造性，转移到组织推动创新、研究深入创新管理中更具体的领域、研究组织如何通过对创新活动的有效管理推动创新的发展，解决新技术应用与组织推动作用。许庆瑞在MIT学习期间所在的罗伯茨的研究小组中，罗伯茨就是这个领域的主要理论贡献者，另外两名小组成员艾伦和冯·希佩尔也是技术创新与管理领域的杰出代表。尽管许庆瑞熟悉了美国的技术管理和创新的基本内容与主要研究方向，但是对于尚不知技术创新为何物的中国，起步阶段的研究应该从哪里开始呢？针对中国当时刚开始实行改革开放，国家正在进行经济体制改革，而技术引进又是技术转移的重要形式，许庆瑞将关注点首先放在技术引进的战略、体制和政策研究上，承担了国家经济委员会资助的"关于引进技术消化吸收的体制与政策"研究课题，探讨如何改善引进技术的消化、吸收对策和技术引进体制、战略。

区分概念，让讨论在达成共识的情况下进行，是许庆瑞惯常做的第一项工作。他先对国内经常使用的"技术引进""设备进口""硬件""软件""消化吸收""创新发展""国产化"等词汇进行了分析，特别指明技术引进是指引进外国的技术知识和经验，必须附带引进设备、仪器和器材，用来发展本国的生产和推动科学技术进步。技术引进可以提高本国设备制造技术、产品生产技术和企业管理水平，而设备进口只是购买生产和使用手段，不能解决设备的制造技术问题，因此两者有本质上的区别。在实际使用中，又将技术引进中的技术知识和经验等称为软件，将关键设备、仪器等称为硬件。这是在概念和使用上的区分。那么，中国企业实际中的技术引进状况如何呢？

从企业蹲点实地调查出发，是许庆瑞在中国人民大学求学和工作时进行研究的风格与特色，他在技术创新领域的工作亦是如此。1986年8～10月，许庆瑞和研究生徐金发、邢以群就企业的技术引进工作对上海、杭州、宁波、厦门等地的若干工厂进行了调研，先后走访了31家工厂，目的是了解和分析中国企业在技术引进方面的情况。通过对杭州电扇厂、上海鼓风机厂、杭州制氧机厂等的调研，他们发现，中国的技术引进主要发生在生产资料生产领域，而生产消费品的企业以设备进口为主。从全国范围来看，1973~1982年引进项目用于购买设备的费用占96%。

更重要的是，他们从技术引进的全过程来考察国内企业在技术引进中存在的诸多问题。从消化吸收、创新发展和技术引进的区别来看，完整的技术引进应该包括引进技术、消化吸收和创新发展，在充分消化吸收的基础上再对引进技术进行改进和创新，这是技术引进过程中最重要的一个阶段。国产化是指充分利用已有技术资源，逐渐提高引进产品生产中国内配套部分的比重，它与创新发展不同，是一个全局性概念。国产化的实现主要是通过国内同类产品的生产和对引进产品的仿制改进。许庆瑞等人通过调研后发现，对于单个企业而言，要求其实现某项引进技术（或设备）的完全国产化是困难和不现实的。在轻纺、电器和食品行业中，企业的技术引进以硬件为主，但引进大多数是为了扩大生产能力，提高产品质量或降低成本，企业对引进设备国产化并不关心，因而这些行业中引进设备的国产化只能由相应的设备制造厂来进行。即使国内有些拉链厂为了自身设备更新需要，自行仿制了部分引进设备，但是由于设备制造力薄弱而难以对所有引进设备进行仿制并提供给其他拉链厂，无法实现国产拉链生产设备的国产化。他们对设备制造业的调研发现要想让引进技术完全国产化也很困难。

许庆瑞、徐金发和邢以群等根据调研结果，对技术引进不是着眼于企业来考虑，而是放在国际环境、国家经济与科技发展水平、经济指导思想、管理体制等方面来探讨技术引进的战略，评价技术引进工作。他们提出决定企业技术引进成功的关键是积极开展情报收集工作、做好可行性研究、抓好技术培训工作。在技术引进及其消化吸收和发展的过程中，国家要有明确的技术引进战略，要完善可行性研究报告的撰写和审查制度，要有切实可行的引进技术产品的保护政策，要加强对企业引进技术消化吸收和创新发展的鼓励。

特别是，他们调查发现有几家工厂对引进技术的消化吸收基本上是成功的，都能使产品的各项技术经济指标符合合同中的规定，并对原有技术进行了某些修正或改进，但大多只是技术转移中所必需的"适宜化"工作，而不是"创新发展"。为此，许庆瑞始终坚持认为，企业是技术引进工作的主体，要使技术引进工作取得较好的效益，搞活企业是关键，因而应进一步进行经济体制改革，提升企业的危机感和责任感，迫使其进行创新发展，这是改善我国引进技术创新发展工作的首要条件。

技术引进工作同时还是整个国家的一项国际技术交流的科技经济活动，许庆瑞提出技术引进规划的制定是宏观管理最重要的部分，要利用各种经济和行政手段来保证技术引进规划的贯彻。但是技术引进宏观管理，不能只是在行政部门规定行政管理权限进行重新分配和转移，而是要进一步搞活企业，增强企业的自我发展能力，使企业成为技术引进的真正主体，以市场机制促使企业提高技术引进决策的合理性和自我约束能力，实现责、权、利的结合。另外，他还建议由科研部门和企业共同承担技术引进工作。

可见，自1982年许庆瑞提出让企业成为技术创新的主体以来，他不仅一直在倡导，而且时刻在思考如何在管理上让企业真正成为技术创新的主体。在这些调查研究工作的基础上，许庆瑞向国家提出了"引进技术国产化、阻挡进口技术与积极出口并举"的政策建议，被国家经济委员会采纳。1987年在大连召开的引进技术国产化工作会议上，他的观点在"12条龙（行业）"中试点推广。从1986年开始，许庆瑞与蒋绍忠同赴浙江省机械工业厅与吕祖善商讨政产学研合作研究事项，在中国领先展开了产学研等合作研究。

三、技术创新与劳动生产率

　　许庆瑞在对技术引进的战略，特别是国内企业对技术引进的消化吸收进行了调研分析之后，进一步思考的是：中国的企业如何在技术引进的基础之上进行技术创新呢？技术创新对中国经济发展的重要性具体体现在哪里？技术创新是如何作用于经济格局和产业发展的？技术引进、技术进步与技术创新之间有什么关系？特别是对于中国企业的实际而言，不同产业间的劳动生产率与技术创新之间的具体关系是什么？这些都是尚未得到探讨却是中国的技术创新亟须解决的问题。1989年，博士生吴晓波入学，许庆瑞和吴晓波从分析技术进步对产业结构变化所发生作用的层面入手，在深层次上揭示并阐述技术创新对产业结构的作用机制，进而探讨劳动生产率在技术创新、产业结构变化中的重要意义，以及分析导致产业间劳动生产率不同增长的技术经济因素是什么。

　　为什么要在产业结构和经济发展中引入技术创新的概念？许庆瑞和吴晓波从技术进步对产业结构的作用方式和程度入手，将技术进步对产业结构变化的作用分为三个层次，三个层次之间逐层深入影响。第一个层次是教育、培训、文化及社会环境改善，研发的进展，新技术，自然条件的改善。第二个层次是资源配置的改进，管理水平的提高，设备、材料的进步，技术装备水平的提高。第三个层次是规模经济，新产品、新工艺、新设备、新材料。第一层次的技术进步对产业结构的影响是间接的，是第二层次的技术进步的基础，第二层次的技术进步对产业结构的影响是潜在的，第三层次的技术实现时，会出现新的商品、新的工艺，使原有的商品成本及其要素构成发生变化；而规模经济使已有的商品数量激增，导致劳动生产率大幅度提高，这一层次的技术进步导致原有产业技术的构成和要素发生变化，或形成新的增长点，进而直接导致了产业结构的变动。他们做这些分层分析，是为了凸显技术进步对产业结构的影响主要是通过技术创新实现的，规模经济往往是在技术创新的基础上进行的。尤为重要的是，他们将在消化、吸收层次上的技术引进称作"模仿型创新"，这与在创新层次上的技术引进不同，成功的技术引进包括技术创新和规模经济两大内因。由此，用技术创新来表述技术进步对产业结构的影响，比笼统地谈技术进步对产业结构的影响意义更加清楚、深入，技术的经济作用与意义自然就变得明晰了。

技术创新究竟如何作用于产业结构变化呢？许庆瑞和吴晓波通过对比国际上的新技术体系和新兴产业等，认为技术创新促使需求结构变化、重大技术创新导致新产业形成、技术创新会产生集群和放大效应、优势产业加入国际竞争等。但是我国的历史经验和教训表明，缺乏有效的技术创新机制，是产业结构僵化以致不得不进行周而复始的产业结构大调整的重要原因之一。

既然如此，中国应该如何处理劳动生产率、技术创新与产业结构之间的关系呢？通过对不同产业劳动生产率和产品增长率的对比，许庆瑞和吴晓波提出，不能将劳动生产率提高的速率大小作为优先发展产业的唯一标准，而且中国的新兴产业并没有在生产上与传统产业发生关联。新兴产业不能带动传统产业发展的原因就在于，没有做好引进技术的消化吸收和创新，没有在相应的传统产业上广泛应用新技术进行技术创新，结果导致新产业由于盲目、重复引进而能力闲置，并且造成新的外汇短缺，传统行业则因为缺乏创新型的技术改造而同样发生能力闲置。

随着我国对外开放政策的深入推进，以及经济体制改革的不断深入，我国的科技政策也做了重大调整，即强调通过对外开放学习国外最先进的技术。由此，国家每年拿出大量外汇引进国外的先进设备和生产线。例如，20世纪80年代中后期我国大量引进国外的彩电、小型影碟（VCD）等生产线。但同时带来了企业重技术引进、轻消化吸收和忽视技术创新等问题，最终导致企业技术创新陷入"引进—落后—再引进—再落后"的怪圈。如何摆脱这种怪圈呢？

四、二次创新概念的提出与中国模式

为什么国际上的技术创新可以作用于产业结构带来经济发展，而中国引进了国际上的新技术之后，却会造成重复引进、多次引进的困境呢？许庆瑞和吴晓波通过分析国际上关于技术创新的研究与案例，并对国内企业进行了深入调研，发现了重要的不同。

西方学者基本上以发达国家为背景，从发达国家的立场来研究技术创新过程，对发展中国家的情况较少涉及，简单和片面地将发展中国家的创新理解为从开发活动开始，认为发展中国家技术能力薄弱，缺乏优秀的企业家，但是他们的分析并没有触及发展中国家技术创新的内在规律。另外，作为发展中国家的中国，有它的特殊性，当时在技术、经济、文化、教育等方面与发达国家有较大的差距。从技术发展规律的总体特征来看，从发达国家引进技术为技术发展最主要的源头之一。1980年之后的10年中，中国用了大量的中央外汇引进了7000个项目，但是技术引进并不能自动地缩小差距，也没有摆脱"引进—技术差距暂时缩小—技术水平停留在原引进水平上—差距再次拉大—再次引进"的怪圈。更为严重的是，由于不具备再生和发展的能力，加上资金、人才匮乏，甚至是这种怪圈都会难以为继，从而产生落后的更加落后这种马太效应。也就是说，通过分析国际上对技术创新的研究，许庆瑞和吴晓波发现中国情境和西方国家的不同首先是在技术发展的源头上。发达国家的技术创新过程是"一次创新"。

既然中国不适用于"一次创新"，那么什么才是适合中国国情的技术创新模式呢？许庆瑞和吴晓波通过调研发现，发展中国家的自我技术能力往往是在从发达国家引进技术的基础上，通过消化吸收累积而成的。这样，研究发展中国家的技术创新不能不联系到技术引进，要将发展中国家企业技术系统的动态发展过程作为研究技术创新性质与规律的基本出发点。而中国陷入怪圈的一个关键原因就是"只引进不消化"加上"只消化不创新"。许庆瑞和吴晓波基于对中国企业总体特征的分析，发现中国在技术引进上所取得的进步，比如1981～1986年轻纺、机电产品的出口增长是通过引进技术改造实现的，但是引进的规模与效益并不成比例。1980～1990年，我国的年均引进费用达到日本1958～1967年年均水平的20倍，产出水平却大大低于日本。与日本相比，我国引进的效率低、花费大，效益不高。

对中国的技术创新研究虽然要联系到技术引进，但是不能将关注点放在技术引进时的技术选择上。实际上，关于技术转让、技术引进的问题在当时已经引起了国内外学者的关注，但是仅仅关注技术引进的战略选择，仅仅注意引进技术的消化吸收，是不够的。只有政府的引导而没有企业基于市场进行切实的技术再创新，技术引进和技术创新都难以真正产生效益。

研究中国的技术创新问题必须先认清两个基本前提：第一，企业是技术创新的主体，这是许庆瑞从1982年开始就一直倡导的观点；第二，作为发展中国家，中国的技术创新与发达国家的技术创新在基本特征和内在性质上有很大的区别。技术引进之后需要对技术进行再创新。基于此，许庆瑞和吴晓波创造性地提出了"二次创新"这个新颖概念并给出了准确的定义，对二次创新的重要性进行了细致的描述。借助乔瓦尼·多西（Giovanni Dosi）在1982年提出的技术范式和技术轨迹的概念，他们这样定义"二次创新"：二次创新是指在技术引进基础上进行的、受囿于已有技术范式并沿既定技术轨迹而发展的技术创新。一次创新则是主导了技术范式和技术轨迹的形成、发展和变革的技术创新。虽然从正统的技术创新的观点来看，二次创新往往微不足道，但是对于发展中国家而言却有着极为重要的战略意义，是突破原有技术范式限制、实现重大创新的必要准备和前奏。

发现在中国进行技术创新的两个前提、提出二次创新的定义之后,以对杭州某厂(我国某行业最大的制造和研究中心)的调研为基础,许庆瑞和吴晓波考察了该厂自1956年引进苏联技术以来的发展过程,结合国际上关于技术创新的新理论,他们提出了二次创新过程的模型。该模型将技术引进、设备/工艺重组、研发、生产、国产化、销售之间的关系,以及技术进步和社会需求的影响等系统考虑进去,构建了一个技术体系发展的进化过程。其中,二次创新过程被表示为在社会需求(包括市场需求)和科技进步的大环境中,技术引进等活动在其中有四类子过程。

第一类是单纯模仿。从"干中学"(learning by doing),主要是调查、系统引进生产技术,从系统的生产技术的引进开始,通过对引进技术的可行性研究和洽谈,取得所内含的技术,随之根据技术要求对设备与原有设备按工艺进行重组,试运行之后进入生产阶段,企业对技术进行简单模仿,用于自身的生产过程,生产完全按照引进技术的标准进行,以生产出与国外同样水平的产品为目标。一味地进行技术引进对发展中国家的技术进步非常不利。

第二类是创造性模仿。从国产化开始,对已有技术结构与引进技术结构进行相互适应和融合,接下来进行生产和销售。这一类过程虽然仍然以维持引进产品的性能进行工艺创新为主,但是国产化使引进技术的本质发生了很大的变化。在创造性模仿过程中,为了摆脱技术母国的控制,企业在引进技术后必须使技术达到一定程度的国产化,这就是创造性模仿的目的。该阶段的关键是要掌握操作技术,它以工艺创新为主,不断解构被引进的技术。

第三类是改进型创新。通过前两个过程的进行,技术引进的主体具备了一定的生产能力,掌握了基本的技术原理和专有技术,达到了消化吸收的目的,在技术积累的基础之上逐步形成自我的研究与发展能力,进而根据市场的需求,通过自主的研究和开发,进行改进型创新。这种改进型创新的涌现是二次创新真正意义之所在,标志着对引进技术消化吸收的成功，表明引进主体已经摆脱了对技术母国的依赖，具备了自我发展的能力。

第四类过程是主动实现技术范式的突破和技术轨道的跃进。从引进国际上的新兴技术甚至是实验室技术出发，通过自主研发来进行创新。需要特别指出的是，他们对二次创新模型的刻画，克服了新古典经济学派看不到技术发展的前景和复杂过程的静态观点，注意到了技术创新是多方参与的复杂过程。二次创新是一个渐进积累的进化过程，是从原有技术体系向新技术体系学习再到新旧技术体系相互竞争和理解的非线性过程，也是一个打破原有技术平衡态到形成新的技术平衡的非均衡过程。

1991年，吴晓波和许庆瑞在美国波特兰工程与技术管理国际会议（Portland International Conference on Management of Engineering and Technology，PICMET）上提交了论文《二次创新的过程模式》（"A Model of 'Secondary Innovation' Process"），文中对二次创新给出了初步定义，第一次完整地提出二次创新的定义和理论。

吴晓波回忆道：

我们把调研的材料都整理出来，将数据整理后画出模型。模型是我用手画出来的，包括模型曲线等，和许老师多次讨论，最后投稿到这个国际会议。这是当时国际上技术管理方面唯一的国际会议，投过去之后他们当时就录用了我们的论文，我们特别开心。那个时候没有电脑，论文都是我们先用手写，然后再去铅字打印。铅印出来以后，图表都是我们自己一张一张粘上去的，当时美国也是一样。论文被接收后，他们会发给我们样本，样本寄过来以后，我们按照样本将大幅面的纸张上贴上图表，然后再寄过去。当时已经能照相了，我们按照样本把论文做好以后，美国会议方就拍照、排版再印出来。我们关于二次创新的理论成果第一次发表，就是在1991年。①

---

① 吴晓波访谈，访谈时间：2018年11月6日，访谈地点：浙江杭州。

虽然由于出国费用昂贵等，这次会议吴晓波和许庆瑞都没有去参加，非常遗憾未能直接和国际同行交流，但是他们的论文被收录在这次会议的论文集①中。1991年的PICMET是首次举办，主题是"技术管理：新的国际语言"，有来自30个国家的400名参会者参加。最初会议没有打算办成系列会议，但是由于1991年的会议非常成功，技术管理领域的研究者希望此后连续举办。不仅如此，这次会议的论文集被电气和电子工程师协会（IEEE）收录，许庆瑞是国内首位在IEEE收录的论文集中发表论文介绍中国技术创新特点的学者。

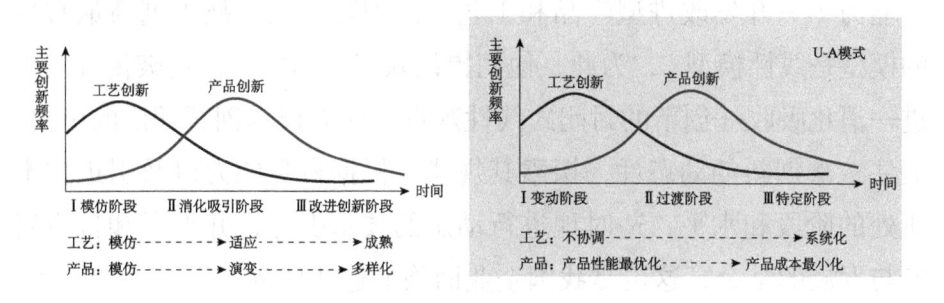

二次创新理论部分成果（PICMET'91）

---

① Xu Q R, Wu X B. A model of "secondary innovation" process//Kocaoglu D F, Niwa K. Technology Management Conference on Management of Engineering and Technology. Portland，1991.

许庆瑞和吴晓波关于二次创新的重要观点,不仅在这次会议上被国际学者知晓,他们还在后续的工作中对如何进行二次创新进行了系统研究。

五、二次创新的动态模式:工艺创新带动产品创新

在对二次创新的四类子过程进行分析并刻画了二次创新的动态进化特征之后,许庆瑞和吴晓波发现二次创新过程反映了一个反向的技术能力积累过程,遵循的技术原理是:掌握运行技术—掌握生产技术和原理—掌握设计技术—掌握设计原理(形成自主研究与发展能力)—开发改进型产品和工艺。而国际上关于技术创新最常见的模型是线性模型[①],为此,他们提议联系我国实际,突破传统的引进—消化吸收—创新的封闭式线性观点与西方技术创新理论的束缚,关注二次创新的动态性,探索其规律,根据自身能力以及引进技术所处的阶段和水平,适时地进行动态的技术引进,并加强和自主研究与发展的结合,这也是我国企业面临的迫切任务。

既然如此,究竟应该如何根据二次创新的动态模式,在中国具体展开二次创新呢?在分析国内外关于企业技术引进的体制和政策基础上,许庆瑞提出应在重视消化吸收的基础上进行二次创新。为了深入揭示发展中国家通过二次创新提高自主创新能力的路径、机理和政策,许庆瑞带领他的团队深入杭州制氧机厂、南京熊猫集团、南京化工集团、江南造船厂、上海轮胎橡胶集团、杭州机床厂等企业,做了大量的深入调查研究,与吴晓波等一起提出了我国企业的二次创新是"工艺创新先导、产品创新跟进"的反向U-A模式,提出了以技术引进为主导的基于平台-台阶的自主技术能力增长轨迹,提出了通过以工艺创新能力提升为突破的能力建设路径,最后实现企业技术创新上水平、提高效益和企业竞争优势的战略思路等,这

---

① 吴晓波. 国外技术创新过程研究——四类典型的模型. 国外科技政策与管理,1991,5:37-44.

些成果在杭州制氧机厂得到了推广应用。同时，许庆瑞向国家提出了"引进技术国产化、阻挡进口技术与积极出口并举"的政策建议，这些建议为国家经济委员会所采纳。正是在这些理论研究和实践的基础上，许庆瑞团队于20世纪90年代初最早形成了以加强消化吸收、发挥后发优势为核心的二次创新理论。

吴晓波至今仍清晰地记得二次创新概念和理论的提出源于他们长期和扎实的调研。他们刚开始没有产生二次创新的概念，而是非常典型地从实践当中总结出来的。虽然他们也看过一些文献，文献中国际学者也提到过二次创新，但是仅仅只是提到这个词，并没有进行系统的论述。许庆瑞特别强调实践，不仅是他自己，他也指导学生先不带框框去企业调研，与此同时还研究相关的理论，在进行这些理论学习的时候，去联系这些理论和实践的关系。吴晓波当时就是在理论学习中看到詹姆斯·厄多伯克等的文章，文章中谈到了工业创新的动态模式①。因为厄多伯克等是研究通用福特汽车制造企业以后提出的动态模型，这让吴晓波印象非常深刻。他当时就想：这样的动态模型在中国是怎样发生的？既然中国的情况不一样，那会有什么样的模式？

这从书本中是无法找到现成答案的，必须去调研。当时有两家企业是吴晓波去得最多的，即杭州制氧机厂和杭州齿轮箱厂。对此，他回忆道：

这两个厂我都是骑着自行车，跟工人上班下班，至少有三个月的时间整天都在企业里面，主要是做访谈、查资料。那个时候企业对大学的了解也很有限，我们去要他们的那些资料都很难，他们一般都不给。尽管有台账却不准复印，我们只能抄，于是把本子借出来，拼命抄，记录下来。但是后面比较熟了就方便一些了。有时候

---

① Utterback J M, Abernathy W J. A dynamic model of process and product innovation. Omega, 1975, 3（6）：639-656.

厂里有数据就通知我们去复印，我们当时很开心，这样可以少花很多工夫手抄。①

和企业家做朋友，是许庆瑞和学生们在调研过程中能够深入了解企业现状且确实做出有益于企业发展的研究结论的关键。许庆瑞当时担任系主任，还要承担教学工作，非常忙碌，长时间地到企业蹲点需要交给学生去做，但这并不意味着他自己就放任不管了。学生去调研之前，他会给予细致的指导，吴晓波等第一次调研时，许庆瑞带着他们先和厂长交流，交流之后，学生们会留在企业展开具体的工作。

很多事情是靠我们自己在实践当中碰了很多壁以后找出来的，当时许老师在背后给我们进行指导，因为他要求我们每次都要写调研报告，我们去做调研，自认为这个事情我们了解清楚了，像我的研究，我就是顺着项目走，企业有技术引进项目，也有攻关项目，我就对攻关小组里面的所有人去做访谈，从而将企业的工作从批准到执行一步步的相关数据都找出来。这些数据和资料都很难找。企业里面一开始都不热心，但是人都是有感情的，你整天跟他们在一起，一起吃饭、聊天，感情就有了，有了感情以后，他们就觉得小伙子也不错，很认真，就帮你一下，当时很多的数据资料都是这么整出来的。②

杭州制氧机厂是中国最大的空分设备制造基地，吴晓波从该厂1979年与德国林德公司签订技贸结合合同，全套引进第四代空分设备的设计、制造技术开始，逐年分析。杭州齿轮箱厂也很典型，从东芝公司引进了加工中心技术之后，对齿轮的加工有了很大的改善。

① 吴晓波访谈，访谈时间：2018年11月6日，访谈地点：浙江杭州。
② 吴晓波访谈，访谈时间：2018年11月6日，访谈地点：浙江杭州。

除了分析数据、进行访谈外，吴晓波还设计发放了很多问卷。

当时我做博士论文，发了好几百份问卷，最后回收的有效问卷是 100 多份，也成为我当时博士论文做统计分析的一个依据。①

在这些调研的基础上，吴晓波发现中国企业的创新，实际上首先是工艺创新，然后才有产品的创新。但是厄多伯克等的文章却描述了典型的不同的体系，他们认为先有产品创新，然后才有工艺创新：

于是我就发现这个不同了。这是一个很重要的概念，后面又在许老师给我们推荐的那些文献里面找到另外一篇很重要的文献，就是意大利教授多西写的文章，里面讲到技术范式与技术轨迹，又很大地提升了我对创新动态性的认识。因为他讲到范式的演化是有一定规律的，从上一个周期到下一个周期，虽然他并没有进行深入讨论，但是启发了我们。他们对技术范式和轨迹的研究，很多都是在一个生命周期内进行的，但是咱们中国的企业，包括技术引进、技术追赶和创新，经常都是跨周期的，引进上一代技术，然后到下一代技术，一代一代的技术是很清晰的，当时我就印象很深刻。联系到杭州制氧机厂，可以发现哪个是第五代技术，哪个是第六代技术，我就发现这里面的动态性很有趣。所以我们这个研究是理论与实践相结合，一点一点把它给摸索出来。②

通过这些调查，吴晓波和许庆瑞提出了二次创新的周期是非常复杂的非线性的组织学习模式。厄多伯克和阿伯纳西（William J Abernathy）提出了 U-A 创新模式，根据产品生命周期将产品创新、

---

① 吴晓波访谈，访谈时间：2018 年 11 月 6 日，访谈地点：浙江杭州。
② 吴晓波访谈，访谈时间：2018 年 11 月 6 日，访谈地点：浙江杭州。

工艺创新和产业组织的演化模式分为3个阶段，即流变阶段、过渡阶段和稳定阶段。吴晓波和许庆瑞关注的技术创新，强调的是产品创新和工艺创新的内在关系问题。在发达国家往往是产品创新推动工艺创新，这就是一次创新。先有产品设计，再通过一定的工艺把它实现，所以是产品创新推动工艺创新。厄多伯克在对美国汽车工业中的技术创新的动态变化进行研究后发现产品创新和工业创新速率随时间而变化的规律，在产品创新的初期阶段，通过产品创新而使得产品的性能和结构得到明显的改进，因而得到用户的赏识和信赖，为市场所接受。这种模式是基于科学的自主创新模式，不适用于揭示发展中国家技术创新的过程和管理模式。

中国的情况不同，中国实际上是引进消化吸收，所以先需要引进来产品创新，引进来之后在中国的市场和环境中进行改进，而改进的关键是改进生产方式，所以要节约成本，要比在发达国家制造更便宜，这样才有竞争力。通过对杭州制氧机厂等多家企业的调研，许庆瑞和吴晓波提出中国的创新应该是先工艺创新，在一定工艺积累的过程中，理解了产品，再进而推动产品的改良和发展。他们把这称为二次创新模式，也叫反向U-A模式，强调用工艺创新带动产品创新。发达国家是最早将产品制造出来，而中国引进国外的新产品后，通过消化吸收，发现问题后再进行工艺创新，在工艺创新时带动产品创新，从而实现了产品上与它们不一样的突破。

需要特别指出的是，1990年左右，通过调研获得企业的具体数据，再利用数据进行定量研究，这种方法在当时的管理领域还是非常少的。对此，吴晓波回忆道：

所以当时做的这个研究，尽管数据量不是很大，但是它也支撑了我们对企业实践的认识，我们深入企业以后所发现的规律，用统计的规律又把它给证实了。所以这个研究就变成是一种能够证实的科学研究。因为个案的研究与整体的规律之间是有区别的，某一家企业是这样的，并不等于这是一个规律，但是我们后来就把它加以验证，它是一个规律。①

六、作为竞争策略的二次创新与政策推广

许庆瑞和吴晓波以中国企业创新实践为基础提出来的二次创新概念，是相对于基础研究活动的一次创新，突出了在引进技术的基础上和已有的技术范式条件下，沿着既定的技术轨迹而进行的创新。二次创新提出的重要意义，不仅仅在于许庆瑞和吴晓波发现了我国在技术创新上不同于发达国家的新方式，从而提出了不同于西方学者的新理论，还在于许庆瑞从中发现，应该将二次创新作为发展中国家的竞争策略。

为什么可以将二次创新作为发展中国家的竞争策略呢？许庆瑞和吴晓波从技术-经济发展的本质规律出发，通过将技术输出和技术引进放在开放系统中的竞争情形的模拟与分析，引申出二次创新战略制定和选择的指导思想与基本原则。他们基于技术创新的问卷调查和学者多西的技术范式理论，根据 Logistic 差分方程建立了模型，并根据模型发掘出技术输出方与技术引进方的二次创新的竞争主要取决于三个相互联系的因素，即产品的创新数（对原有设计的改进程度）、工艺创新对资本-产出率的改进程度（决定了产品的生产价格优势）、市场需求。基于这些思想和假设，他们根据技术输出方与技术引进方的竞争情况，分竞争前、竞争前期、竞争后期、停滞期4个阶段对基本行为进行分析。他们发现在竞争前，即新技术范式出现的初期，技术输出方是技术创新的中心。此后技术引进方可以利用共享的知识、经验和先进的设备进行二次创新（尤其是工艺创新），形成后发优势。

进一步地，他们通过对模型的灵敏度分析还发现了技术引进的

---
① 吴晓波访谈，访谈时间：2018年11月6日，访谈地点：浙江杭州。

时机与后发优势之间的关系。引进时期越靠前，引进方的技术创新的机会就越多，在竞争前期所能赢得的优势就越大。另外，后发优势主要来源于新的生产设备所带来的较高生产率和低成本，这需要通过大量的投资和高素质人才的参与才能实现，而这两个要素正是发展中国家所缺乏的。对于技术能力与后发优势之间的关系，他们发现能力差异越大，后发优势就越难以发挥，尤其是随着高技术的蓬勃兴起，技术生命周期日益缩短，二次创新为企业带来的后发优势越来越难以体现。为此，许庆瑞和吴晓波提出要针对中国当时的实际，摈弃封闭、被动、线性的"引进—消化、吸收—创新"观念，根据技术-经济相互作用的动态规律和自身能力，制定和选择着眼于在竞争中赢得后发优势的二次创新战略。

为了制定适合中国实际情况的二次创新战略，探索适合中国的创新模式与过程，许庆瑞和学生项保华、吴晓波等通过广泛的企业调查和研究，对二次创新的动力机制、二次创新的周期与企业组织学习模式等进行了细致探讨。他们发现，影响我国企业技术创新动力的因素很复杂，既有宏观政策调控方面的问题，也有微观企业内部管理方面的问题，要真正提高企业的技术创新能力，必须从企业技术创新行为主体的内在需要出发，研究技术创新活动对于行为主体内在需要的满足情况，注意到人们对需要满足程度评价的主观性，通过适当的外在激励措施，改变人们对满足需要的主观评价，改变技术创新活动相对于企业其他活动在企业行为主体心目中的地位，增强技术创新活动对企业行为主体的吸引力，最终成为实现企业技术创新的动力。[1]他们还发现，发展中国家技术能力提高的过程就是创新主体不断通过技术学习积累技术能力的过程，技术学习在二次创新的过程中发挥着非常重要的作用。不仅如此，在组织学习模式与二次创新周期各阶段的动态演化关系中存在一定的规律：随着引进技术后企业二次创新阶段的演化，企业的组织学习模式相应地

---

[1] 项保华.我国企业技术创新动力机制研究.科研管理，1994，1：44-49.

依次从适应性学习、维持性学习、发展性学习向过渡性学习和创造性学习演化。为此他们建议，适时进行组织学习模式的转变对促进二次创新的进化有着极其重要的意义。特别是在当时的中国，关于组织学习和学习型组织的研究尚未引起人们的足够重视，在企业界更是没有被人们所认识，对那些在引进技术基础上发展起来的企业而言，根据自身所处环境和具备的条件以及二次创新的特点和阶段，动态地选择恰当的组织学习模式，是赢得竞争优势的关键。另外，通过对杭州制氧机厂的技术开发过程的分析，他们还提出自主设计的重要性，从自主设计与开发中获得的自主技术知识与技术能力比从仅仅模仿中获得的要多，从模仿到自主设计是有效利用我国各种资源的正确策略，实现从创造性模仿到创新的关键就是自主设计。

在理论积累的基础上，自20世纪90年代初开始，许庆瑞大力推动二次创新理论在中国的实践。结合当时的"国家技术创新工程"，许庆瑞先后在北京、青岛、济南等地举办的国家经济贸易委员会企业干部培训班上介绍技术创新管理先进理论与方法、工具，并为国家经济贸易委员会机关干部做技术创新战略、模式、机制、能力的系列报告，为企业培养了一大批技术创新管理高级人才，同时为各级政府有关部门开展技术创新工程培养了大批科技管理人才。在企业实践中，许庆瑞通过举办企业战略与创新高层研讨班，把技术创新管理的最新理念与先进方法、工具介绍到企业中，并为企业特别是国有大型企业培养了一大批高层次技术创新管理人才。

许庆瑞及其学生对二次创新概念与战略作用的提出，推动了中国在技术管理领域的研究从简单地翻译西方理论转向了实证研究我国企业的技术创新活动，在此基础上形成了自己独特的创新理论体系，从而直接推动了国家技术创新工程的实施。按照中共中央、国务院《关于加速科学技术进步的决定》和全国科学技术大会的精神，国家经济贸易委员会决定在组织实施的国家重点工业性实验项目计划和国家重点新技术推广项目计划的基础上，于1996年正式实施国家技术创新工程。国家技术创新工程在"九五"期间的目标是：初步形成以企业为主体，政府宏观指导、社会服务组织积极参与以及各方面协同配合的技术创新体系及运行机制，以显著提高企业的创新能力、市场竞争能力、经济效益。国家经济贸易委员会同国家计划委员会、国家科学技术委员会、国家教育委员会、中国科学院等多方力量共同推动技术创新工作，组织编制了"国家技术创新重点项目计划"，发布了《"九五"全国技术创新纲要》，制定了《"九五"国家重点技术开发指南》。许庆瑞结合国家技术创新工程的试点，协助国家经济贸易委员会对江南造船厂、华北制药、南京化工集团等企业进行技术中心评估，在企业中深入推进二次创新理论的应用，并取得了良好的效果。

七、融合技术创新与研发管理

基于20世纪80年代开始对技术创新领域的理解，特别是对技术创新和与之密切相关的研究开发管理的研究，许庆瑞更加意识到，为了有成效地进行技术创新，必须要有各个方面与技术创新有关的良好管理工作。对此，许庆瑞回忆道：

当时中国科学院没有研发的概念，只有研究，没有发展，也没有创新。我把技术管理与研发联合在一起出一本书，就是想把研发和技术创新融合起来，因为这是前后问题。没有研发，技术创新搞不好，现在我们国家也强调创新必须要把基础研究搞好，所以研发管理是技术创新的基础，创新不是凭空弄出来的，很多大的创新必须有研发作为基础。①

因为许庆瑞对技术创新的研究与倡导，大家开始慢慢认识到技术创新的重要性，但是还不知道应该从哪里入手进行技术创新。为

---

① 许庆瑞访谈，访谈时间：2018年9月5日，访谈地点：浙江杭州。

此，许庆瑞将技术管理和研发结合在一起，在原有著作《研究与发展管理》的基础上，于1990年编写并出版了《技术创新管理》一书。如果没有前面对研发管理的了解，后面大家也不可能慢慢建立起对技术创新的完整认识。一旦有了完整的认识，我们该如何进行技术创新管理呢？《技术创新管理》这本书就起到了满足当时需求的作用。

《技术创新管理》是中国技术创新管理领域的首部专著。与《研究与发展管理》不同，《技术创新管理》着重于分析和阐明影响技术创新成败的因素，以及国内外技术创新成功的经验，并在此基础上讨论和阐明研究、开发和技术创新管理的原理和方法。

该书的主要内容分为四部分：第一部分着重阐明技术创新与研究开发过程；第二部分讨论技术创新的策略，以及相关联的外部环境分析；第三部分是研究开发与技术创新的计划工作，包括与计划密切相关的技术预测、项目的选择和评价，以及技术创新的财务分析；第四部分着重讨论研究、开发与技术创新的内部组织和管理。

企业里面不是到研发管理就为止了，他不是拿出工作图纸就到此为止，还要拿出产品来，工厂最终要出产品，所以工厂不能以研发管理为主了。所以我就以《研究与发展管理》这本书为基础，写了第二本教材，结合研究发展管理和技术创新。过去这两个领域是分开的，现在将两个部分合成一个部分。我觉得研发管理讲三分之一就可以了，重点要讲后面的创新管理。①

技术创新，首先是技术方面的重大进展，同时是科技与经济相结合的必由之路。技术创新是经济增长的最主要源泉，西方发达国家的经济增长总值中，由于技术进步因素所做的贡献比重已由20世纪初的5%～20%提高到80年代的50%～80%，因此，许庆瑞提出，

---

① 许庆瑞访谈，访谈时间：2018年9月5日，访谈地点：浙江杭州。

从宏观上来看，借助技术创新，可以调整、优化全社会的产业结构，促进传统产业的技术改造。从企业来说，借助技术创新，可以增强企业的活力和竞争能力，大幅度提高企业的经济效益。因此，技术创新是一种重要的、特殊的经济资源。但是技术创新对经济增长的影响，不仅取决于技术本身的成功，更重要的还取决于技术在市场上的成功，这就需要加强对技术创新全过程的管理。在从发明、创新到商业上的成功这一漫长和复杂过程中，需要有大量的决策和管理工作。比如了解市场和科技发展情况，激发创造力，创造一个良好的支持技术创新的环境，调动科技人员的积极性，形成创新思想，加强对创新、研制过程各个环节的组织、计划与管理工作，拟定企业的研究与发展战略，做好技术创新项目的选择与评价等。与此同时，技术创新战略的制定至关重要。为此，许庆瑞提出要对技术创新和与之密切相关的研究开发管理进行研究。

如果说《研究与发展管理》一书还有许庆瑞对国际上关于研究与发展管理领域的介绍成分，那么《技术创新管理》则更多地融入了许庆瑞基于中国企业社会经济现实的调查研究和思考，包括技术创新战略，技术预测，技术创新计划和创新源，技术创新项目的选择和评价，创造性与创造力的开发，技术创新的财务分析、评价和管理，科技信息流，技术创新的组织管理等内容。对于尚不熟悉技术创新与研发管理的管理人员、研究者和学习者而言，这不仅是一本了解和掌握该领域概念、理论和方法的很好的参考书，而且对现实的管理和战略规划制定起到指导作用。

《技术创新管理》

《技术创新管理》是国内有关整合

技术创新与研发管理领域的第一部著作。1986年出版的《研究与发展管理》与1990年出版的《技术创新管理》这两部著作，对促进技术创新理论在中国的传播，以及国家技术创新工程的建设发挥了重要作用，也奠定了许庆瑞作为我国技术创新管理研究开创者的地位。当时主持国家技术创新工程的国家经济贸易委员会技术装备司的一些同志认为，许庆瑞的《技术创新管理》一书让他们受益匪浅，起到了启蒙教育的作用。

出了《技术创新管理》这本书后，我送给了当时主管科技的技术装备司的江司长，他拿去并与司里的一些干部阅读之后，一些同志说，这本书是给我们的启蒙教育，我们从中懂得了什么叫作技术创新。原来我们缺乏技术创新这个完整的概念。①

---

① 许庆瑞访谈，访谈时间：2018年9月5日，访谈地点：浙江杭州。

第九章

组合创新管理：技术创新管理的组合视角

虽然二次创新能够为技术后发国家带来明显的后发优势，在短时间内获得经验和知识，节约研发费用，节约市场开发成本，但是二次创新需要大量的投资和高素质的人才才能实现，而且不能帮助发展中国家成为真正意义上的"技术输出国"。我国必须在消化吸收新技术、累积一定的技术能力后，寻找新的方式以便继续突破。于是，许庆瑞开始思考如何突破单一的技术创新理论和模式的局限，他基于此前对技术创新机制和政策、发展中国家如何提高自主技术创新能力等研究的基础，创造性地将组织与文化因素纳入技术创新理论中，提出了组合创新模式，并进行了比较深入的理论和实证研究。如何通过技术、组织、文化和制度的组合创新培植与提高企业的核心能力，这是研究的新方向。从20世纪90年代初开始，许庆瑞和其团队成员对组合创新的理论框架、激励和模式以及全面创新管理进行了较系统的研究，从简单的技术创新研究进入了涵盖组织、文化等更为广阔领域的研究。

一、工艺创新与产品创新的协调发展

二次创新虽然是技术创新中一个重要的战略性问题，但是还有不少重要领域和问题需要揭示与研究。为此，许庆瑞及其创新团队通过对技术创新中细分的产品创新和工艺创新的探讨，揭示了其中的关系。

1992年，许庆瑞参加了我国第一个"技术创新机制和政策"的国家重大项目，他是国内第一个技术创新重大项目的设计者和参与者。为了帮助企业摆脱"引进—吸收—追赶—落后—再引进"的恶性循环，许庆瑞对世界发达国家的技术发展历程进行了考察，发现工艺创新是世界技术竞争取胜的关键，经济的发展已日益依赖不断注入新的工艺，这一点不仅为德国和日本等国家的经验所证实，还被美国、英国的部分企业因只注重产品开发、忽视工艺上的投资而造成企业技术畸形发展、劳动生产率不高、产品失去竞争力的教训所佐证。例如，罗伯茨发现在美国、日本以及欧洲国家的主要创新企业，在技术创新中出现产品创新与工艺创新间的不平衡，出现工艺创新落后于产品创新的现象，结果导致了产品质量与劳动生产率的下降。德国注重在工艺创新上的投入，结果是德国的产品质量优异于美国的等。

中国也是如此，往往注重产品创新而忽视了工艺创新，在当时的技术创新研究中，很少针对中国情境下的工艺创新进行专门研究，特别是在中国社会主义市场经济条件下，除了技术创新的一般规律对中国企业的影响之外，社会经济和文化背景下什么是影响中国企业工艺创新的内在规律？中国如何发展适合社会主义市场经济条件的工艺创新模式？对这些问题均缺乏研究。

针对这些问题，许庆瑞和王伟强对社会主义市场经济下企业工艺创新的特点进行了探讨，他们发现，在社会主义市场经济条件下，政府宏观调控方面的优势与市场机制作用的发挥，为工艺创新创造了良好的条件。一方面，它使企业享有生产经营的自主权，成为工艺创新的主体；另一方面，企业的行为也能受到符合经济规律的有关政策调整，使创新机制在宏观与微观、企业利益与社会利益方面趋于一致，从而有利于促进工艺创新的发展。其中，工艺创新将更多地取决于市场规律的作用，受市场结构的影响，工艺创新将通过产品创新的中间环节来实现。[①]

工艺创新与创新过程中其他要素之间的关系以及相互作用的机制是什么？从系统动力学的视角出发，工艺创新与产品创新、生产能力和组织特征等之间是如何进行动态演化的？带着这些问题，许庆瑞和学生们在杭州企业做了类似研究，也发现了企业在产品、工艺上投入不平衡的现象。通过对企业的大量调研，在对浙江机电行业创新能力，包括对杭州纺织机械厂、杭州齿轮箱厂、杭州机床厂、杭州制氧机厂的创新模式、工业创新的实践进行比较研究之后，许庆瑞和王伟强发现，创新能力较强的企业往往重视工艺创新，往往

---

① 王伟强，许庆瑞.企业工艺创新的源与模式研究.科研管理，1993，5：48-54.

重视发展战略型工艺创新的模式。更重要的是，工艺创新是发展中国家企业增强创新能力、实现后发优势的关键。发展中国家由于技术水平和能力较弱，工艺创新的模式往往是研究与学习相结合，工艺创新与产品创新之间的动态演化关系，在技术创新的四个不同阶段的关系不一样。

在研究发展阶段，产品创新是主导，产品创新为工艺创新的发展提供方向；在小批试制阶段，工艺创新以保证产品质量为根本目标，以自主型、渐进型创新为主导；在定型阶段，工艺创新和产品创新交织，相互扶持；在发展阶段，随着工艺的日趋发展，在已有的技术范式下，工艺创新的机会下降，难度加大，必须引进新的技术范式，从而提高企业生产率，加强企业创新能力，开发出新的产品。比如按照前文所述的创新领域有名的U-A模式去解释发达国家动态的变化规律，西方国家的很多产业会从产品创新开始，到后面慢慢过渡到工艺创新出现，而且大部分重要的产品创新会出现在早期，后面慢慢让位于工艺上的改进，再到后面工艺上的改进也会慢慢减少。像一些设备的改进，可能在某个阶段之前不可能出现专用设备，虽然专用设备效率高，但是成本也很高，所以发达国家往往是在整个产业发展到一定阶段，产品技术的范式或者是构架比较成熟了，这个时候专用设备才会大量出现。也就是说，U-A模式的核心是以产品创新作为先导。当时许庆瑞和学生们通过调研，在很多企业里面，不仅是在那种一般称之为流程性创新的领域，比如像化工、制药，以生产流程为主的企业，也包括那些常规的企业，比如说像电子产品，或者是设备制造领域，他们发现很多中国企业的改进其实不是从产品创新开始的，因为中国的企业最开始对产品的整体把握其实是远远不够的，甚至没有足够的设计能力和技术能力去改进产品本身。但是很多企业都会做一件事情，就是改进整个生产过程、降低成本、提高产品质量，这样也帮助他们获得最早的在市场上生存的机会。所以企业会慢慢等到技术能力成长到一定阶段才将创新重点转移到产品创新上面去,并且会有比较重要的改进。这也是许庆瑞创新团队最早在思考不同创新之间的关系,有了组合创新思想的萌芽时,在组合创新领域所做的最早的一些发现。

作为重点分析的企业,许庆瑞偕吴晓波、王伟强、张四纲等在杭州两家相邻的大型机械制造业做深入蹲点调查,发现杭州制氧机厂因工艺投入不足,经济效益大大低于其相邻的萧山齿轮箱厂。为此,他们将调研结果上报给浙江省领导,得到省领导支持,为杭州制氧机厂解决了工艺问题。

在这些研究的基础上,许庆瑞不仅提出工艺创新是发展中国家企业增强创新能力并实现后发优势的关键,还发现产品创新和工艺创新的协调作为企业组织创新的基础,是企业组合创新效益实现的基础,发达国家在经济增长过程中几乎没有不重视产品和工艺协调发展的,它直接影响到企业技术水平和生产效率的提高,进而左右企业竞争能力的发挥。要使发展中国家的工艺创新真正达到提高企业竞争优势和劳动生产率的目的,必须与企业的产品创新甚至是组织创新、环境创新协调发展。

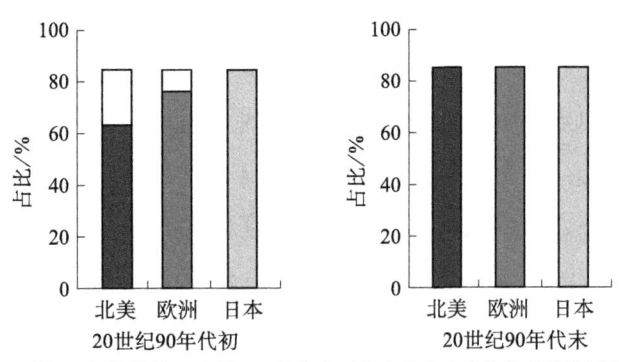

20世纪90年代北美、欧洲、日本的公司技术组合中产品与工艺的平衡

麻省理工学院的罗伯茨教授运用组合创新理论研究总结了欧洲、北美、日本的大企业在产品-工艺组合创新上的进展与平衡,该成果于20世纪90年代末发表于《技术与工程管理杂志》

二、自主创新的能力与环境

1993年,许庆瑞主持了加拿大国际发展研究中心(IDRC)的资助项目"发展中国家提高自主技术创新能力研究及政策"(1993~1995年)等课题的研究,这是国内学者获得的第一个创新方面的国际合作课题。同样在1993年,许庆瑞申报并承担国家自然科学基金项目——"技术创新的组合理论、方法与扩散模式研究"(1993~1996年),申报并承担国家自然科学基金项目"技术创新研究:中国技术创新机制、过程与政策"(1993~1997年)。

需要特别指出的是,2002年以后,自主创新在中国慢慢地为大家所认识,而且逐渐成为国家政策所正式倡导和强调的重点。实际上,许庆瑞从20世纪80年代就开始研究并且倡导自主创新。在对企业自主创新的研究过程中,许庆瑞发现,企业自主创新能力的提高是一个复杂的非线性过程,是一个多要素组合的过程。

随着研究的深入,许庆瑞创新团队发现,企业的创新,除了技术之外,还有非技术的要素,其中很重要的就是企业的环境要素。国际上研究技术创新的一些学者也从强调企业家创新模型转到企业与企业的交互作用。20世纪80年代末,加拿大国际发展研究中心的研究者提出,要全面深刻地理解技术创新,必须采用包括企业环境要素在内的体系与框架。因为无论就技术创新源还是使人们具有认识到这种创新所蕴含的潜在利益的能力来说,支撑体系或制度所起的作用都是至关重要的。也就是说,新的创新理论注重将技术创新放在一个更大的背景下进行考察,涉及的内容比单纯技术创新研究要广泛得多。

在开展"发展中国家提高自主技术创新能力研究及政策"(1993~1995年)课题研究的过程中,许庆瑞的学生蔡宁,带着魏江、郭斌等到金华、绍兴、德清等地的企业进行调研。这是关于绿色制造和环境保护的项目,属于绿色创新,许庆瑞创新团队的很多成员参与了项目研究，特别是实地调研。比如德清等地有企业生产环保设备，许庆瑞和学生们就去调研，考察这些企业是如何改进产品的，并为这些企业的用户提供环保方面的功能。学生郭斌回忆道：

> 那个时候，浙江绍兴地区的造纸业导致水体污染严重。环保设备有两种，一种是附加在整个生产体系上面，另一种是嵌入整个生产流程之中，污水必须经过这种设备。我们当时的发现就是，你如果是附加的那种设备，相对来讲成本会低，企业更加容易采用，会促使企业加入环保行列。从效率角度来讲，企业使用嵌入的设备，环保效果更好，但是企业购买这种设备的可能性较低。这是我们借鉴清洁生产理论获得的启发。如果从可持续发展角度进行考虑，涵盖的领域就更大了，不仅仅是技术创新，还包含社会学、经济学等领域的文献，我们也阅读过。不过对我们来讲，我们和国际上的研究不一样的地方，是我们更加关注在中国当时生产效率落后的情况下，不是单纯地像西方发达国家经济发展很好的阶段那样来进行环保，这样企业一方面需要发展当地经济、需要获得市场的回报，但是同时又需要对环境污染做一些控制。这个平衡在当时来讲还是一个挑战。①

同样也是在对中国的企业进行调研的过程中，许庆瑞和团队成员注意到了国际上创新理论发展的趋势，以及中国企业的需求。1994年，许庆瑞申报并承担国家自然科学基金项目"中小企业经济环境同步增长机理、模式与研究"（1994～1995年），还申报并承担浙江省自然科学基金项目"浙江省中小企业经济环境同步增长机理与模式激励研究"（1994～1995年）。学生陈劲、张钢等都参与了这两个项目的研究，开始重点研究影响中国企业发展的外部环境问题。在这些外部环境中，除了政策环境，他们还特别关注环保领域的问题对企业发展的影响。他们在调研过程中注意到，中国的企业真正

---

① 郭斌访谈，访谈时间：2018年9月11日，访谈地点：浙江杭州。

从引进消化吸收到自主创新，一定会超越技术本身考虑的问题。引进只需要看技术，但是一旦进行自主创新，技术就是复杂系统中的一个节点而已。

基于对杭州、上海、南京等地部分国有大型企业技术创新的调研情况，特别是对浙江省诸暨市工业环保设备总厂的产品开发工作的调研、对浙江新华造纸厂容积回收综合利用项目的调研分析，张钢在对创新主体的考察中发现，对技术创新的研究不能忽略创新主体，或者将创新主体限制在一个过于狭窄的框架里，否则技术创新影响因素的辨认和分析就会流于片面，以致不能很好地反映实际情况，影响创新政策的选择和实施。为此，张钢提出技术创新活动的主体是在特定的社会经济文化背景下由多种要素组成的系统，这些组成要素包括相互关联的企业、大学和研究机构、政府、市场和金融机构。许庆瑞创新团队称这种由多种要素组成的创新系统为多元组合技术创新主体。

如果把技术创新的主体视作一个多元组合技术创新主体，那么技术创新的要素就不仅仅局限于技术本身，而是随着社会经济文化背景，以及创新规模和创新发生的部门、行业不同而不同，从而使多元组合技术创新主体表现出不同的行为特征。现实中的技术创新活动并不是孤立地发生在单一的作为生产者或使用者的企业内部，而是多种要素交互作用的结果。影响技术创新的诸多因素中，与企业有关的因素只是其中的一个部分，更多地涉及市场、金融机构、政府行为等更加复杂的层面。为此，从多元组合技术创新主体的分析框架出发，许庆瑞创新团队建议应着眼于技术创新活动的全过程来考虑影响技术创新的因素，如政府的创新计划与相关创新政策，企业创新能力，企业间的合作，市场完善程度，大学、研究机构所从事的与创新有关的科研情况以及它们与企业的合作，金融机构对创新活动的支持程度等。①

---

① 张钢. 从创新主体到创新政策：一个基于全过程的观点. 自然辩证法通讯，1995，6：27-34.

三、组织与文化创新

技术创新不仅仅与技术有关,还是一个动态的复杂过程,有许多非线性的因素对其产生影响。那么,这些非线性因素是什么?带着这个问题,许庆瑞与张钢首先从组织和文化的角度对中国企业的技术创新进行了深入研究。

张钢本科就读于浙江大学工业管理工程系,硕士研究生期间在浙江大学哲学社会学系求学,学习过科学社会学,也对科学技术与社会特别是科学技术与宏观政策这一研究领域感兴趣。1994年春,他跟随许庆瑞攻读博士,因为具有管理学和科学社会学跨学科的背景,又比较关注人文社会科学领域,所以在调研的过程中他基于自身的跨学科背景,更多地关注企业的结构设计、战略与制度问题,关注企业中的人和文化问题,而不只是技术本身的问题。正是带着这种知识背景和交叉的视角,同样在调研的过程中,张钢和许庆瑞开始思考和技术本身不一样的层面与影响技术创新的非技术因素,也就是影响技术创新的环境问题。

有一次,许庆瑞和张钢、魏江等在邮电部杭州通信设备厂(又称邮电部522厂)调研时,和厂长谈到该厂的发展,厂长提到技术之外的管理在技术上起了很大作用,这对他们启发很大。许庆瑞创新团队为此提出要探讨组织创新、管理创新与技术创新的关系,这是许庆瑞创新团队提出组织创新的源头。

带着组织创新的新视角,许庆瑞和张钢开始思考:企业的组织创新应该如何进行?特别是在以往的研究对组织创新关注不多的情况下,组织创新在中国的有效模式是什么?制度创新可以细化为企业的组织、文化创新,企业组织的制度化结构由产权体系、决策体系、管理和组织体系、激励体系和调节体系5个分支体系组成。从操作层面上看,企业组织创新也就是企业制度化结构系统的整体或局部的调整与优化。许庆瑞创新团队在调研中发现,作为中国最大的空气分离和液化设备的生产企业，杭州制氧机厂在20世纪90年代初由于企业内部组织制度方面的原因，企业活力严重不足，国民经济的快速发展，牵动在冶金、化工和航空航天方面有广泛用途的空分设备走出低谷，需求量猛增，而拥有国内空分行业一流技术力量、一流设备和一流制造能力的杭州制氧机厂却人心浮动，生产萎缩，连续11个月拿不到一个订单。转折发生在企业进行了组织创新之后，从1992年开始，杭州制氧机厂针对产品有市场而企业没有效益的尖锐矛盾，进行了一系列有计划、分步骤的组织创新，经过组织创新后，该企业在产值、销售、利税、员工年收入等方面都发生了巨大变化。

那么，杭州制氧机厂的组织创新发生了哪些变化呢？该企业的组织创新是否适用于其他国有企业呢？中国的国有企业组织创新与国外有什么不同？在观察到杭州制氧机厂的巨大变化之后，张钢和许庆瑞开始深入分析中国国有企业的组织创新问题。国际上虽然有关于组织创新的概念界定和理论框架，但是关于企业组织创新的具体形式、动态过程，尤其是针对中国国情的组织创新模式，却少有系统研究。通过深入调研，许庆瑞和张钢发现杭州制氧机厂的组织创新过程经历了三个阶段。第一阶段是以分配为突破口，建立内部激励机制，培育市场观念，调动职工积极性。第二阶段是将组织创新目标定位于全面提高员工和企业的素质，改革管理和组织体系，建立事业部制，开展合格员工达标活动，制定一整套行为规范和奖惩办法，将技术教育和培训作为职工竞争上岗的内在要求，并进一步对传统的带有行政机关色彩的经营管理体制和决策系统进行改革，建立了以事业部制为基础的集团管理模式，确立了分级管理体制。第三阶段则在进一步调整激励体系、组织管理体系和决策体系的同时，着重对企业科技开发机构进行了改组，将原有的"经营-技术-生产"三段式管理模式调整为"经营-生产"两段式管理模式，技术作为纽带与生产经营紧密结合在一起，建立了快速灵活的市场反应机制。

结合中国在经济和社会文化领域的具体背景,特别是针对我国国有企业技术创新动力普遍不足、创新效率与效益普遍低下的情况,许庆瑞和张钢总结出这种状况很大程度上是因为企业受制于传统的观念体系和制度框架,技术创新缺乏必要的组织基础和制度保障,不进行组织创新,就难以产生持续的高水平、高效益的企业技术创新。对于我国的国有企业,从企业内部深化改革入手,循序渐进地推进组织创新是一条更符合目前我国大多数国有企业实际情况的可行之路,他们将这种适用于中国国有企业组织创新的有效模式,称为循序渐进的组织创新模式。他们还建议,通过组织创新达到依靠科技进步、依靠劳动者素质的提高,是国有企业深化改革的必由之路。[1]

再进一步,技术创新与组织架构之间的关系是什么?许庆瑞创新团队经过调研发现,中国企业的技术创新普遍存在重产品创新、轻工艺创新和组织文化创新的问题。技术创新是企业拥有持续竞争力的源泉。有效技术创新的开展是有条件的,首先要求企业在组织与文化方面给予有力支撑。从某种意义上说,我国企业尤其是国有企业技术创新规模不大、效率不高、效益偏低,很大程度上在于技术创新与企业组织结构、文化类型的变革相脱节,缺乏与之相适应的组织和文化观念,大部分企业在面向市场时,在技术创新与组织、文化创新的协调方面准备不足,导致企业技术创新尤其是自主创新无法很好地满足企业发展的需要。同时,单一的技术创新将使企业逐渐缺乏生命力和竞争优势,国际上的研究也表明,企业技术创新的频度与规模依赖于企业战略、组织与文化氛围。因而,如何实现技术创新与组织结构、文化类型的有效匹配,就成为企业依靠技术创新走内涵发展道路所要解决的问题。既然企业技术创新以组织创新为基础,组织创新以企业获取持续的技术创新能力为目的,那么,

---

[1] 张钢.企业组织创新:一个案例研究.科学管理研究,1995,6:47-52.

如何具体实现技术与组织、文化协同创新呢？

1995年左右，许庆瑞和魏江、张钢、郭斌等到邮电部杭州通信设备厂进行蹲点调研，获得了重要发现。该厂是技术创新领域的典型企业，创建于1958年，是直属邮电部的全民所有制的骨干企业，是中国邮电工业总公司的核心成员厂。经过30多年的发展，杭州通信设备厂的技术创新从单纯的仿制创新、自主开发，逐渐走上了根据市场与产品的细分，依托"引进制造技术—引进技术的消化吸收、创新—合作创新"的新模式。其技术从三路载波机跳跃到960路、1800路微波载波设备，无线特高频通信设备从单一产品拓展为系列化、全频段覆盖产品，光机电综合技术应用从报纸传真机升华到划时代的激光照排机。在30多年的时间里，杭州通信设备厂完成了从电子管技术应用到晶体管、集成电路、超大规模集成电路应用，从模拟通信技术到数字通信技术的过渡，先后有86项新产品填补了不同时期的国家产业空白。

为什么杭州通信设备厂会获得迅速发展呢？许庆瑞、张钢和陈劲等经过分析发现，杭州通信设备厂的迅速发展是与它的经营战略分不开的，尤其是为了适应技术创新和企业战略的要求，杭州通信设备厂进行了一系列组织创新，该厂在技术创新的同时，也十分注重非技术要素的变革与创新。对此，张钢回忆道：

我把我们到522厂的调研作为博士论文研究中的一个重要案例。因为522厂很典型，它确实是要做消化吸收引进，然后到自主创新。所以在这个时间段，它如果不进行体制的变革、结构的调整，建设有利于创新的文化，那么实现自主创新就只是一种美好的愿望。522厂从以生产为导向的企业，后来改制成为东方通信，其实就是首先进行了这样的转型。如果不进行转型，还是在522厂的体制下，要想自主创新，就是一件很难的事情。在522厂的调研应该说对我们的影响非常大。①

从 1958 年建厂到 1979 年，杭州通信设备厂的经营在计划经济模式下进行，企业没有明确的经营战略。1985 年之后，该厂开始计划生产高档次的新产品，为此积极参与了当时电子工业部组织的激光照排项目的合作攻关，并由此形成了以激光照排为主、数字特高频与移动通信为辅的"一主多辅"的经营格局，对提高该厂的技术能力和技术引进起点起到了较为关键的作用。到了 20 世纪 80 年代末期，该厂的高层决策者又高瞻远瞩地看到了通信数字化、全球化的趋势，提出了高技术起点、多渠道技术引进、高速度形成规模经营的经济战略，并尽早与世界著名的无线通信产品制造商——美国摩托罗拉公司签订蜂窝电话手机与基站系统设备技术引进合同。同时，还参加了 HJD04 型数字程控交换机的合作攻关。尤其是在组织创新与技术创新的协同方面，杭州通信设备厂采取了一系列措施。比如，引进多种经营机制，实现"一厂多制"；推行事业部制，激发了各经营厂的活力，大大提高了管理效率；改革科研体制，将科技人员推向市场，解散远离市场的集中式新产品开发研究所，将科技人员推向市场，转移到相关的经营分厂。

此外，杭州通信设备厂还将企业的技术、组织与文化创新互相配合，在技术发展与组织变革的过程中，有意识地塑造具有自身特色的企业文化。比如，提出"产业报国"的企业精神，意在努力减少对国外技术的依赖，振兴民族工业。这种精神在企业由技术引进转为技术吸收和创新的过程中尤为重要。另外，为了实现"产业报国"的精神，杭州通信设备厂还提出了文化建设的"凝聚力工程"，通过厂报、电台、展览、评优等一系列活动，强化"产业报国"的企业精神，为职工实现自我价值创造了条件。正是通过技术、组织与文化的协同创新，杭州通信设备厂发生了巨大变化。

---

① 张钢访谈，访谈时间：2018 年 11 月 12 日，访谈地点：浙江杭州。

结合对技术创新与组织、文化创新协调匹配的理论模式探讨与对企业蹲点调研后的案例分析，许庆瑞创新团队提出，企业技术创新与组织文化创新协同，才能保证技术创新的顺利实现。针对中国企业的具体情境，他们还提出这种协同创新必须考虑的柔性原则、系统协调原则与动态性原则，并提供了一套可供参考的技术创新与组织文化创新的动态匹配方案。他们发现，企业组织与文化创新存在明显的层次性，涉及企业的整体性组织、部门组织与研发项目组织，所以建议我国企业应根据自身的技术特点，适时调整不同层次的组织和文化，注意技术创新与组织、文化创新的协调匹配，以加强企业内部研发、制造与营销的有机结合，促使我国企业走上依靠技术创新的发展道路。[①]

四、组合创新与创新组合管理

1995年，许庆瑞与魏江、张钢、郭斌等在杭州通信设备厂蹲点调研，与厂里的职工同住在厂宿舍中。许庆瑞创新团队开始从过去单一的技术创新研究转入了以多个创新要素结合的组合创新研究，随着对技术创新中非技术因素研究的深入，以及对企业蹲点调研的范围更加广阔，许庆瑞等越发体会到，企业的技术创新往往是以群组的方式出现的。他们在对前述产品创新和工艺创新的协同、自主创新与外部环境的协同，以及技术创新与组织和文化创新的协同等进行深入研究的基础之上，从矛盾对立统一的角度提出了组合创新的理论框架，揭示了创新实践中的6对矛盾，即产品创新与工艺创新、自主创新与引进吸收、重大创新与渐进创新、显性创新与隐（潜）性创新、内源创新与外源（合作）创新、技术创新与组织文化创新，创造性地提出了这六大创新相结合的组合创新管理范式。

组合创新的重要性，随着中国经济的发展以及企业竞争的激烈

---

① 张钢，陈劲，许庆瑞．技术、组织与文化的协同创新模式研究．科学学研究，1997，（2）：56-61．

愈发凸显出来。以往技术创新的研究者关注的是技术创新项目的组合、产品创新和工艺创新的关联，认为组合创新实质上是企业为实现长期稳定的发展而进行的与企业环境、资源与组织变化相适应的项目之间、产品与工艺的协同创新。许庆瑞创新团队通过对企业技术创新行为的进一步考察发现，组合创新实质上具有比产品与工艺的协同创新更广泛的内涵，既受到制度因素的影响，也受到技术因素的影响。为此，他们认为，组合创新是指在企业发展战略引导下，受组织行为和技术因素制约的系统性协同创新行为，注重渐进创新和重大创新的组合、产品创新和工艺创新的组合、技术创新与组织文化创新的组合，以及技术创新与战略创新的组合等。①

许庆瑞对每一对创新模式的协同都进行了深入研究，特别是他和团队成员将技术创新分为渐进创新与重大创新两类，以往的技术创新管理往往将注意力放在根本性创新或重大创新上，而对渐进创新的重要性及其在经济上的积极作用的认识相对不足。相应地，这种技术管理思想也对企业产生了较大影响。许多企业在制定技术战略时，往往将技术开发的重点放在重大创新和全新产品的开发上，而在渐进性产品的开发上则分配较少的组织资源。为此，许庆瑞认为，企业技术创新不能忽视渐进创新的重要性，因为渐进创新能够节约技术开发的资源投入，节约生产成本，而且开发出的产品更容易为市场所接受。但是全新产品的开发对企业开拓新的市场与企业未来的生产发展具有不可替代的重要性，也不能忽视，因此，企业应该注意两者兼顾与两者的协同。

另外，许庆瑞创新团队在已有的对二次创新研究的基础上，结合对江苏省、浙江省10家国内著名大中型企业的调研和跟踪分析，进一步挖掘了产品创新与工艺创新之间的协同。他们发现，中国的企业往往注重产品创新，工艺创新则被视为从属于产品创新的需要。

---

① 许庆瑞，陈劲，郭斌. 组合技术创新的理论模式与实证研究. 科研管理，1997，3：29-34.

这种观念导致产品创新在企业创新中占据绝对主导地位。由于缺乏对产品创新和工艺创新的协调考虑，企业发展出现了不利趋势。许庆瑞创新团队在对杭州纺织机械厂的挠性剑杆织机 GD921 的产品创新和工艺创新进行分析后发现，该机型之所以能够以良好的性能和较高的可靠性成为我国有梭织机技术改造最理想的机型，关键就在于产品创新与工艺创新的协调。为此，他们进一步提出，产品创新过程必须考虑现有的工艺基础，产品和工艺创新的组合构成了企业组合创新效益实现的基础。为保证技术创新的顺利开展，企业整体层面、部门层面以及项目层面都应该有相应的组织结构和文化制度与之相匹配，最重要的是企业的技术创新战略必须与企业的总体战略相匹配。

五、作为企业战略的组合创新

组合创新改变了传统的只注重单个创新、产品创新、重大创新以及纯技术的技术管理思想，组合创新与单一的创新行为不同，表现出多层次性、系统性与经济性、动态性，许庆瑞创新团队开始从系统的角度、战略与制度的高度、创新阶段的动态运作来组织、协调技术创新活动。组合创新是一个动态的过程，在这个过程中，企业的组织结构、组织文化和信息流网络都在不断地进行动态调整，以促进创新效率的提高。组织创新的有效实施需要企业内部战略、组织、资金、文化等诸要素之间的协同作用。

组合创新理论达到国际领先水平，受到了世界著名技术创新专家、麻省理工学院斯隆管理学院罗伯茨教授的高度评价。罗伯茨教授两次用组合创新理论对全球 500 家研究与发展投入领先企业进行调查，1992 年的调查结果是日本企业 80% 达到产品创新与工艺创新两者平衡，欧美企业仅达到 60%～70%；1998 年的再次调查发现，欧美日企业均有 80% 以上达到两者平衡。这些调查从国际范围印证了组合创新理论的普适性。海尔后来的企业发展实践也证实了组合创新理论的正确性与适用性。

在国内，该理论被用于指导企业技术创新的实践，如帮助杭州制氧机厂解决了工艺创新严重落后于产品创新的问题，促进该厂空分设备技术水平由第五代提升为第六代最先进水平，各项经济指标均达到国际先进水平。许庆瑞还针对东方通信重市场轻研发的导向、技术创新和组织文化创新滞后的倾向，运用基于核心能力的组合创新原理，帮助东方通信加强技术创新战略，加大研发投入，增强研发力量，自主研发出国内第一部全球移动通信系统（GSM）手机EC528。

组合创新理论模式的主要提出者之一郭斌回忆道，当时他们的研究团队关注到组合创新，是出于对企业的调研，以及中国当时的经济发展和企业技术创新的环境：

> 中国的市场竞争比较特殊，因为经常会有所谓的价格战，加上技术的发展又有很多不确定性。针对中国企业的具体情境，我们当时也逐渐形成和初步提出组合创新的概念。早先大部分对创新的研究还是更加愿意放在技术层面探讨，讨论技术意义上的创新问题，技术意义就存在产品的创新和工艺创新。早先就有研究关注到产品创新和工艺创新之间有匹配的关系，我们在企业中调研发现，影响企业竞争绩效的，不仅有技术层面的问题，还有更加广泛的含义。当时有很多探讨，包括产业界的探讨，还有政府的相关探讨，大部分还是从技术层面思考问题，我们觉得中国企业仅仅从技术层面提升能力、提升创新绩效，其实是不符合当时状况的，我们认为应该有更多的需要思考和平衡的问题。于是我们就把组合创新概念提出来并且进行拓展。当时由于关注到企业有渐进的改进，也有相对比较大的创新，之间有组合和平衡的问题。还有，不光有技术维度，还有非技术维度，其实也是一个组合问题。比如文化制度、组织创新跟技术创新之间是怎样的匹配关系，也是我们比较关注的问题。

当时许老师让我们往这个方向走，就是因为创新不仅仅是单一的技术创新。①

为什么组合创新能够在提高企业自主创新能力上有所帮助，成为企业的战略选择？答案是许庆瑞创新团队通过对企业长期的细致跟踪和调研，发现了中国企业的实际需求，加上团队前期在技术创新领域的理论积累，早期的孕育加上企业的需求，使得组合创新的提出成为一件非常自然的事情：

> 企业首先感受到了这样一个问题，即想自主创新，就不能像之前那样，只需要引进一个技术，眼睛盯着技术就行。企业要真正自己孕育出这个技术，一是需要人，二是需要一群人。任何一个企业都不是一个人，而是一群人。那么这群人怎么产生"1+1＞2"的整体力量，实现自主创新？我们发现，从引进消化吸收慢慢向自主创新过渡的时候，企业一定会关注技术以外的问题。没有技术以外的问题的组合，怎么可能自己搞出这个技术？就好像买苹果，根本不用关心苹果在什么地方长出来。但一旦想自己种苹果，就不只是一个苹果的问题，土壤、肥料、品种选择等问题都会出现。所以当面临综合性的考虑时，自然而然就提出了组合创新。我个人感觉，首先是环境发展到了一定阶段之后，它必然会提出需求。而这个需求，为什么许老师能够同步捕捉住？很重要的原因就是他脚踏实地。这就是许老师一以贯之的作风，"立地"调研永远是"顶天"研究的前提。②

除了注重做长期的细致调研、抓住企业的内在需求外，许庆瑞还一直关注国际前沿的技术创新领域的理论和实践。他不仅仅是和

---

① 郭斌访谈，访谈时间：2018年9月11日，访谈地点：浙江杭州。
② 张钢访谈，访谈时间：2018年11月12日，访谈地点：浙江杭州。

国际上的同行保持联系，注意他们的研究新动向，还参与到国际项目研究中，比如他主持的加拿大国际发展研究中心的"发展中国家提高自主技术创新能力研究及政策"（1993～1995年）等课题，都让他始终保持在国际前沿。正是扎实的调研，加上对国际学术界前沿理论的把握，使得许庆瑞在1993年时就孕育了组合创新的思想，并且逐渐在后续的研究中拓展、丰富和具体化，终于在1995年提出组合创新的理论模式并且提供了实证的证据。从许庆瑞创新团队和国内创新管理研究的发展来说，这是"历史的必然"，是历史选择了许庆瑞，而许庆瑞恰恰能够满足企业发展的需要，又能够一以贯之地跟上技术创新研究的前沿问题。这也是许庆瑞创新团队一直倡导并且践行的"顶天立地"思想。

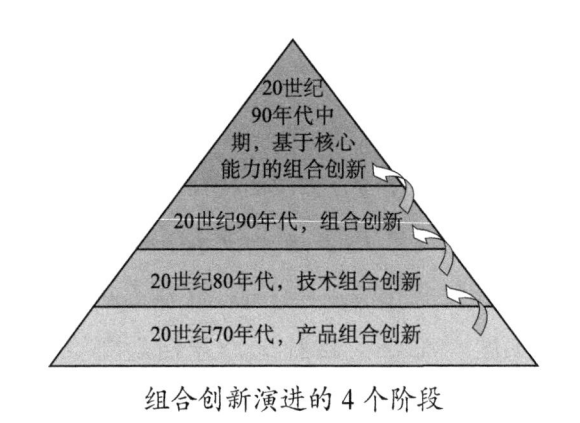

组合创新演进的4个阶段

- 20世纪90年代中期，基于核心能力的组合创新
- 20世纪90年代，组合创新
- 20世纪80年代，技术组合创新
- 20世纪70年代，产品组合创新

第十章

基于核心能力的技术创新战略

20世纪90年代中后期，全国出现技术创新热潮，有的企业就创新论创新，偏离了企业战略目标，为此，许庆瑞创新团队把组合创新管理理论进一步推向完善，提出了基于核心能力的组合创新管理理论。同时，进一步拓展该理论的应用范围，例如深入研究企业技术创新与经济效益的关联机理，钻研企业技术能力增长作用于经济绩效的经济控制模型，针对科学制定技术创新投入、新产品的组合分析、技术创新能力提升和学习机制等建立了一系列创新性的系统动力学模型及管理工具。《科研管理》在20世纪90年代中后期的载文统计分析结果也充分证明，许庆瑞及其团队成员在技术创新管理领域的研究形成了稳固优势和独特的贡献[1]。

一、技术能力——创新系统的驱动力

从企业的技术能力来看，创新特别是中国的技术创新，是一个全新的视角。为什么许庆瑞创新团队要探讨技术能力和核心能力呢？在研究技术创新时，创新团队对二次创新、组织创新、文化创新等均有深入的研究，他们开始思考，这些概念和创新模式之间的关系是什么？如何将它们组合起来，特别是如何将影响技术创新的各个要素和技术结合起来？从系统的观点来研究创新，将创新看作一个系统，那么影响创新系统运行的动力是什么？创新系统靠什么驱动？如何推动创新的实现？为此他们提出，最根本的是能力问题：

不光是战略、工艺，还有文化、组织等系统中的要素，影响创新实现的，归根到底是能力问题，是动力问题。一个人想有所成就，首先是你有没有动力，然后就是能力的问题。我有意愿、有动力，但是我不能干也不行。要干，全方位的能力都要具备。创新是一个系统，不是靠某一方面突破就可以改变的，系统的关键、最根本的

---

[1] 姜春林.《科研管理》(1994—1998) 载文的统计分析. 科研管理，2000，21 (2)：103-107.

问题就是动力和能力的问题，组织、文化、战略对创新来讲是一个布局和外围条件的问题，能力能够驱动创新的实现。①

　　1993年底入学、跟随许庆瑞攻读博士的魏江，博士论文的主题就是技术能力。魏江在本科和硕士阶段读的是管理专业，师从李必强先生。后来他研读了许庆瑞的《研究与发展管理》一书，顿时被这一新的研究领域所吸引。当时学生们读的管理类图书大多是人力、物产和供销类，几乎见不到研发管理类图书。加上他早就对许庆瑞的学识心生敬佩，于是报考了许庆瑞的博士研究生。魏江记得自己读书的时代，我国比较热门的还是归于工业企业管理门类的市场营销、生产管理等，研发管理并没有受到太多关注，也没有太多的研究生攻读这个方向，整个中国做研发管理的研究者屈指可数，大概只有许庆瑞和清华大学的傅家骥等几位学者。许庆瑞在研发管理和技术创新领域的前瞻性可见一斑。

　　因为有早期管理类知识作为坚实基础，魏江刚一入学，到杭州的第二天，行李还没有安顿好，便跟随师兄蔡宁参与了加拿大国际发展研究中心课题"发展中国家提高自主技术创新能力研究及政策"（1993～1995年），到浙江金华的水泥厂调研。当时从杭州去金华的交通不像现在这样方便，要坐六七个小时的汽车。到了金华后，他们便开始紧锣密鼓地展开调研。魏江印象特别深刻的是，他和蔡宁住在金华市政府附近的招待所，白天调研，晚上两个人坐在金华的乌江边上吃炒螺蛳，虽然工作辛苦时间紧张，但是感到特别开心。

　　从金华水泥厂调研回来之后，他们又去了一些乡镇企业进行调研。20世纪90年代初期，中国的乡镇企业取得了迅速发展，总数占到了全国中小企业的96%以上，总产值占全国工业总产值的20%以上，年增长率在20%以上，乡镇企业的发展激发了企业活力。魏江和蔡宁等在调研过程中，一方面，关注这些企业的环保技术扩散

---

① 魏江访谈，访谈时间：2018年11月4日，访谈地点：浙江杭州。

过程；另一方面，关注企业选择的技术与企业技术能力和资金能力的匹配问题，技术采用后的消化吸收、二次创新等工作，以及企业自主创新能力的提高等问题。当时许庆瑞的团队到企业蹲点调研，并不像今天这样容易，而是需要一家一家企业去"敲门"，获得企业的信任后，才能逐渐展开调研。为此魏江回忆道：

> 我们去了周边的德清、绍兴，跑这些小的污染企业，有水泥、化工、印染行业的企业，那时"三废"都是直排的，我们一家一家地去看。当时我们的胆子大，每个人都带着介绍信，去什么单位并没有事先打好招呼，而是将介绍信盖上章之后，就一边走一边看。路上发现这边有个厂，蔡宁说：我们去这个厂，于是我们就去了。下了车子，在介绍信上填上这个厂的名字，然后敲门，就这么进去了，走到哪看到哪。这也是许老师很独特的培养方式，那个时候我们就是这么被培养出来的。[①]

脚踏实地，扎根于中国企业的现实，不仅是许庆瑞进行技术创新研究的独特方式，也是他在学生培养中潜移默化传递的理念。正因为此，他们的研究才特别地"接地气"，他们才能够看到企业的现状、企业的需求乃至国家的需求。

通过对一家一家企业的"敲门"、蹲点调研，魏江和许庆瑞对浙江、湖北、安徽、甘肃等地四个行业（机械、水泥、造纸、印染）共50家典型企业进行了调研，不仅探讨了这些企业的环保技术扩散现状，提出了对策[②]，还对这些中小企业的技术能力进行了研究。当时国内还没有人研究技术能力，国际上对企业技术能力方面的研究也才刚刚起步，虽然有一些理论是针对企业技术能力，但是具有可

---

① 魏江访谈，访谈时间：2018年11月4日，访谈地点：浙江杭州。
② 魏江，吴刚，许庆瑞. 环保技术扩散现状与对策研究. 华东科技管理，1994，（11）：35-37.

操作性的文章还没有出现。尤其是针对技术比较落后的发展中国家，如何定义适合其发展特点的技术能力，更没有统一的认同概念。[1]

技术能力是什么？如何定义和测度技术能力？如何将它具体化为企业，尤其是切合中国的企业可操作的指标？不仅这些工作此前没有人做过，而且定义和测度技术能力还相当困难，因为技术能力就是就技术本身的东西，技术是看不见、摸不着的。你看这个有技术吗？看不到。技术能力是以知识和技能为载体的一种工具、机制或者是手段的全部体现，所以说技术的东西要实现或者改进依靠什么？你不能说只靠设计，它一定背后靠一种以人、组织、机制、载体、思维等诸多因素所构成的知识的存量。归根到底是知识，还有一个是叫技能，但是又看不出来。它不像市场，市场营销可以看出来，市场的占有率、品牌推广都可以看出来，技术能力是看不出来的，但是技术能力又是很根本的问题。[2]

对于技术能力这一非常抽象的概念，许庆瑞和魏江在研究时是如何将其具体化的呢？依然是许庆瑞创新团队所坚持的"顶天立地"原则，他们将国际学术前沿领域对技术能力的探讨与中国企业的调研结合起来。他们在研究中小企业技术能力的过程中，综合了著名科技管理专家罗纳德·多尔（Ronald Dore）以及联合国工业发展组织、世界银行对技术能力的定义，并结合我国的实际情况，对技术能力给出了定义并将它具体化。比如，多尔认为技术能力是技术搜寻能力、学习能力和创造能力的综合表现，强调欠发达国家创造新技术的能力与发现和学习已有技术的能力之间匹配的必要性[3]。多尔

---

[1] 许庆瑞，魏江. 中小企业提高技术能力的对策研究. 科研管理，1995，1：70-74.
[2] 魏江访谈，访谈时间：2018年11月4日，访谈地点：浙江杭州.
[3] Dore R. Technological self reliance//Fransman M, King K. Technological Capability in the Third World. London: Macmillan, 1984: 3.

提出该观点是以印度的案例为基础的。如何将技术能力与中国企业的现实结合起来呢？魏江回忆道，这是一个非常艰难但又充满乐趣的过程：

> 到处看、到处聊，然后请教，跟企业家谈。企业家听不懂怎么办？那就要用他们可以听懂的话。比如说我就问企业家这样的问题，我说两个人水平高或者是低，外在的这种展示是一种外在形态，你说这两个人水平高低怎么去判断？然后他就说这个人一天可以干两天的活，这个人只能干一天的活。我说这是外在表征，为什么这个人干两天的活，这个人干一天的活？就把他们问倒了，回答不出来了。然后他们就说这个可能是他的灵活性比较强。那么灵活性又是怎么来的？是什么？他说这可能和思维方式有关系。原来这个就是思维方式，然后我问人的一种思维又是什么？我们回答不上来，管理学回答不了，需要心理学回答，要医学回答，我们就回答到这个程度为止，这个问题就一步一步推理背后的逻辑，去聊、听、请教这些工程师，特别是请教知识分子工程师，他们很有经验。①

通过深入的思考，许庆瑞和魏江将技术能力定义为企业从外界获取先进的技术与信息，结合内部的知识，创造新的技术与信息，并应用于生产，实现经济效益的能力。不仅如此，他们还对技术能力进行了细分，设计了可操作的量表和测评体系。在使用量表进行创新能力的测评方面，许庆瑞创新团队做得非常早，企业技术创新能力的评价指标体系、中国第一个关于服务创新能力的评价体系、第一个建筑业的评价体系、第一个技术能力的评价体系都是他们提出来的。魏江等在许庆瑞的指导下，思考出这些量表和评价体系中的指标，先跟工程师讨论，然后再具体化。有很多的思想和观念是只可意会的，有时候工程师也不一定能够说出来，但是通过魏江和

---

① 魏江访谈，访谈时间：2018年11月4日，访谈地点：浙江杭州。

许庆瑞等创新团队成员长期的交流和讨论，再反复与企业里的工程师沟通，慢慢就悟出来，并且能够用精准的学术语言表述出来。

许庆瑞和魏江用四个方面的因素来反映技术能力，即采用技术设备的先进程度、信息的获取和采用、人员的水平、技术管理与组织协调水平。针对中小企业技术能力的实际情况，他们用这四个方面的因素来分析中小企业技术能力的现状和水平，结果发现这种测度具有一定的可操作性和合理性，而且得到了加拿大国际发展研究中心有关专家的充分肯定。具体是如何测度的呢？他们根据对中小企业技术能力的调查，将技术能力的各个要素按照发展水平各分为7个层次，如企业采用的设备状况按水平高低分为手工操作、动力操作、通用机器、专用机器、自动化设备、计算机装备和集成化装备，依次打分为1分、2分、3分、4分、5分、6分、7分，通过对各个要素在每个层次水平的企业比例数的统计，运用加权评分法，得到评分结果。通过测度，他们对中小企业的技术能力现状进行了分析，发现我国企业的环保技术能力呈现出明显的阶段性，小型企业的环保技术能力最低。不同企业在本行业中的地位与其技术能力正相关，小型企业的技术信息、获取与处理能力在四个技术能力的要素中十分薄弱，但是设备能力却相对较强。中型企业的技术能力四要素比较协调。大型企业的技术能力四要素中，技术人员的总体水平较强，但是技术管理与组织协调能力相对比较薄弱。基于这些发现，他们对提高中小企业技术能力的障碍因素进行了分析，认为营销部门没有参与技术创新，缺乏中试能力，跟踪产品能力与信息反馈处理能力差，与外部研究机构联系少，企业家对技术创新重视不够，技术管理与组织协调能力不足，技术选择不恰当，技术选择与能力不匹配，企业没有给予足够的条件保证，项目创新没有考虑到社会效益，创新项目的选题没有充分的可行性研究，以及对信息的总和与利用能力薄弱等。为此，他们建议要通过二次创新来提高设备先进水平，从宏观政策的角度鼓励人才流动，从微观角度实行人才资源的合理配置，建立科研生产联合体，发掘与发挥技术桥梁人物的作用，企业要给技术创新项目以充分的条件保证等。

1996年，魏江和许庆瑞又进一步充实了技术能力概念，提出企业技术能力反映的是为支持战略的实现而蕴含在企业内部的所有知识和技能的总和，认为企业技术能力的本质是企业内在知识。结合技术能力提高过程的实证调查，许庆瑞和魏江提出企业技术能力的提高是一个基于知识学习的持续性积累和阶段性跃迁的过程，并因此认为，企业要提高技术能力，必须从知识的学习、积累和激活的角度加强对企业内部知识的管理。为此，技术能力与创新之间的逻辑关系就变得明晰了。魏江回忆道：

> 基于能力进行技术创新，是许老师提出来的。对创新来讲，比如说我们讲战略需要能力、竞争有能力、市场有能力，但是创新里面技术这个能力是怎么回事？许老师很早就开始研究这个问题了。基于能力的技术创新，侧重点是什么？基于能力就是以能力为基础，怎么去提高创新能力？技术创新要实现，从引进、消化、吸收再创新，然后再到自主创新怎么发展，关键是要提高能力，所以说怎么以能力为主线、以能力为基础、以能力为根本，如何利用能力系统来支撑创新实现，它们之间是这么一个逻辑。①

二、技术创新能力与企业技术能力

作为市场经济主体的企业，要实现经济增长方式的转变，必须提高技术创新能力，由此实现创新成果的商品化、市场化和产业化，获取持续竞争能力和竞争优势。那么，企业的技术能力与技术创新能力之间的关系是什么？随着对企业调研的细化和视角的扩展，该问题自然而然成为许庆瑞和魏江所要进一步考虑的。他们从企业内

---

① 魏江访谈，访谈时间：2018年12月14日，访谈地点：浙江杭州。

在资源和能力的层面研究提高技术创新的机理、模式、途径和策略，以期揭示企业实现持续技术创新的内在规律。

从系统的角度出发，应用系统动力学的方法和原理，魏江和许庆瑞将企业的技术创新看作一个有机的过程，探讨内部组件及其结合方式，以及这些内部组件之间的本质联系，即组织部件和结合方式及其运行机理。他们特别关注系统的内在要素、内在要素之间的相互作用关系、系统运行的动态过程，特别是系统运行的动力和机制。通过分析，他们提出企业技术创新机制是指在微观具体的层次上，企业为了生存和发展，满足社会和市场的需求，通过各种创新，为社会提供更好、更经济的产品或服务的过程。它是一个投入各类技术资源、产出新产品新服务的系统过程。在这个过程中，如果企业技术创新机制不完善，对技术创新过程的复杂性和不确定性的认识不足，就会导致企业技术创新成功率低下。[①]

魏江和许庆瑞发现，从我国企业的实际情况来看，阻碍技术能力提高的关键在于企业缺乏自主技术创新能力，或者说提高企业自主创新能力的根本途径是提高企业的技术能力。企业实现技术创新，要依靠企业的自主创新能力，而企业技术创新能力的提高，关键在于提高企业的技术能力。那么，什么是企业的技术创新能力呢？根据他们对企业技术创新能力的研究以及对企业的调查情况来看，企业的技术创新能力应该包括：以产品创新能力和工艺创新能力为主体的整合功能；企业技术创新能力以企业的资金能力作为支撑；与企业创新战略紧密联系；企业创新能力是一个系统的能力；企业技术创新能力通过产品的市场营销最终得以体现。总之，企业技术创新能力是企业以资金能力支撑，为支持技术创新战略实现，以产品创新和工艺创新能力为主体并由此决定的系统整合功能。

为了更细致地刻画技术能力与技术创新能力之间的关系，魏江

---

① 魏江，许庆瑞. 企业技术创新机制的概念、内容和模式. 科技进步与对策，1994，6: 37-40.

和许庆瑞从技术创新的过程剖析了技术能力与技术创新能力的结构，提出企业的技术能力和技术创新能力之间的关系是：企业技术能力是企业技术创新能力的基础，技术创新能力是企业技术能力的体现，它们之间是相互交叉的关系，而不是包含与被包含的关系。从过程来看，技术能力有一个积累过程，在积累过程中，企业技术能力随着人员素质、信息能力、采用设备水平、组织协调能力的提高以及储备知识与信息的增加而不断提高。从长期的发展来看，企业技术能力的强弱需要通过企业的技术创新能力表现出来。

许庆瑞创新团队的研究风格之一，是研究不仅仅停留在理论分析的层面，还要让研究成果具有可操作性，能够具体服务于国家的政策制定和企业的创新实践。因此，既要系统把握宏观政策，又要精准、精细刻画具体措施，是许庆瑞创新团队一直贯彻的方法论准则。在对技术能力和技术创新能力结构与关系的探讨中也是如此，除了希冀扩展世界范围内对技术能力的研究理论外，他们更希望自己的研究结果能够通过提高技术能力和技术创新能力，为中国企业提高技术能力提供对策，来帮助中国企业在竞争中取得优势。

设计出指标和量表，对企业的技术能力和创新能力进行测评和评价，将一般认为非常抽象的、只可意会不可言传的能力具体化，将研究结果实证化，让企业能够进行测量和评价，从而能够更深入具体地分析企业的创新能力与探求提高企业创新能力的途径，就是许庆瑞创新团队在创新能力研究方面的特色。从某种程度上来说，他们不仅在帮助企业提高创新能力，自己也在技术创新领域的研究中进行着创新，真正做到了理论成果从企业中来，又能应用到企业中去。早在对技术能力进行量化之前，魏江、蔡延光、陈劲、钱积新和许庆瑞还针对技术创新过程中项目之间的相互影响，提出了不同创新项目之间存在关联度的网络模型——创新网络模型，系统地定量化研究了项目创新成功率的预测模型以及计算方法。根据他们提出的项目成功率计算的一般递推公式，就可以计算出不同创新项目在相互影响时各项目成功的概率。这种系统量化的模型，可以精准地预测创新项目的未来趋势，对于技术创新项目管理而言，不仅有效，而且可操作性强。这就是许庆瑞创新团队的研究能够为企业提供一定程度的指导，帮助企业提升技术创新能力在方法论上的原因。

许庆瑞创新团队在技术创新能力方面的研究也是如此，国内外对创新能力有不同的观点，也从不同角度解释了创新能力，除了以这些不同的理论和角度为基础，许庆瑞创新团队更多地从对企业的蹲点调研为基础，比如对南京熊猫集团、上海轮胎橡胶集团、江南造船厂、南京化学集团等6家大型国有企业的蹲点调研为基础，提出企业创新能力的度量应该包括产品研制效率、研制周期、产品研发的成功率、产品高技术附加值、产品市场占有率、产品出口量、样机生产周期、模具生产周期、工艺准备周期9个指标，并依据这9个指标对企业创新能力综合指数给出了度量的公式和方法。综合指数是通过与国内外同行业先进水平企业的比较而得到的，他们将企业创新能力的综合指数分为五档，对创新决策能力、研发能力、生产能力、市场营销能力、组织能力等的评价内容和方式进行了细化。[1]

正是在这些稳固的调研跟踪、精细化的量化分析和可操作性的量表建立，以及用系统动力学的方法探讨系统的技术能力与技术创新能力之间的动态复杂性、系统与外部环境的相互作用等诸多面向的基础之上，许庆瑞创新团队从对企业技术能力和基础创新能力的概念与结构分析出发，最后得出企业的技术能力是企业技术创新能力的基础，技术创新能力是企业技术能力的体现，企业技术能力与技术创新能力的强弱最终通过企业产品的技术创新体现出来，这是两者之间的具体关系。只有在外部环境的作用下，企业技术能力与

---

[1] 魏江，许庆瑞.企业创新能力的概念、结构、度量与评价.科学管理研究，1995，(5)：50-55.

技术创新能力才能真正发挥作用，实现企业的技术创新。从动态的角度来看，企业要取得持续的竞争优势，技术能力和技术创新能力必须协调发展。只有这样，企业才有能力参与国际市场的竞争。

三、自主创新的动力和核心能力

在研究技术能力和技术创新能力的过程中，以及将技术能力放在整个创新系统中进行考察时，许庆瑞创新团队越发觉得自主创新很重要。虽然20世纪80年代初期许庆瑞就提出了要进行自主创新，强调自主创新的重要性，但是到了20世纪90年代，对于中国企业的发展是引进模仿还是自主创新，仍然有许多从不同层面进行的探讨，自主创新在中国还一直存有争议，为此，许庆瑞在各种场合都大力提倡我国应该尽快从引进模仿走向自主创新。对此，赵晓庆回忆道：

许老师很早就开始一直提倡自主创新。2006年国家开始重视自主创新，但是企业真正重视自主创新的时间要更加晚了。这个方面一直有争议，比如在经济学界。我在读博士之前不太关注经济学界，后来因为关注企业经营，对经济学界的探讨就关注得多了。经济学界从经济模型出发，觉得我国的企业引进模仿就可以了。有一些学者提出我国应该继续模仿引进，这样成本最低、收效最大，10~20年内根本没有必要做自主创新。当然这些学者觉得没有必要是按照他的模型来推测的，我国在发展这个阶段有比较优势的、非核心技术那些东西，我们就通过引进他们的核心技术然后发挥我们的优势，比如人力成本、土地、场地，那些方面的优势发挥出来就可以了。有学者认为，如果说我们非要把精力、资金投入自主创新中，反而不利于发展。但是为什么许老师能够那么早就前瞻性地提出一定要尽快走向自主创新？他发现，技术能力和技术水平不是一个概念，以前按照我们的理解，我们的技术水平提高了就可以发展，提高技术水平最好的办法就是拿过来，引进国外的技术水平就提高了，给你这么多设备，教你怎么做你的技术水平不就提高了？当时，经济学界的模型就是基于技术水平建立的。①

也就是说，20世纪90年代，中国的不同领域虽然已经注意到了技术创新的重要性，但是对于如何进行创新依然不明晰，大部分还是从单一的技术水平思考问题，认为中国企业应积极从经济层面提升能力、提升创新的绩效，这其实是不符合当时的状况的，许庆瑞创新团队认为应该有更多需要思考和平衡的问题。

20世纪90年代中期，中国整个市场竞争比较特殊，经常会有所谓的价格战出现，技术的发展面临很多不确定性。在这种动态竞争情况下，企业的竞争优势怎样产生与维持？本科阶段学习金属材料及热处理的郭斌，1993年进入许庆瑞门下，开始硕博连读，研究技术创新。入学的第一年，因为从工科转到管理学领域，郭斌有很多基础课程要补。不过，许庆瑞培养学生的方式很独特。对此，郭斌回忆道：

不是说你要参与哪些科学研究，你才专门把这些课程补起来，而是边学边调研。我们在入学的第一年就已经去参与了课题调研，那个时候其实很多基础课程都还没有学过，我还跟许老师说，这些基本的课程都还刚刚开始学，这样的话我可能很难胜任调研。但是许老师说，你只有到实践里面，才能慢慢地去理解一些东西，反而对研究更加有帮助。②

在前期调研和理论学习的基础之上，魏江和郭斌已经在许庆瑞的指导下探讨了企业技术能力与技术创新能力的评价指标问题，对国家工程研究中心运行、管理和绩效的评价系统、新产品开发经济

---

① 赵晓庆访谈，访谈时间：2019年5月31日，访谈地点：浙江杭州。
② 郭斌访谈，访谈时间：2018年9月11日，访谈地点：浙江杭州。

效益评价等进行了研究。有一次，在许庆瑞组织的小组例会上，他们读到了两位教授在《哈佛商业评论》上写的一篇文章，是关于企业核心竞争力的，那篇文章基于对美国和日本企业的比较研究，提出了企业核心能力概念。当时郭斌等人倍受启发，想把这种概念放在中国情境下进行分析，探讨基于核心能力的企业竞争优势。于是，许庆瑞创新团队开始思考企业核心能力的问题，分为几个方面逐渐展开。

　　核心能力是什么？核心能力如何测度？应该包含哪些维度？这是许庆瑞创新团队第一步要解决的问题。核心能力的概念最早是从技术优势和技术创新的观点出发提出的，即认为一个公司即使没有整体竞争优势，也可以通过少数几项关键技术或在少数几项知识领域成为最好的而获得成功。拥有核心能力的公司，往往能减少开辟新业务领域所需要的时间和成本。比如，佳能公司有效地结合光学与电子学知识开发新产品的特殊功能，形成了公司的核心能力，利用这种核心能力，佳能公司顺利地将公司经营业务由照相机业务扩展到复印机业务。魏江在对核心能力的相关文献进行研读后发现，核心能力虽然引起了国际上理论界和企业界的广泛关注，但是对于什么是核心能力，学术界并没有达成共识，有基于技术创新、知识、资源、组织、制度和系统、文化等多方面的研究，而且观点各异，这说明企业核心能力在20世纪90年代仍然是一个内涵非常丰富的新观念、新思想，附着在企业的技术、资源、知识、文化、组织、管理等各个子系统中。由此，魏江预测核心能力的研究发展将从单一的子系统转向不同子系统有机组合的整个企业组织系统。另外，不同角度的研究思想是相互渗透的。这些不同流派的观点之间互相交叉，但又都从不同的侧面对企业核心能力进行阐释，将企业内部除了技术过程之外的其他过程都视为"黑箱"，没有从系统的角度研究企业内部技术过程和其他过程之间的相互作用与相互影响关系，从而在一定程度上削减了对企业核心能力的解释力。更重要的是，魏江还发现，企业核心能力的研究多停留在理论层面，没有实际应用，因为核心能力很难精确定义，往往都是事后才能发现。

鉴于对已有的核心能力研究，魏江先从理论上分析了核心能力的本质，认为核心能力是企业特有的知识和资源。企业核心能力的表现形式有格式化知识、能力、专长、信息、资源、价值观等，存在于人、组织、环境、资产和设备等不同的载体之中。信息、专长、能力等在本质上仍然是企业组织内部的知识，组织独特的价值观和文化则属于组织的特有资源。企业的外部资源决策的前提是对组织内部资源的分析，因为外部资源本身不具有某一组织的特性，而只有当外部资源和内部资源相互作用之后，整合内部资源和外部资源才具有了企业特性。因而，根据内部资源的特点去发现、选择、利用外部资源，才是企业核心能力的内在反映，这一决策的前提仍然是企业知识和能力的积累。归根结底，作为资源的这种独特形式的知识，才是构成企业核心能力的本质。[①]

有了对核心能力本质的发掘，接下来需要解决的问题是，核心能力包含哪些维度、如何测度核心能力呢？如何让企业既具有自身特性的知识，同时又通过与外部交流来发掘和利用外部知识，结合内在知识来让企业具有后天的专有性、不可模仿性和稀缺性的核心能力呢？中国的企业仅仅从经济层面提升能力和创新绩效，不符合当时的状况。那么，适用于中国企业的核心能力是什么？回到中国企业的实践本身，才能为中国企业创新能力的培养与提高提供有效的决策，这依然是许庆瑞创新团队一以贯之的原则。在对核心能力的本质进行研究的基础上，许庆瑞创新团队结合对中国几十家优秀企业的研究，发现核心能力是技术要素与组织要素的复杂混合，单纯的技术领先并不能确保企业获得竞争优势，组织文化作为基础构架的组成部分，也具有关键作用；核心能力是企业竞争优势之源；企业专有的具有路径依赖性的专长难以模仿；核心能力具有动态性，

---

① 魏江. 企业核心能力的内涵与本质. 管理工程学报，1999，13（1）：53-55.

随着竞争环境的改变而改变，在管理企业核心能力时，总经理必须有系统、动态思维。①

既然核心能力是企业具有竞争优势的根本动力，而且具有动态性，那么，核心能力与企业的技术创新能力之间的动态关联是什么？从过程和动态的视角，许庆瑞创新团队曾将企业技术创新的过程分为六个阶段，即确认机会、形成思想、求解问题、得解、开发、运用并扩散。前五个阶段是研发过程，第六个阶段是生产和市场营销过程。这六个阶段中，从思想形成到设计反映了企业的研发能力，小批试制和批量生产反映了企业的生产制造能力，将产品推向市场反映了企业的市场营销能力。于是，在产品创新中体现了三个方面的核心能力，即研发能力、制造能力和市场营销能力，而在工艺创新中，企业的控制能力、研发能力、资金投入能力和组织能力是核心。也就是说，企业的核心能力贯穿于企业从研究开发到产品市场化的整个过程，构成企业技术创新能力的不仅仅只有核心技术能力，还包括组织能力、资金投入能力等。企业技术创新能力的提高需要实现企业核心能力的提高和积累，核心能力的提高和积累并不能立即、自觉地转化为企业的竞争优势，还应该探讨组织能力、资金能力和核心能力之间的有效组合。这样，许庆瑞创新团队将研究视角自然而然地过渡到了核心能力与组织创新的问题。

四、核心能力与组合创新相互依赖和交织

事实上，许庆瑞的创新团队对核心能力的研究，是在组合创新研究的思路和框架之下进行的。团队提出中国企业要以能力为基础进行组合创新的重要理论，也是基于对中国企业进行的调研。从中国企业技术创新发展的沿革来看，中国企业在技术创新方面取得了长足进步，技术创新能力逐步提高。中国的技术创新从中华人民

---

① 许庆瑞，郭斌，王毅．中国企业技术创新——基于核心能力的组合创新．管理工程学报，2000，14（B12）：1-9.

共和国成立以来经历了从模仿、创造性模仿到二次创新阶段。在从1978年到20世纪90年代中期的二次创新阶段，对外开放与经济体制、科技体制改革，特别是实施市场机制与计划机制相结合，是影响二次创新最重要的政策变化，企业作为独立的商品生产者这一重大变化，大大提升了企业形成研究、开发与加强技术创新的能力。技术推动和来自市场的需求拉动使得技术创新的机制更加完善，激烈的市场竞争迫使企业应用研究成果开发新产品和新技术来获得竞争优势，研究开发与制造逐步一体化。前文所述的许庆瑞创新团队长期蹲点调研的杭州制氧机厂，就是二次创新的典型案例，该厂通过从干中学和研究开发中学，实现了从模仿到改进中的创造。

除了企业自身的技术能力积累外，许庆瑞创新团队还发现，影响中国企业发展的外部环境的特殊性在于政府在技术创新过程中发挥了重要作用。技术创新是一个复杂的系统工程，不仅仅有企业，还有研究所、大学、财政部门、银行、零售商、供应商和个人等，都在其中发挥着作用，系统中各个要素之间的相互作用决定着技术创新的成败。中国政府在环境改进、战略、政策设计与技术创新激励，技术资源配置，以及1995年启动的国家技术创新工程，都对我国技术创新发挥了重要作用。

这些是许庆瑞创新团队的早期考察和发现，但是他们的研究并不止步于此，对企业的"跟踪"不是一两次调研就结束，而是长期关注企业的创新行为等。这是许庆瑞团队的研究特点，也是优势所在，当然需要持之以恒的毅力，付出艰苦的努力。他们在对企业进行调研的过程中发现，中国企业随着市场经济的逐步确立，面临的经营环境也发生了很大的变化。中国企业的经营环境发生了根本变化，跨国公司的进入使得竞争更加激烈，卖方市场转变为买方市场，技术与创新越来越成为竞争优势的源泉，但是当时中国企业的技术创新能力不能满足市场的需要。更不乐观的是，企业为提高自身形象而进行创新，即为创新而创新的情况存在。虽然技术发展的推动力是激励企业重视技术积累的一个动力因素,但是在当时,该因素对于绝大部分企业技术创新的机理效应并不明显。许庆瑞创新团队在对企业的调研中发现,几乎没有一家企业认为其从事技术创新是为了技术自身的发展。那么,如何让技术创新成为中国企业的内生动力呢?

20世纪90年代中期,企业的创新活动不仅仅受到研究者、政府的关注,企业的高层决策者也注意到了技术创新的重要性,但是他们往往将创新过程看作静态的、线性的,忽略了创新是动态、非线性的系统过程。在企业的发展过程中,技术创新常常是以成组的方式发生的,各个技术创新之间存在相互作用、相互依赖的关系,强调单个技术创新的传统范式无法为企业带来持续的竞争优势。在对这些形势进行分析,以及在对团队已有组合创新的研究基础上,许庆瑞和郭斌、王毅提出了基于核心能力的组合创新。在基于核心能力的组合创新范式中,核心能力与组合创新是相互依赖、相互交织的,企业可以利用组合创新培育和提高企业的核心能力,而且将核心能力转化为市场优势。

基于核心能力的组合创新是许庆瑞创新团队在已有的四个方面的组合创新的基础之上,结合技术创新的动力和能力问题,对组合创新进行的拓展。除了产品创新与工艺创新组合的平衡、显性效益与隐性效益组合的平衡、技术创新与组织创新的协调,将核心能力转化为竞争优势,发挥核心能力作为企业竞争的优势之源的重要作用,还需要将核心能力纳入组合创新之中,采取以能力为基础的组合创新管理范式。在强调组织和技术创新之间相互作用的基础上,将核心能力的动态性引入创新管理的能力构建之中,并充分利用核心能力与组合创新之间的相互作用,使得企业的核心能力通过组合创新转化为市场优势,组合创新把企业的技术优势转化为市场优势,并提高技术创新能力。同时,实现组合创新是核心能力培育和提高的途径,因为核心能力是企业的技术、组织、营销和制造要素相互作用的结果，而组合创新中充满了这些要素的互动作用。

许庆瑞创新团队提倡的企业技术创新管理从传统范式转向组合范式，是以能力为基础的组合创新管理，这种管理范式要通过核心能力来动态平衡产品创新与工艺创新、显性效益与隐性效益、技术创新与组织创新、渐进创新与重大创新。在这种组合创新管理的范式下，企业必须建立和培育技术创新能力与核心能力。那么，中国企业核心能力的建立与增长方式是什么？通过对东方通信、杭州锅炉厂、杭州制氧机厂的长期跟踪调研，许庆瑞的创新团队基于中国企业的经验，发现了企业核心能力的三种构建方式。第一种是通过二次创新构建核心能力，比如杭州制氧机厂与东方通信的第一代到第三代产品就是这种模式，采用这种构建核心能力方式的企业必须有很强的吸收能力，而且与外部水平存在较大的差距。第二种是通过研究开发合作建立能力，比如杭州制氧机厂的第四代产品，杭州锅炉厂采用的就是这种方式，前提是企业与合作伙伴有良好的合作关系和合作经验，而且有很强的学习能力。在调研中，许庆瑞的创新团队发现，杭州锅炉厂通过与国外领先制造公司的技术合作建立起了自己的核心能力，从 1978 年开始就检测国外的余热锅炉技术，以构建自己的技术基础。从 20 世纪 80 年代开始，该厂从荷兰 SFL 公司引进设计软件，并与它合作生产余热锅炉。通过长时间的技术能力积累，到了 20 世纪 90 年代，该厂从技术引进跳跃到自主设计和制造阶段。核心技术能力的培育为公司带来了很强的竞争优势。第三种是通过内部开发建立核心能力，比如杭州制氧机厂的第五代产品，这种方式要求企业已经拥有部分核心技术，而且产业的主导设计变化不频繁。

许庆瑞和创新团队成员能够针对全国出现技术创新热后有的企业就创新论创新、偏离企业战略目标的问题，提出针对性的解决方案，而且能够前瞻性地提出并一直倡导自主创新，更为关键的是能够面对中国企业的现实给出切实可行的、操作性强的对策，还是因为前文所述的"顶天立地",既不是只有理论的空中楼阁,也不是只有实践的无本之木。郭斌等许庆瑞的学生经常感叹,他们之所以能够不断地发现新的视角、获得新的发现,与许庆瑞始终强调并且培养他们既抓住前沿又扎根企业的实际调研密不可分。据郭斌回忆:

很多的研究,肯定需要去掌握那些最新的理论进展。但是另外一方面,许老师又很强调一定要到企业中调研,看看自己的观点和理论从企业的实践角度来看有什么意义。有一个好处就是,我们就会想,国外的观点和理论,它放到中国的情境下会是怎样的。我们有很多的发现,其实就是源自当把那个东西放在中国情境下又发现有些不是这样的,这样就产生了研究的机会。①

五、组合创新理论服务于国家和企业决策

技术创新的组合观点,是许庆瑞率先提出来的。虽然国际上有关于组合与协同的思想,但是应该组合哪些因素?如何组合?尤其是在中国的情境下,如何组合创新的不同要素,才能切实提高企业的创新能力?如何从战略、系统和资源优化的角度来组合技术创新的要素,并且能够将其推广和应用于企业的实际并服务于国家的政策?这些因素和目的是国际上的创新理论所没有涉及、细致考察并且能够实现的。许庆瑞提出的组合创新理论从战略、系统和资源优化的角度总结了创新管理的要点,强调了产品创新和工艺创新的结合、突破性创新和渐进性创新的结合,以及技术、组织与文化的协同模式创新,并且组合创新的动力是核心能力,突破了国内外对技术创新模式的研究,达到了国际领先水平。国际著名技术创新专家、麻省理工学院斯隆管理学院教授罗伯茨高度评价了组合创新理论,

---

① 郭斌访谈,访谈时间:2018年9月11日,访谈地点:浙江杭州。

认为许庆瑞的组合创新理论研究对美国的竞争力提升具有参考价值，其中技术创新的动态和组合模式、以核心能力为基础的创新战略规划方法、企业技术创新系统、技术能力的积累与突进规律等学术观点，均属于领先水平。

1996年，黛博拉·多尔蒂（Deborah Dougherty）和辛西娅·哈迪（Cynthia Hardy）通过实证研究，证实了企业持续的产品创新能力与组织流程和结构之间的内在关系。[①]1999年，罗伯茨教授在研究中证实了技术创新与组织创新之间的互动关系。[②]许庆瑞、郭斌和陈劲在1996年的国际工程与技术管理大会（International Conference on Engineering and Technology Management）上，阐明了组合创新如何能够将技术、组织和制度等因素综合融入策略性和系统性的视角之中，以及组合创新的观点是如何基于中国典型企业的调研而得出来的。[③]他们的会议报告不仅在大会上引发了极大的关注，还被收入会议论文集，被国际同行广泛引用。这些都足以表明，许庆瑞创新团队提出的组合创新理论不仅引起了国际学术界的广泛关注，还获得了学者的进一步证实，拓展和推动了国际学术界对创新的研究。

理论从企业调研中来，还能够回到企业的实践中去，是许庆瑞的创新理论独树一帜的鲜明特色。许庆瑞一直积极将技术创新理论应用于企业实践，比如关于提高杭州制氧机厂工艺创新能力的建议，对该公司技术创新上水平、提高效益和提高企业竞争优势发挥了重大作用。另外，从20世纪80年代初期开始，许庆瑞便一直应邀给企业办培训班，将技术创新的思想、理论，特别是一些具有可操作

[①] Dougherty D, Hardy C. Sustained product innovation in large, mature organizations: overcoming innovation-to-organization problems. Academy of Management Journal, 1996, 39（5）: 1120-1153.

[②] Roberts E. Management of Research, Development and Technology-Based Innovation. MIT（浙江大学许庆瑞创新团队内部资料）.

[③] Xu Q R, Guo B, Chen J. Managing innovation portfolio: experiences and lessons in China. IEMC 96 Proceedings-Managing Virtual Enterprises: A Convergence of Communications, Computing, and Energy Technologies, 1996: 753-760.

性的方法和建议提供给企业。国家经济贸易委员会也请许庆瑞到各地去做讲座，将他对创新的理解和思想传递给企业。

和许庆瑞一起给企业培训的魏江，清晰地记得许庆瑞给东方通信做讲座时的情景，他们当时是在学校里面办的培训班：

> 许老师对国际上创新的实际应用理论发展非常清楚，他阅读了大量资料并和国际同行讨论，所以在培训班中会结合国外的一系列进展来进行。中国的创新那个时候还不能叫起步，只是开始萌芽，像小花骨朵刚长出来。当时国内真正讲创新的企业真不多，像杭州制氧机厂，包括后来的宝钢、南京熊猫、华北制药，这些企业才刚开始做一些研发管理。所以我们给企业培训的时候，大量的数据和素材是建立在国外先进创新理论基础之上的，对于中国企业而言，早期肯定先是学习。讲完后，许老师再结合国内企业的现状，给出建议。①

当时的培训不像今天，可以直接用电脑和投影仪播放讲课内容，在电脑上直接操作即可，而是需要准备胶片。魏江等学生会帮许庆瑞准备好胶片，关于技术能力、技术创新能力这部分的具体内容，就由魏江来协助准备。而已经毕业留校任教的吴晓波，会给企业人员讲二次创新的模型、产品创新和工艺创新的先后，以及协调组合关系等。

因为那个时候企业对创新的很多东西都不懂，许老师也给企业讲组合创新，他会先给我们一个提纲，我们按照提纲准备资料和案例，然后再把这些内容做成胶片，做好之后，许老师会一部分一部分讲。我们那个时候还是学生，当时是许老师来给企业讲课，让企业家们知道什么是创新，创新怎么做，能力怎么建设，体系怎么建

---

① 魏江访谈，访谈时间：2018年11月4日，访谈地点：浙江杭州。

设。那个时候主要讲什么是创新。[①]

许庆瑞讲课最大的特色之一，就是能够非常快地把国外的东西介绍给中国的企业，给出建议，让他们去学。在这方面，不仅仅是许庆瑞，他的学生陈劲也是如此，不仅能将国外的案例讲给国内的企业听，还能融入企业的发展对策和思路之中。

虽然许庆瑞的理论早就已经聚焦到自主创新、基于能力的组合创新等具有国际领先水平的体系之中，但是他的授课会从企业对创新的了解这一重要背景出发，因材施教，而不是仅仅就理论讲授理论。与他自己的理论体系发展一样，他对企业的培训和授课也会扎根于企业的实践和实际水平。20世纪80年代和90年代初期，许庆瑞在对企业的培训和授课中，更多的是以介绍国外的经验、结合我们国内的实际，给企业科普一些创新的理念和概念。主要是因为企业对创新非常陌生，也不知道什么叫创新，以为研发就是创新，20世纪80年代，很多企业的管理还是围绕和聚焦于科技管理，所以许庆瑞就告诉它们创新是什么、流程是怎样的，让企业知道创新的组织怎么整合，创新团队怎么建设，创新的产品流程怎么做。但是到了20世纪90年代末就不一样了，中国慢慢开始孕育出重视企业创新的氛围，也出现了一些走向自主创新的企业，许庆瑞对企业创新管理又有了新的思考，并发展出了更为系统的理论。

六、为国家技术创新工程出谋划策

20世纪90年代初期，国家经济贸易委员会准备推出一个创新计划大项目，就是中国的技术创新工程。技术创新工程应该怎么做？在酝酿阶段，国家经济贸易委员会等部门征询许庆瑞的意见，许庆瑞为此参与了国家技术创新工程的服务研究。早在国家经济贸易委员会酝酿国家技术创新工程之前，国家经济贸易委员会技术装

[①] 魏江访谈，访谈时间：2018年11月4日，访谈地点：浙江杭州。

备司的一些同志便从许庆瑞的《技术创新管理》一书中受益，他们对技术创新的理念、做法的理解变得清晰，这也促成了中国第一个技术创新工程的出台。当时在政策上有争论，即由谁来进行技术创新，最后经过决策，决定以国家经济贸易委员会为主，以企业为主体来抓技术创新。

前文已经述及，许庆瑞为国家技术创新工程的设立和启动做了前期的研究、咨询和建议工作，特别是他提出的二次创新理论与对技术创新的机制，推动了国家技术创新工程的框架和举措的制定。1996年实施的技术创新工程是国家经济贸易委员会在"八五"期间开始推动的产学研联合开发工程和扶持大型企业建立技术中心等工作的基础上展开的。许庆瑞和他的团队在国家技术中心的建立等方面已经做了不少研究和探索。

在组建企业的技术中心时，许庆瑞是第一位为国家经济贸易委员会组建企业的技术中心项目提供咨询的特邀专家，多次应邀在国家经济贸易委员会，以及山东省、上海市等举办的技术创新与技术创新工程的工作会议、研讨班、培训班上，给中央、省、市的干部和大中型企业家讲授技术创新的理论。

技术创新工程是针对中国企业现状和国际市场竞争的形势来组织实施的，其中强调将研究开发、生产、销售和获得商业利益作为一个系统工程整体推进，全面增强我国企业的竞争能力，加速形成有利于自主创新的技术进步机制，推动经济体制和经济增长方式的转变。我们可以看到，国家技术创新工程的重要目标是强调从技术的研究开发到首次商业化的整体过程，企业是技术创新的主体。国家技术创新工程的理念中，无论是企业是技术创新的主体、研发还是企业经营战略，都是许庆瑞从20世纪80年代开始就一直倡导、深入研究的焦点。他的提倡并非仅仅停留在理论层面，而是始终如一地坚持结合中国企业当时的现状不断进行理论与实践的反复磨合，然后提出有效的、有益于国家政策和企业对策的建议。因此，如果说用聚焦前沿、独辟蹊径来概括许庆瑞在技术创新和创新管理领域的理论研究的话，那么心怀祖国和企业的这种浓厚的家国情怀，更是许庆瑞多年执着于创新领域研究的超强动力，反过来也促成了他在创新领域研究的理论特色的形成。

1996年国家技术创新工程启动后，国务院副总理吴邦国通过国家经济贸易委员会让许庆瑞去给企业介绍什么叫技术创新，同时许庆瑞开始了与海尔长达30多年的合作。1996年2月，许庆瑞受聘为海尔高级管理顾问。国家技术创新工程的总体目标是围绕1000户重点国有企业，在其中的300户企业率先建立技术中心，首批选择了一些企业进行技术创新试点。国家技术创新工程首批选了5家企业，分别是方正科技、宝钢、江南造船厂、南京化工厂，这些都是大企业，一个行业选了一个，最后选了一家民营企业就是海尔。许庆瑞受命去国家经济贸易委员会举办的第一次创新工程推广大会做了一次讲座，会议在北京展览馆召开。许庆瑞讲了一个小时，企业的参会者都很感兴趣，因为他们以前没有关于技术创新的具体概念。

讲座结束后，国家经济贸易委员会技术装备司江旅安司长到许庆瑞所在的房间，说他们下午听许庆瑞的报告听得还不过瘾，希望许庆瑞再详细讲讲。于是，当天晚上许庆瑞又给他讲了三个小时。在国家技术创新工程启动后，国家经济贸易委员会请许庆瑞帮助海尔等企业进行技术创新。许庆瑞和海尔首次结识，就是在这次国家技术创新工程的推广大会上。当时海尔的副总裁是杨绵绵，他请许庆瑞到海尔去介绍技术创新和创新管理，后来许庆瑞和他的团队就一直跟踪海尔调研，帮助他们培训干部。当时海尔作为技术创新工程的试点企业，相对而言，规模比较小而且技术比较弱，做得比较好的是方正科技、江南造船厂、南京化工厂。许庆瑞受命帮助海尔进行技术创新，海尔从那个时候开始一直抓创新。国家经济贸易委员会也非常重视技术创新工程的试点企业，举办了一系列培训班，多次请许庆瑞去做讲座，不少干部都来参加。许庆瑞多次感受到中国政府的魄力和能力，中国政府对企业技术创新的具体推动和发展起了很大的作用。而在国外，政府并没有在企业创新中发挥如此大的作用。①

学生郑刚还清晰地记得，2000年8月，国家经济贸易委员会在海尔举办企业技术创新体系建设现场会，邀请许庆瑞等为全国部分国家级企业技术中心负责人讲课。讲课之余，郑刚和许庆瑞、陈劲一同在海尔进行了调研。此时郑刚还没有正式入学，但是也提前参与了企业的调研。不仅仅是看文献，大部分时间还是用于企业调研，许庆瑞对学生的这种特殊的培养方式一直延续下来。读博士之前，郑刚在大连理工大学学习科学学与科技管理，导师是刘则渊教授，是国内从事科学学与科技管理研究的专家。虽然对于科学与宏观政策有深入研究，但是郑刚对创新管理并没有直观的了解，不过对创新管理充满了兴趣。通过参与海尔的调研，郑刚对企业创新有了初步的了解。

2001年初，许庆瑞受国家经济贸易委员会党组邀请为全委干部做题为《我国技术创新的机制、模式与战略》报告，继续为推动国家技术创新工程贡献智慧。郑刚入学以后，除了和许庆瑞经常去一些其他的企业，包括像小天鹅、海尔等，还有杭州的多家企业，包括华立冰箱等。他还记得在读博士期间，每年浙江大学的创新团队都会组织企业科技管理的一个培训班，请国外高校的专家做创新与战略方面的讲座。

我记得请了惠普的一个做技术战略的专家，叫迈克尔·门克（Michael Menke），来讲创新管理或者科技管理，听众就是国内的一些创新企业的高管，首席技术官、副总裁。比方说当时海尔的副总裁、中兴通讯的副总裁、华北制药技术创新的负责人等，都会来参加许老师在国内每年组织的相当于创新管理的国际研讨班。那个时

---

① 许庆瑞访谈，访谈时间：2018年12月14日，访谈地点：浙江杭州。

候国内其他地方真的没有,他就组织这样的研讨班,请国外的一些专家学者来讲,包括他自己也讲,是国内比较早的引领企业创新管理。①

---

① 郑刚访谈,访谈时间:2018年12月14日,访谈地点:浙江杭州。

第十一章

全面创新管理理论:"三全一协同"

进入 21 世纪，国际国内的环境发生了迅速变化，世界由于国际的交流联系更加频繁而使得距离变短，竞争也更加激烈，个性化需求空前突出。许庆瑞把这种环境下的企业技术创新面临的挑战概括为：企业决策速度、创新速度与实际能力间的矛盾更加突出；知识空前广泛分布下应对国内与国外创新资源整合的实际能力不足更加突出；技术与非技术因素不协同带来的协同全面创新需要更加突出。为解决以上三个"更加突出"，许庆瑞在长期理论研究和调研我国企业创新实践的基础上，于 2002 年进一步将组合创新理论升华为全面创新管理理论，并形成了自己独特的创新管理研究体系。全面创新管理理论不仅是对创新理论研究新的突破，在国际学术界独树一帜，还受到了国际著名企业的认同，受到了创新管理研究领域的国际同行认可并获得应用，被誉为"迄今最系统的管理模式"，既推动了学科发展，又融入了国家决策，为重大现实问题的解决提供了积极的帮助和影响。

一、企业经营管理的基本规律与理论模式

1997 年，许庆瑞承担浙江省自然科学基金项目"浙江省国有企业技术前景激活和增长方式研究"。在思考企业的经营管理有哪些规律时，1998 年，许庆瑞又承担国家自然科学基金重点项目"我国国有企业经营管理基本规律研究"（1998～2000 年）。在从事这些研究的过程中，许庆瑞和团队成员一起，调研了很多企业，最后得出了四条规律：第一，企业必须要有战略，有了战略才能成功；第二，全面创新规律，中国企业和西方企业不同，西方只承认技术创新，而许庆瑞创新团队则提出了要全面创新，除了技术外，管理、思想、文化都要创新；第三，企业是由一个个人组成的群体，要重视人的作用，组织行为学要从人的角度进行分析；第四，要注重自我积累，企业没有积累不行，企业要想成功，第一把手必须要有远见，要有积累，技术发展需要靠自我积累。

随着我国宏观经济环境的变化和国有企业改革的深入，国有经济在国民经济中的比重不断下降，为什么要专门研究中国国有企业经营管理的基本规律与模式呢？这也是许庆瑞研究视角的独特之处。他坚持认为通过国有经济的大调整，国有经济对国民经济的引导和调控能力可以得到进一步加强。国有企业有其自身发展的规律性，但是其经营管理基本规律大多是与市场经济条件下的企业经营管理规律雷同，他试图发掘并阐明符合市场经济的企业经营管理一般规律，为多种形式经济成分的企业所运用。而中国的国有企业与以往相比，面临的内外部环境发生了急剧变化。从内部来看，这些变化是企业自主权扩大了，职工队伍和企业装备水平有了提高。从外部来看，企业与企业、企业与国家之间的关系，以及企业面临的市场环境发生了变化，国外企业的进入也使得企业面临更加激烈的竞争。新的社会主义市场经济中运行的国有企业，由于各种主客观原因，出现了大面积的亏损，许多国有企业在为生存而苦苦挣扎，而这正同其他经济成分性质的企业蓬勃发展的态势形成了鲜明对比。

　　在企业管理方面，经过二十多年企业改革的实践，我国企业经营观念基本形成，专业管理得到完善，西方一些现代化的科学管理方法逐步在企业中得以推广和应用。但同时也面临着企业负担重、技术装备相对落后、产品竞争乏力、经营机制不善、内部管理混乱、产权模糊以及融资不畅、负债过高等问题。[1]解决这些问题，不能单从管理层面来进行。对现实问题的高度关切，促使许庆瑞开始探索中国国有企业经营管理的基本规律，从根本上探索如何搞好搞活企业。

　　虽然当时有其他领域的学者提出以资产组合和兼并等方式来改变国有企业的状况，但是许庆瑞坚持认为，加强国有企业内部管理，用现代化的管理思想、方法和手段，可以不断提高国有企业面对市场的适应能力和先导能力。1998年跟随许庆瑞攻读博士并开始从事国有企业经营管理基本规律研究的赵晓庆，对于许庆瑞研究视角和

---

[1] 许庆瑞，陈重．企业经营管理基本规律与模式．杭州：浙江大学出版社，2001：1-2.

方法的独辟蹊径，特别是他能从系统和宏观的角度来考察国有企业的经营问题，深有体会：

> 当时刚好是我们国家国有企业比较困难的阶段，大多数国有企业都是亏损的，所以说当时有很多比较激进的自由主义经济学家，他们提出来将国有企业都砍掉，变成私营企业，全部私有化。也有很多人觉得这样不行，觉得跟我们国家的社会主义制度不符合，还会带来失业等社会问题，觉得不应该这样做。当时争论比较大。我那时也比较关注经济学家的研究，到许老师这里读博之前就很关注，尤其是关于国有企业的发展。当时经济学界讨论比较多的是国有企业的改革是不是应该私营化，怎样改变它的治理机制。我带着这样的知识积累进入这个课题，但是一看许老师的整个研究和我的知识储备完全不一样，应该说完全颠覆了我以前对国有企业改革的认识。许老师完全走出了其他经济学家讨论体制改革问题的框框，他认为体制改革需要讨论的重要问题是，如何让国有企业不私有化，如何真正做好国有企业；如果没有办法做好，也不该完全拒绝这个私有化的方案，换句话说，做不好就只能私有化。许老师希望用管理学的实践找出经营好国有企业的一套方法或模式，或者找出它的规律是什么。[①]

虽然自由主义经济学家认为国有企业肯定做不好，肯定会亏损，私有化是唯一出路，但是许庆瑞却不这么认为。经济学家多从经济学的模型来看企业的发展，往往忽略了企业在经济学模型之外的具体运作方式，它们具体运作的东西完全不一样。具体到运营，企业运营现象不是经济学单个学科能够解释的，还有其他因素需要用多学科的方法来考虑，比如心理学、组织行为学、数学，但是经济学家可能不会特别考虑到这些因素。虽然他们考虑的问题非常重要，但层面略显单一。虽然学术领域的讨论并没有引起学者之间的具体

---
① 赵晓庆访谈，访谈时间：2019年5月31日，访谈地点：浙江杭州。

争论，却在企业中产生了影响，很多企业原来也是考虑到经济学家提供的建议，比如有些企业当时在进行管理层收购，特别是浙江的企业，在收购方面走在前面。也就是说，很多人认为，既然国有企业肯定经营不好，那就私有化，而完全私有化国家不一定同意，所以就走管理层收购大部分股份、国家留小部分股份这种部分私有化的道路，但是也不能让员工失业，要把员工保留下，很多企业基于这些考虑，特别重视资本运营。许庆瑞觉得应该从实实在在的企业经营中来做企业，将实业做好，特别是从技术的基础、管理的基础出发，扎扎实实地做好企业的经营。这充分凸显了许庆瑞一直以来看问题的独特方式，从探索国有企业经营管理规律方面来为国有企业的发展寻找出路，为加强和改善国有企业的经营管理工作提供指导性的基本框架。从这方面来讲，许庆瑞所做的这项工作是具有开创性的。

国有企业的经营管理有哪些规律呢？国有企业的经营管理工作涉及的面很广，是一个庞大的系统工程，许庆瑞创新团队希望能够揭示国有企业经营管理的基本规律，而不是就事论事。同时为了避免简单、抽象的基本规律难以用于国有企业经营管理实践，采取了先总结国有企业经营管理主要几个领域的若干具体规律，然后在此基础上概括出国有企业经营管理的基本规律。

许庆瑞在探索研究我国企业经营管理规律时，一方面，注重研究中国企业实际；另一方面，在国外时专门检索了企业经营管理规律的研究，特别是充分利用美国与新加坡等大学的图书馆。他与陈劲多次去美国，在麻省理工学院斯隆管理学院查阅了大量图书和杂志，在新加坡国立大学图书馆和该校管理学院图书馆，都找不到阐明企业经营管理规律的论著，能找到的是说明工作方法方面的规则和证明。"顶天"无路，就"入地"寻找，他们准备花大力气投入较多力量到祖国的广大企业中去寻找和总结。

为了总结我国企业管理取得成功的经验，许庆瑞创新团队于1998~2000年对我国大中型工业企业进行了调研，这些企业包括华为、华北制药、东方通信、邯钢、杭州制氧机厂、西湖电子集团、正泰集团、杭州机床厂等。他们对每家企业进行调研的次数都在60人次以上，对企业的人员进行深度访谈，访谈的对象上至董事长、总经理、副总经理等高层领导，下至关键技术人员、一般技术人员、普通工人等，这样的方式能够更加深入企业实际，广泛地收集意见，从而全面而客观地总结中国企业的成功经验。除了访谈，他们还进行问卷调查，有的请企业高层领导当面填写，有的通过邮寄问卷调研，并搜集大量的二手资料。针对每家企业，课题组都撰写了深入的调研报告，从战略、计划、技术创新、人力资源与企业文化、组织结构、财务与成本等方面分别进行分析，再经过课题组讨论，并且征求一些著名企业管理专家的意见。

赵晓庆跟随许庆瑞读博士的时候，"我国国有企业经营管理基本规律研究"的课题刚刚申请下来，和其他同学一样，他刚入校便进入课题组进行调研。因为第一年学校的课程学习比较多，第一年他参加的调研比较少。他去东方通信参加过调研，但是蹲点的时间相对比较少。从第二年开始，他开始将精力放在课题研究上面，参与调研了七八家企业，其中暑假在东方通信待了一个月的时间，然后到其他企业待了不少时间，基本上都在企业里面调研。

另外，许庆瑞还给学生们开设了"创新管理"这门课程，讨论有关创新管理的前沿。赵晓庆回忆道：

> 因为创新管理在我们国家整个教学体系中一直处于边缘，我们一般都很少读到这方面的内容，大多数师兄弟来了才了解，原来还有这些内容都不了解，所以我们也是一边做这个课题的时候，一边许老师给我们上课读前沿的文献，然后再开始学习或者是做深入的研究。①

---

① 赵晓庆访谈，访谈时间：2019年5月31日，访谈地点：浙江杭州。

学生们白天在企业里面调研，晚上就回来读关于创新管理的最新文献和理论，将理论与实践两者结合起来。这个课题充分体现了许庆瑞所谓高（"上顶天"）和低（"下立地"）的结合，从实践当中获得信息，然后从理论上进行阐释和拓展，形成新的理论。入学之前，赵晓庆的学习和研究一般就是看看书，尤其是看看教材，但是跟随许庆瑞读博士之后他发现，许庆瑞指导学生特别不一样的地方，是要求学生一定要读最前沿的文献。而在文献资料获取不像今天如此便利的20世纪80年代和90年代，许庆瑞每隔一段时间就会出国，然后带回来一大堆材料，还托国外的朋友陆陆续续寄回国很多材料，指导学生们一起读。这样，许庆瑞创新团队就把国际上最新的理论与从企业中收集的材料、案例结合起来进行讨论，探索国内企业摆脱亏损困境的方法。

在对大中型企业进行调研之后，许庆瑞创新团队将中国企业取得成功的经验分为5个维度：战略与市场导向、技术改造与创新、人力资源管理与企业文化、组织与领导、成本与财务。通过调研，他们发现成功企业在抓住市场机遇、企业家、市场营销、领导班子和成本降低等方面比较突出。结合调查和案例分析，他们总结了企业成功的6种模式，即邯钢模式、宝钢模式、中兴模式、东信模式、东方模式、镇海炼化模式，精辟地概括出中国企业的成功经验：抓住市场，开拓生存与发展空间；企业家领路，领导班子护航；制定战略，先导发展方向；技术创新，服务市场和战略；改制改组，跟随战略发展；依靠工人阶级，健全制度，强化基础研究；知人善任，激发全员潜力；降低成本，节俭办企业；资本运营，"输血"上规模；强化文化，企业之树长青。

二、创新困境与全面创新管理理论的萌发

在挖掘中国企业成功经验的同时，许庆瑞创新团队对许多企业失败的原因进行了分析，发现主要原因之一就是创新不足。进入20

世纪80年代后期，中国企业出现了较大面积的亏损，并且亏损呈逐年上升的态势。为了深入了解企业亏损的原因，许庆瑞创新团队于1999~2000年从浙江、四川、安徽、湖南、湖北、上海、辽宁、山西、陕西、江苏、山东和云南等地选取了64家经营失败的企业，对它们亏损或经营陷入困境的原因进行问卷调查和实地考察，结果发现，许多企业的失败源于技术创新和技术改造不足、观念和文化创新不足、组织创新不足。

中国企业出现了技术创新的两难境地，比如新的竞争环境与创新管理理论的缺乏。在买方市场条件下，客户的需求呈现较强的多样化和个性化的趋势，但是企业战略管理能力弱，不善于抓住市场机会，企业领导班子的个人素质跟不上企业发展需要，团队精神和凝聚力不够。企业决策速度与创新速度、实际能力之间的矛盾更加突显，知识空间广泛分布下应对国外创新资源整合的实际能力不足，技术与非技术因素不协同，中国的市场经济体制改革虽然已经进行多年，但是长期在旧体制运行下的企业，思维惯性依旧存在，观念和文化创新不足，企业中组织僵化的现象相当严重，组织创新不足。

如何让中国企业走出创新的困境？许庆瑞创新团队在二次创新和组合创新的基础上，结合中国企业经营管理的成败经验与教训，以及国外企业管理成功的经验分析，提出了全方位创新的思想。包括企业需要面向市场，实施以核心能力为基础的优势战略管理；实施以战略为导向，以技术核心能力为基点的全方位创新；凝聚以知识工作者为主体的全体员工，运用多种激励手段，充分发挥他们的创造性与积极性，融育人与用人为一体；以节约劳动和自我积累为基础，与资产增值相结合。

许庆瑞从20世纪80年代初期就开始倡导和重视技术创新工作，在大量理论和调研积累的基础上，他在研究和探讨企业经营管理基本规律与模式之际，不仅发现了创新不足是企业陷入困境的主要原因之一，还创造性地提出了全面创新的概念。许庆瑞创新团队在企业调研的时候一直带着重视技术创新、技术创新是核心的理念，通过调研很多企业，他们越发觉得从单一层面探讨技术创新有很多的局限性。其中令赵晓庆印象最深刻的就是东方通信：

  东方通信当时在国内还是做得非常领先的，因为它是国内最早生产移动通信设备的企业，在这方面应该说做得非常领先，当时东方通信不比华为差，东方通信的优势非常明显。我们1999年在东方通信蹲点了一个月，他们开发的一个课题组主要是做码分多址（CDMA）的传输网开发，当时已经基本完成了开发，但是后来发现他们开发出来的产品存在一些问题，我们就想办法了解为什么会出现这么多问题。其中有一个问题就是研发投入的经费，整个东方通信的研发经费不到1亿元，而他们每年的收入已经有100多亿元了，研发经费的投入不到1%。当时华为的总收入要低一点，但是研发投入是十几亿元。东方通信当时跟诺基亚、爱立信等合作生产手机和通信设备，技术都是从国外引进来的，引进来以后他们通过自己开发消化这方面做得很好，后来也通过自主开发，凸显了自己的能力。但是在技术创新中的投入，仍然是一个系统工程，华为后来能够咬紧牙关把所有钱投到研发里面做。所以有很多体制、思想意识、文化、组织这样的问题在里面起作用。

  许庆瑞创新团队在调研的过程中发现很多企业都有这样的问题，就是企业在改革过程当中，尤其是在与国外企业合作时面临很多文化、思想意识、组织、体制的约束，技术创新在这些约束下很难实现从引进到自主开发这样的跨越。全面创新之所以会成为许庆瑞创新团队的出发点，是他更加意识到自主创新的重要性，他意识到只抓技术或者仅仅关注技术是不能解决自主创新问题的，必须从各个角度出发，综合考虑，才能够发现其中的核心问题，才能够真正推动自主创新的实现，避免陷入被动局面，陷入困境。这些问题不是单纯的技术问题，也不是单纯的钱的问题，单纯地进行技术创新不行，组织上不创新、制度上不创新也不能实现自主创新。许庆瑞创新团队发现，当时中国遇到的问题是，创新创不动了，因为对人没有激励，所以激励制度不改革，技术也上不去，激励制度也要创新。要把全员动员起来，要让人在思想上进行创新，继而他们提出了文化创新。

许庆瑞的全局与系统的观点，从二次创新、组合创新升华到全面创新，在他对创新管理范式的建立上显得特别明显。其实提出全面创新这个概念的时候，吴晓波、陈劲、魏江、张钢、郭斌等学生都已经毕业了，但他们每周都会参加许庆瑞组织的团队例会，进行深入和具体的交流。全面创新理论是许庆瑞创新团队过去研究工作的总结和升华。在对学生进行培养时，许庆瑞会给每个学生定一个专门的主题。对此，魏江回忆道：

我们那个时候有一个说法，叫吴晓波"吴二次"，因为他搞二次创新。陈劲叫"陈系统"，他做创新系统，陈劲画图功力很厉害，有悟性，情商非常高。郭斌做组合创新，我们叫他"郭组合"。我是做能力，他们叫我"魏能力"。先是我们自己这么叫，后来许老师知道了，他就说你们就这么叫，到现在为止还说魏江你是搞能力的，建议我做能力这部分。张钢是搞组织的，创新组织，还有师弟师妹后来搞文化等方面的。这样经过长期的积累，从战略、系统、创新路径、创新能力、组织和文化等各方面，这些概念就已经组成了全面创新的要素。企业是一个系统，不是靠某一方面突破就可以改变的，一定是一个系统的问题，那么就出现了全面创新的概念，系统的关键、最根本的问题就是能力的问题，组织、文化、战略对创新来讲是一个布局和外围条件的问题，是这么一个逻辑。①

刘景江1999年入学跟随许庆瑞攻读硕士，后来又攻读博士。他

---

① 魏江访谈，访谈时间：2018年11月4日，访谈地点：浙江杭州。

入许庆瑞门下时，许庆瑞正在做国家重点项目"我国国有企业经营管理基本规律研究"，许庆瑞已经带团队取得了很好的成果，有四个"规律"：第一，战略制胜的规律；第二，全方位创新的规律；第三，人与企业合一的规律；第四，自我积累的规律。这些规律的得出，采取的主要方法就是到企业调研，对每个企业进行几个月的深入访谈，工作做得非常细致。对此，刘景江回忆道：

> 许老师提出"二次创新"的理论，当时国外是说一次创新，不需要二次。我入学后开始研究组合创新的理论，许老师提出来的课题第二条是全方位创新，和后面全面创新管理的规律有关系。因为全方位包括很多方面，不仅仅是技术，还包括非技术，非技术包括组织、文化、制度等。与二次创新、组合创新组合起来，让这一理论进一步得到验证和强化，同时也为后来提出全面创新管理理论奠定了基础。国外都没有这项理论，东方的东西比较系统，许老师做研究核心的观点就是系统化、实践化，去企业做调研就是实践，系统就是看问题比较全面。西方国家只关注技术创新本身的重要性，不是很关注文化这些非技术因素。这就是为什么提出全方位创新，这也是结合组合创新，组合创新核心体现在技术因素与非技术因素组合。比如说研究人力资源的不一定关注企业的创新，但许老师既关注人和企业，同时又与经济、大环境结合，最终离不开人，这些都结合得很好。[①]

三、海尔实践与全面创新管理的概念框架

2001年，许庆瑞创新团队将20世纪90年代中后期对国内外最新创新理论以及我国大量企业经营管理成败的经验教训的研究成果汇集在《企业经营管理基本规律与模式》一书中，在该书中指出，当今企业为适应环境的变化，必须以企业战略为导向，持续地开展

---

① 刘景江访谈，访谈时间：2019年4月26日，访谈地点：浙江杭州。

以技术创新为中心的全面创新，培育和提高企业的技术创新能力。该书首次从理论层面系统提出了企业经营管理的全面创新规律，要点是"一个中心，两个基本点"，即"以技术创新为中心，以组合创新和技术与创新能力为基本点"。该书于2002年获浙江省科学技术进步奖二等奖。

在此基础上，许庆瑞创新团队在2002年10月举行的第三届技术创新与技术管理国际会议（ISMOT'2002）上进一步提出"全面创新管理"的创新管理范式。2003年，许庆瑞在中美管理科学专家与教授的研讨会上提出了"全面创新管理"理论，引起了国际学者的广泛关注与赞同。在2003年的PICMET上，许庆瑞创新团队报告了关于全面创新管理的论文《全面创新管理：21世纪企业重塑与振兴》["Total Innovation Management: Reinventing and Revitalizing the Corporation for the 21（st）Century"]。[1] PICMET是技术管理领域全球最具影响力的国际会议之一，论文的录用率仅有10%～20%。此外，许庆瑞关于"全面创新管理"的新观点和论文被收入2003年IEEE的系列会议国际工程管理会议（International Engineering Management Conference）的会议论文中，国际工程管理会议由IEEE工程管理学会主办，是工程、技术和创新管理领域最有影响的国际会议之一。在这次会议上，许庆瑞创新团队围绕"全面创新管理"报告了4篇论文，分别是《海尔的创新之道：全面创新管理模型提出所基于的案例》["The Haier's Tao of Innovation: A Case Study of the Emerging Total Innovation Management（TIM）"][2]、

---

[1] Xu Q R, Liu J J, Shen S Q. Total Innovation Management: Reinventing and revitalizing the corporation for the 21（st）century. Technology Management for Reshaping the World, PICMET'03, 2003: 96-105.

[2] Liang X R, Zheng G, Xu Q R. The Haier's Tao of innovation: a case study of the emerging Total Innovation Management（TIM）. IEMC-2003: Managing Technologically Driven Organizations: The Human Side of Innovation and Change, Proceedings, 2003: 5-9.

《创建全面创新管理中的文化创新》("Building up Innovative Culture for Total Innovation Management")①、《全员创新：基于中国顶尖企业的案例分析》("Innovation by Everyone：Case Study from a Chinese Top Enterprise")②、《激励机制对中国技术创新流的影响》("Impact of Incentive Mechanism on Technology Innovation Flow in China")③。

许庆瑞精辟地提出，全面创新管理是以培养核心能力、提高持续竞争能力为导向，以价值创造/增加为目标，以各种创新要素（如技术、组织、市场、战略、管理创新、文化、制度等）的有机组合与协同创新为手段，通过有效的创新管理机制、方法和工具，实现创新的"三全一协同"——全要素创新、全员创新和全时空创新，实现各创新要素在全员参与和全时空领域范围内的全面协同，力求做到人人创新、事事创新、时时创新、处处创新。

虽然全面创新管理的思想是在许庆瑞对国有企业经营规律与模式的探讨中萌芽的，但是全面创新管理思想的具体提出，是基于对海尔、宝钢、中兴通信、惠普等国际国内知名企业进行的长期深入细致的调查研究工作。尤其是他们在调研中发现，海尔对创新很敏感。前文已经述及，海尔是国家技术创新工程的试点企业，许庆瑞作为国家技术创新工程的提出与推动者之一，一直保持着和海尔的密切关系。在对海尔进行蹲点调研时，许庆瑞创新团队提出全面创新，后来海尔汇报企业经验也称是全面创新。2005年，海尔的总裁张瑞敏宣布海尔的成功是因为全面创新。最开始海尔没有讲全面创新，

---

① Xu Q R, Zhu L, Xie Z S. Building up innovative culture for Total Innovation Management. IEMC-2003：Managing Technologically Driven Organizations：The Human Side of Innovation and Change，Proceedings，2003：186-189.

② Xu Q R, Xie Z S, Zhu L. Innovation by everyone：case study from a Chinese top enterprise. IEMC-2003：Managing Technologically Driven Organizations：The Human Side of Innovation and Change，Proceedings，2003：286-290.

③ Xu Q R, Gu G F, Chen J. Impact of incentive mechanism on technology innovation flow in China. IEMC-2003：Managing Technologically Driven Organizations：The Human Side of Innovation and Change，Proceedings，2003：276-280.

只是讲了普通的创新，缺了全面创新。[①]这样创新的道路走了20多年，终于走出了中国创新之道。到了2018年，国家提出全民创新，不仅是企业，各行各业都要创新。当创新在中国愈发重要、愈发受到重视，就愈发凸显了许庆瑞倡导创新、研究创新的前瞻性与预见性。

许庆瑞创新团队是如何基于对海尔等企业的蹲点调研，得出关于全面创新的具体理论的呢？许庆瑞和郑刚在2002年的国际会议上报告的英文会议论文，就是基于对海尔的案例分析，在论文中最早提出了TIM（total innovation management，全面创新管理）。到了2003年，他们的论文《全面创新管理（TIM）：企业创新管理的新趋势——基于海尔集团的案例研究》发表在《科研管理》上，正式提出了全面创新管理，也是基于海尔的案例。郑刚的博士学位论文题目为《基于TIM视角的企业技术创新过程中各要素全面协同机制研究》，他深刻地体会到，全面创新思想的提出，一方面，是他们看了很多的文献，觉得企业创新不是单纯的技术问题；另一方面，他们去了海尔、宝钢、江南造船集团等这些企业进行调研，这些企业和许庆瑞创新团队之间建立了比较密切的关系，而且这些企业高管也曾经到浙江大学培训，这种双向交流，让许庆瑞既从企业实践中切实了解到了企业的需求与问题，也让许庆瑞关于技术创新的想法潜移默化地对企业家产生了影响。在这个过程中，他们发现，这些企业创新的成功不单纯是因为技术创新，还包括制度创新、文化创新、战略创新等，这些都对企业的创新有很重要的影响。全面创新管理的理论思想，是在调研、理论分析、与理论家讨论等过程中逐渐形成的。全面创新的具体规律，也是许庆瑞创新团队在多次的研讨过程中逐渐达成的共识。全面创新管理理论是许庆瑞带着团队在理论逐步丰富和实践研究的基础上，逐渐形成和成熟起来的适合中国国情的理论，这就是全面创新规律的中国特色。除了郑刚，刘景

[①] 陈劲访谈，访谈时间：2018年9月11日，访谈地点：浙江杭州。

江、王勇等都不同程度地参与了全面创新理论的具体研究。

环境的动荡、激烈的竞争和顾客需求的变化都需要企业进行全方位的创新，以比竞争对手更快的速度响应顾客全方位的需求。为此许庆瑞创新团队提出，企业不仅要进行技术创新，还必须以此为中心进行全面、系统、持续的创新。正如他们在组合创新理论中提到的，许多技术创新项目不成功的一个重要原因，就是技术创新缺乏与组织、文化、战略等非技术因素方面的协同匹配，根本原因是缺乏在先进的创新管理理念下进行科学有效的创新管理，导致技术创新缺乏系统性和全面性。一些创新领先企业也意识到，技术创新的最终绩效越来越取决于企业整体各部门、各要素的创新及要素间的有效协同，即全要素创新。许庆瑞创新团队对海尔的调研考察，使得他们发现了海尔全面创新管理的时空-主体维度（全时空-企业为主体的创新），海尔增强国际竞争力是从全面创新的实施来获得的。海尔从20世纪90年代开始实施国际化战略，在信息、认证、工业设计、知识产权、新产品开发等方面积极进行网络化开拓和开发工作，实现了全过程的创新。比如，21世纪初，海尔在欧洲、北美、亚太等地区拥有15个研究开发网点、6个设计分部与10个科技信息点，形成了遍及全球的信息化网络。同时，海尔摒弃了原来封闭式、线性的低效率开发方式，创造性地实行了整合全球技术、智力资源的并行开发。海尔推出的轰动2001年德国科隆国际家电博览会的网络家电系列，从提出创意到设计再到成品，前后不足3个月。其中日本的专家、美国的技术人员和法国的时装设计师对家电色彩的设计，都被海尔整合在一起，各类设计开发同步进行，大大加快了创新速度。

除了全要素创新，全员创新是海尔全面创新的第二个特点。许庆瑞创新团队发现，海尔员工的创新活力来自海尔独创的以"日事日毕、日清日高"（OEC）管理法和"市场链"管理机制为核心的一整套管理制度。海尔通过内部"市场链"管理机制使得人人面对市场，从制度上激发了每个员工的创造力，使得人人成为创新的策略事业单位。海尔不仅仅会尊重员工的各种合理化建议，很多部件、工序和产品都是以海尔员工的名字命名的，比如保德垫圈、迈克冷柜、杨明分离法等，都是以发明或者提出创新、改进这些技术的员工的名字来命名的。

海尔还实现了全时创新。海尔和爱立信从2001年4月10日接力式开发蓝牙网络家电，研究人员利用时差，在时间上进行衔接，同时结合计算机的数据交换，实现24小时不间断接力式开发。按照传统的开发方式，需要耗费比这多得多的时间。海尔实现了全流程创新，实施了革命性的以市场为纽带的业务流程再造，组织结构从最初的层级式直线职能制、事业本部制转变为扁平化的流程网络型结构，使得业务流程与国际化大公司接轨。这种全流程创新提高了管理效率和灵活性，适应了国际竞争和网络化的需要，大大加快了响应市场的速度和研发、创新的速度，同时降低了成本，提高了国际竞争力。

用户参与创新，也是海尔在全价值链创新方面的特色。海尔从市场出发，让用户参与产品的前期设计或售后使用反馈，使得产品的质量与性能大大提高，同时更加符合用户的个性化需求。通过使用户、供应商等参与创新，海尔的产品更加符合用户的个性化需求，同时大大提高了创新速度和周期，创新成本显著降低。

在这些调研分析的基础上，许庆瑞创新团队总结了海尔全面创新管理的特点，更为关键的是，海尔的发展也验证了许庆瑞创新团队早期提出来的组合创新理论的正确性。他们发现，技术创新是关键，是海尔创新的核心。海尔的技术创新模式是渐进性创新，是产品创新和工艺创新相结合、模仿创新与自主创新相结合的组合创新模式。海尔的创新不是盲目地追求高精尖或者从零开始，而是根据自身实力，按照借梯登高的原则，在引进消化和模仿创新的基础上，整合全球科技资源进行创新。在模仿、借鉴的基础上，海尔根据企业的发展战略和自身实际，有选择、有重点地对有良好市场潜力的高技术产业领域进行自主研发，用来抢占技术制高点，从而提高自身未来的核心竞争力。

战略创新是海尔的发展方向，也决定了海尔创新管理的方向，海尔在近20年的发展中经历了三次大的战略创新，在创新管理上也进行了国际化拓展，从最初的全面质量管理，到后来的OEC管理，再到后来的内部市场链和SST（索酬、索赔、跳闸）机制，每次管理创新都为海尔的发展奠定了坚实的基础。组织创新是海尔的保障，海尔从传统企业的纵向一体化变成横向网络化，形成企业内部与外部网络相连的结构，从根本上解决了大企业管理效率和适应市场需求的灵活性问题。仅1998～2001年，海尔就先后进行了38次组织创新。创新成了海尔文化的灵魂，观念和文化创新成为海尔创新的先导，在海尔，看到、听到的频率最高的字眼就是"创新"，到处可以看到如"创新的目标，就是创造有价值的订单""创新是海尔文化的灵魂，创新是新经济的核心"等有关创新的标语、宣传海报，甚至是员工自己创作的漫画。在制度上，海尔通过不断摸索完善制度激发员工创新的动力和热情。协同创新成为手段，海尔的全面创新管理是一个有机协同的整体，单一的创新往往难以发挥其应有的作用，海尔以各种创新要素的有机组合协同为手段，大大提高了创新的绩效，取得了较明显的效果。

海尔的实践证明全面创新管理将会使企业的创新管理步入一个新阶段，使得创新成为企业在新经济条件下增强核心能力、提高国际竞争能力的关键。许庆瑞还凭借广阔的视野，借鉴国际上一些跨学科的理论和方法，从新的理论视角捕捉到企业所处环境向商业生态系统的演进，用新的框架来探讨网络环境下企业创新管理的激励与模式。许庆瑞和团队成员注意到，不仅仅是国际上的企业，21世纪的中国企业也处于商业生态系统之中，竞争格局已经不再是单个企业之间的竞争，而是联盟体与联盟体之间的竞争，是基于时间的竞争。只有快速、灵活、勇于创新、基于联盟的网络组织，才能在混沌边缘获得持续竞争优势和高额创新租金。如何突破单一组织理论的研究框架，建立适用于企业内部各要素之间及其与外部环境之间有互动关系的、日益非线性复杂化关系的理论框架呢？许庆瑞创新团队的组合创新，基于系统的理论，探讨创新的多种因素之间的相互作用，在组合创新理论的推动之下，创新理论更进了一步，出现了集成创新观与系统创新观的创新理论。一向注重系统全局思维的许庆瑞，适时地将组合创新理论结合海尔等企业的实践，向更高层次迈进到全面创新理论。国际上基于系统的创新理论，虽然突破了关于创新线性的思维模式，突出了创新系统内各子系统和构件之间匹配与互动对创新绩效的重要作用，但是未能就创新作为社会过程本身所具有的人的主体性与时空效应和具体的创新系统相结合的、基于生态观的分析。许庆瑞带领研究团队提出的全面创新理论，将全面创新管理的范式内涵概括为"三全一协同"，不仅是在已有的组合创新理论之上的升华和推进，结合了海尔等中国企业的实践，还从新的跨学科的视角，结合国际上的其他理念，将创新理论提高到了一个新的层次。

许庆瑞（左二）、陈劲（右一）与海尔总裁杨绵绵（右二）及副总裁喻子达（左一）合影（摄于2009年）

许庆瑞向海尔高管及研究院同志阐述全面创新管理的应用（摄于2004年）

四、钻石模型与全面创新理论战略主导性

2002年，当许庆瑞和郑刚等团队成员提出全面创新管理的概念框架时，全面创新在国内外无论是在理论层面还是实践层面都还是一个新的事物，有关其动因、内涵、理论框架，以及全面创新管理的审计与绩效评价等运作机制等都需要进一步探讨，而且当时国内大多数企业的技术创新能力薄弱，仍然处于传统的创新管理模式下，没有从根本上意识到全面创新管理的重要性和紧迫性。如何在企业实现全面创新？全面创新管理框架中各要素之间的内涵和互动关系是什么？许庆瑞带领陈劲、郑刚等团队成员进一步探索，最后总结出全面创新管理的基本内容，全面创新管理的三要素之间的层次性和关联，特别是全面创新管理作为一种以战略为主导的创新管理模式如何为企业战略的制定和实施服务。

不仅仅是对海尔这一家企业进行深入分析，许庆瑞创新团队还对惠普、3M、通用电气、丰田汽车、三星等企业进行了细致的考察。他们发现，创新固然重要，但也是最困难的管理任务，中国企业也和美国企业一样，面临技术创新的两难困境。除了长期以来中国企业对技术创新重视不足、大多数企业技术创新投入长期偏低导致企业技术能力薄弱外，还有企业的战略、文化、组织结构和制度、人力资源管理等非技术因素影响着企业发展。比如观念文化创新滞后于技术创新，缺乏激励创新的机制和制度安排，层次重叠、部门间割裂的职能制组织结构等均影响了研发速度和进入市场时间，影响创新绩效等。因此，用系统观和全面创新思想指导企业的技术创新尤为必要，全面创新是21世纪竞争环境的日益复杂化对企业提出的新要求。也就是说，全面创新对于企业不仅必要，而且迫切，许庆瑞创新团队的全面创新管理理论再一次前瞻性地预见了企业的需求，始终坚持为企业进行全方位的创新提供先进理论的支撑和指导。

许庆瑞创新团队的调研发现，面对日益个性化的顾客需求和基于时间的市场竞争、产品生命周期和研发周期的缩短、新技术的涌现、竞争对手的威胁，越来越多的企业必须要以比竞争对手更快的速度响应顾客的全方位需求，改变原有的创新管理模式，实现技术与非技术要素的协同创新，并充分动员生产、制造、研发、营销、服务等各部门员工随时随地进行创新，以提高新产品创造效率，不断扩大自己的优势和在行业中所占的份额，获取超额利润。一项新产品从创意到商品化的过程是5年，其间如果研发延误半年，利润就会减少50%。惠普在21世纪初已经不同程度地开始或者进行全面创新的实践。宝钢通过实施企业系统创新工程，推动了全面创新，也取得了显著成效。因此，许庆瑞创新团队从这些企业中提炼和推广它们在实践中自发探索出来的新经验，并且加以理论化，他们提出的全面创新管理理论为新形势下企业进行创新管理提供了科学有效的新范式。

要指导企业的实践，还需要将理论具体化、形象化，厘清不同创新要素之间的关联。通过借鉴生态系统观和复杂性理论,许庆瑞和团队成员剖析了全面创新的三层含义。"全要素、全员、全时空"的创新中,第一层涉及企业各创新要素的全要素创新,包括技术、战略、组织、文化、制度等的创新和协同。第二层是企业各部门和全体员工人人参与创新,即全员创新。第三层是创新内容与范围遍及全价值网络、全流程上的全时创新与全空间创新,即立体化,全时空具有持续性。全面创新的实质和目标,一是致力于取得可持续竞争优势,二是强调核心能力的积累和发展。与传统的创新观相比,全面创新突破了以往仅仅由研发部门孤立进行创新的格局,使得创新要素与时空范围大大扩展。

全要素创新是全面创新的要素维度,其中思想观念是先导,文化创新是灵魂,技术创新是关键,战略创新是方向,市场创新是目标,组织创新是保障,制度创新是动力,管理创新是基础。全要素创新是实现技术与非技术在内的协同,技术创新要求企业对非技术创新进行调整,营造良好的技术创新环境;非技术要素创新是企业对生产资源的重新整合和配置,提高资源的利用效率和过程,是企业成功推进技术创新的保障。只有通过技术与非技术要素的协同,实现全要素创新,才能提高企业创新的效率与效益。

全员创新是全面创新的主体,包括全体员工和所有部门参与创新、全流程创新、全供应链创新、利益相关者创新。许庆瑞提出的全面创新管理理论的独特性之一,就是强调人的重要性。对此,刘景江回忆道:

许老师的视角非常特别,做管理研究,其核心离不开经济学、心理学、数学,这就是整个管理学研究的三个基础学科。真正要做好的话,这三个学科很重要。从心理学角度,我们讲人很重要,许老师也经常强调这一点,全面创新管理特别强调人的重要性,包括人和企业合一、人的自我技能、企业经济的可持续发展等。这对我们非常有帮助，让我们认识到做研究知识面一定要广、基础要扎实，要在某一个点上深挖，最终落在一个个创新的点上。而所有这些，都离不开创新，创新需要人，需要企业家，需要员工。许老师非常强调人的重要性、企业家以及全员创新的重要性，别的研究学者研究得没有这么全面系统。①

在对吉利的考察中，许庆瑞创新团队发现，吉利是典型的"人人都是创新者"的企业，提倡和鼓励全体员工创新和创造发明，任何一位员工在这方面做得好都会获得奖励，由此营造了全员创新的氛围和文化。员工们给企业提供创新的建议，涉及技术、质量、管理、安全生产、环境等多个领域，有不少被吉利采纳。创新是以人为主体的活动，全员创新可以让更多员工分担责任，充分发挥每位员工的智慧，唤起员工的主体意识，讨论各种实际问题，进而提高创新水平。许庆瑞的全面创新管理理论强调全员创新，强调人人参与的重要性，企业创新不再是某个部门或者员工的事情，而是企业从高层到基层所有部门的员工广泛参与和支持创新。全员创新涉及的范围也不局限于研发人员所从事的新产品开发、工艺创新等技术创新，还包括流程改进、解决组织结构问题、新技术战略制定、制度完善等非技术创新在内的广泛内容。企业中的每位员工都可以通过个人创造力的发挥以及对创新实施的支持参与，在从创意提出到实现的整个创新过程中发挥自己的作用，为提升企业创新绩效做贡献。全员创新的实施能够推动企业战略、文化、制度、技术、组织等各要素创新，也能催生由技术专家主导的创新格局向基层员工扩展。

创新主体的多样性，势必带来全时空创新，其中包括全地域创新、全球创新资源整合，每天24小时，每周7天创新。因而全面创新理论范式被许庆瑞创新团队概括为：人人创新，事事创新，时时

---

① 刘景江访谈，访谈时间：2019年4月26日，访谈地点：浙江杭州。

创新，处处创新。创新主体的多元化推动企业创新的发展，使得企业可以利用网络环境，与外部创新主体，如顾客、供应商、合作者之间进行全时空的创新。不同创新源主体的参与创新将创新的作用范围扩展到企业的每一时刻、每一地方、每一件事、每一环节，并通过网络信息着眼于优化全球创新资源，从而提高资源利用效益。比如宝洁公司将研发改为联发，即联系开发，不仅通过网站与外部发明建立联系，还加强与供应商在创新方面的合作。全时空创新是全面创新的时空维度，包括全时创新、全地域创新。全时创新是指企业适应网络经济时代基于时间的竞争要求，在计算机网络平台上整合全球资源，通过24小时7天连续性创新和即时创新，实现创新的连续性和持续性，同时又能够很快响应用户需求。全地域创新包括全球化、全部门、全价值链创新等。全时空创新由此要落实到企业的流程和价值链的不间断创新中。

在对全面创新的内涵和层次进行分析之后，许庆瑞创新团队提出了全面创新管理中"三全一协同"的关联关系与钻石模型：全要素创新是全面创新管理的创新内容，全员创新是创新主体，全时空创新是全面创新管理的时空域。其中，全要素创新为全面创新管理中的全员在全时空域内开展创新而提出的创新方向、内容和手段。全员创新作为全面创新管理的主体，是全要素创新与全时空创新活动的积极参与者。全时空创新作为全面创新管理的时空形式，为全要素创新与全员创新提供了广阔的时空范围和视野。

全面创新管理的全面性，决定了在实施的过程中，必须改变企业以往仅仅重视单一创新而忽视整体创新、只注重分散创新而忽视集成创新、只强调企业内部资源的整合而忽视企业外部资源的利用、只重视专业人员的创新而漠视普通员工创造潜力的发挥的思维模式和行为方式，从而确定创新在组织中的战略地位。从这个意义上来说，全面创新管理不仅仅是一种创新管理理论，更是一种以战略为主导的创新管理模式，即以企业战略创新为依据和出发点，强化创新和战略的互动,在战略创新主导下,形成企业整体框架内全要素、全员、全时空等创新活动的全面性安排,实现企业核心能力持续提高和价值增加与创造,进而满足新战略实施的需要,更有效地完成企业新目标。这就是以战略为主导的全面创新管理理论的钻石模型。

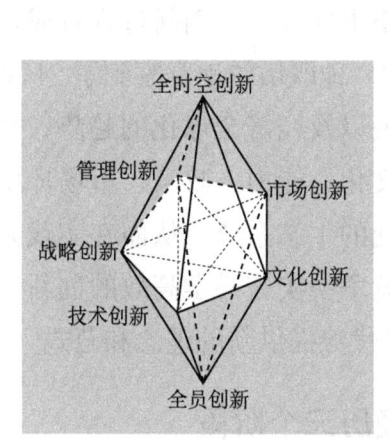

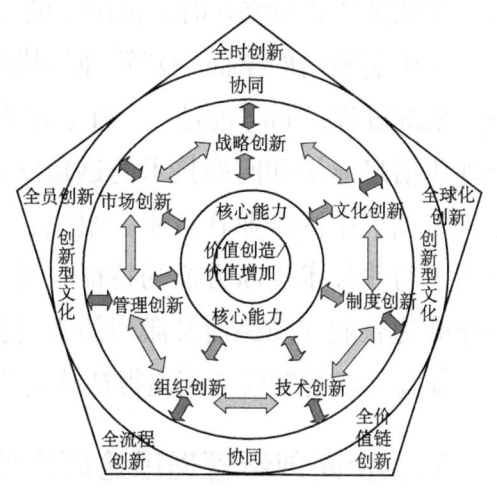

全面创新管理钻石模型

通过对海尔、中兴通讯等企业的全面创新与战略之间的关联进行分析后,许庆瑞创新团队指出,全面创新管理的战略主导性具体表现为战略决定全要素创新、战略推动全员创新以及战略影响全时空创新。全面创新管理理论的整体性、广泛性和主导性,使得它能够作为企业创新管理的新安排,它的运行必须更好地为企业战略的制定和实施服务,在市场活动中创造高于运行所需成本的价值,得到企业组织上下一致的认同、支持和推动。全面创新管理模式下的战略决定的全要素创新,是要将创新作为企业的一种战略性活动,无论是技术创新还是非技术创新,都必须将它纳入一定的战略框架内,而不是为了创新而创新。在内容上,全面创新管理上的全要素创新必然要提高组织技能和技术能力,实现优化资源配置与整合效益,从而更好地满足企业战略制定与实现过程的需要。同样,战略推动全员创新也需要将战略实施所需要的资源和权力下放给每个员工，使每个员工都成为战略实施的主体，调动所有员工的积极性和主动性，提高企业整体实力和组织绩效。许庆瑞创新团队发现，海尔和中兴通讯在三十多年的发展中，逐步将企业价值实现范围从国内市场向全球市场转移，实现了从产品出口到市场开拓的国际化发展，这就是企业战略在时空范围上的反映。

许庆瑞提出的全面创新管理的战略主导性，将创新过程看成是一个系统过程，同时也是一个社会过程。他既敏锐地觉察到了21世纪现代信息通信和网络技术的迅猛发展以及经济全球化的趋势，又深入挖掘了中国企业在技术、组织、文化、能力、政策、市场环境等技术与非技术创新方面的特征与所处的生态系统，从而在实践方面能够为企业在动荡而又激烈的市场竞争中实施科学高效的创新管理、提高创新的绩效从而赢得持续竞争优势提供新的理念和范式。

五、全面创新管理理论研究经历三个阶段

全面创新这一研究成果不是许庆瑞创新团队突然萌发出来的观点，而是他们近三十年来在技术创新领域中研究积累的体现，从20世纪70年代到80年代的二次创新，80年代中期到90年代中期的组合创新，再到20世纪90年代之后的全面创新，他们的理论经历了明显的三个阶段，并最终建立了走中国道路的全面创新管理体系。

全面创新是在二次创新、组合创新基础之上的推进。二次创新是指引进技术经过消化吸收而进行再次创新，组合创新则不仅仅限于技术创新的组合，还包括技术与非技术创新的组合与集成。技术创新的组合包括产品创新和工艺创新的组合、重大创新与渐进创新的组合，技术创新与非技术创新的组合则包括技术创新与组织、文化创新的组合，独立创新与合作创新的组合等。组合创新不只是一个项目的组合，还是项目组合上的战略思想和准则，引导企业走出孤立进行技术创新的死胡同，走向将技术创新协同组织创新、文化创新、制度创新相结合之路。

刘景江进入许庆瑞创新团队之前，已经参加了一些团队的例会等学术活动，他开始从事组织创新是在读博士二年级时，读到博士二年级时开始进入论文写作阶段。在这个过程中，他做了中国企业核心能力的培育与提高、研发项目的测度与评价、绿色技术创新审计指标测度方法、国有企业经营管理基本规律等方面的研究，也逐渐理解了组织创新的理论内涵，同时参与了大量的企业调研。他体会到，在进行全面创新管理的研究过程中，最核心的就是组织，将文化、组织结构和流程都归为组织创新的内容，他和赵晓庆在许庆瑞的指导下，通过与其他团队成员的讨论，通过在团队的文献讨论和例会上进行报告、讲解和评论等，逐步完成了对技术创新的组合及其与组织、文化的集成的探讨。此前张钢等已经做过类似的组织创新研究，刘景江等人在此基础上进一步拓宽。通过团队成员对同一个方向和主题的深挖，许庆瑞创新团队才能够对理论和观点不断地进行迭代，从而形成完整的、完善的创新管理体系。

技术创新离不开组织，组织创新确实很重要，其中应该包含哪些创新，许庆瑞创新团队在讨论当中会不断地完善其内容，反复根据新的理论和实践讨论到底包括哪些内容。团队此前在组合创新里已经提到组织创新，但是对于它是什么，有哪些内容，如何集成，到后来就越来越清晰了。在此基础之上发展而来的全面创新管理体系也是越来越清晰了。2002年许庆瑞在第三届技术创新与技术管理国际会议上提出了"全面创新管理"的创新管理范式，后来通过调研，逐渐对该理论进行了完善，从最早研究国有企业经营管理的规律与模式时提出的全面创新的初步框架，通过完善，升华为全面创新管理理论。全面创新要体现系统化，其中组合的问题就需要在全面创新管理理论框架和体系之下进行拓展。组合依然还是两个组合，我们一般的组合是A和B进行，而在全要素创新中，不仅有A和B，C、D、E、F都有了，仅仅是组合还不行，还必须要全面。比如组合创新的六大组合中有隐性和显性的组合，而在全面创新理论体系中，组合的要素增加之后，组合的方式和特征就不一样了。进一步地，在全时空创新和全员创新的条件下，全要素创新中的创新要素如何组合，如何体现"三全一协同"？全要素创新中的这些要素肯定都很重要，如产品和工艺、技术、组织、文化等，在研究国有企业经营管理规律与模式之后，许庆瑞创新团队在当时的环境下开始深入思考不同要素之间是怎么样的组合，比如协同的方式、时空的条件、人的条件等，从而在组合创新以及全面创新的理念之下进一步地深入和发展，逐渐明晰了全要素是指技术、组织、文化、市场、战略和制度这些技术和非技术的要素，全时空就是可以充分地利用时间和空间进行创新。比如全时空创新的观点和理论，就是在团队讨论很多文献，并结合对海尔、中兴通讯等的实践调研中碰撞出来的。郑刚记得当时国外有一本书叫《24乘7创新》(*24/7 Innovation*)，意为无时无刻不在创新，该书中也提出创新应该要鼓励员工不断地进行创新，这个观念对他们团队启发很大，为全时空的理论完善提供了很大的支撑。由此我们不得不感叹许庆瑞看待问题的全面性和系统性，这也是他一直坚持的从系统动力学的视角和方法来研究技术创新和创新管理。

全员创新这个概念，是许庆瑞创新团队在国内率先提出来的，虽然国外的相关文献也不同程度地提到让所有人都参与创新，但是没有基于实践，而且如何让所有人都参与创新，全员创新与技术创新等全要素创新和全时空创新如何协同，国际上并没有涉及。对此，郑钢回忆道：

> 看了好多国内外的文献，包括像海尔、宝钢的实践，我们发现，海尔鼓励员工去创新，鼓励生产线的工人去创新，这就是体现的全员，这都是我们看了文献、做了实践调研之后，大家逐渐形成的全员创新的理论。全时空也是和海尔有一定关系的，最早2002年我们发表的英文文章，包括2003年在《科研管理》上发表的文章，

基本上体现出我们当时提出全面创新管理的理由。以海尔为例,海尔确实是全时空创新的,利用时差,海尔中国和海尔美国是怎样利用时差创新的。华北制药也是这样,利用时差和国外的合作伙伴一起开发一种新药,这些都是我们基于调研和国外的一些文献支撑,我们更加有信心体现出全时空的创新,全员创新也是这样。在看了大量的文献后,我们发现技术创新受很多非技术因素的影响,我们为此总结出了全要素创新。①

许庆瑞创新团队是在将国内外的理论研究和企业的实践结合起来进行系统的总结、梳理以后,提出来全面创新管理的,并且总结为全员创新、全时空创新、全要素创新。从2002年在国际会议上发表的最简单的版本,到2003年正式发表期刊文章,再到后来在国外期刊上发表了几篇文章,全面创新管理体系逐渐成熟。在这个过程中,许庆瑞的几个弟子,包括郑刚、刘景江、朱凌、梁欣如、王方瑞、蒋健都从不同的层面对全面创新管理的各个维度进行了分析。朱凌侧重从人力资源的角度来做,梁欣如从文化入手,王方瑞从全体员工入手,蒋健从供应商如何参与创新入手。2007年,许庆瑞创新团队出版了专著《全面创新管理——理论与实践》,该书是浙江大学创新与发展研究中心研究团队30多年来研究成果的汇集和理论升华,几十位博士、硕士研究生参与研究,是许庆瑞团队30多年中大部分学生下厂调查、深入研讨、思想火花迸发而积累升华的理论结晶。该项成果获得诸多奖项:中国首届管理科学奖——杰出贡献奖和学术奖、教育部人文社科优秀成果奖二等奖、浙江省科学技术进步奖二等奖。

新概念和新思想不断涌现,是许庆瑞创新团队的重要特征。比如组织创新及技术创新能力中的要素和衡量指标、全面创新管理等,这些新的观念、新的概念和新的学术术语的产生,有的是在调研过

---

① 郑刚访谈,访谈时间:2018年12月14日,访谈地点:浙江杭州。

程中和企业的工人、工程师聊天中碰撞出来的,有的是团队成员在例会的激烈讨论中萌发的,但更多的还是源于许庆瑞的广博学识与跨学科的视角。同行和学生多次感叹,许庆瑞的洞察力很强,在企业的调查中,企业家和工程师发完言后,他能很快地将观点提炼并且变成学术语言,让实践与文献对话,这些都源于研究的深入、细致与坚持。

刘景江回忆道:

> 像组合创新的观点,虽然投资领域也会谈到投资组合,但是创新里没有这个名词,许老师借用了别的学科的名词,但是内涵是完全不一样的。在许老师的组合创新里,具体明确了谁和谁组合,而这个以往文献里很少谈到。比如以往文献里说隐性的创新很重要,有的说显性的创新很重要,那么这两个要不要组合?怎么组合?文献里没有回答这个问题。而许老师的洞察力很好,能够找到很多问题。这也是为什么他让我们研读很多文献,找到哪些问题没有研究,而且要结合中国企业的实际情况。我们团队做管理研究就是这两条路,寻找研究问题,实践和理论两者结合。许老师这一点对我们的启发真的很大。[①]

全面创新又将组合创新向前推进了一大步,从更加系统和广泛的领域中整合了技术创新与文化、制度、管理等创新,不仅将企业各方面的创新构成了一个系统的全方位创新,而且同全员创新和全时空领域创新相整合,形成了以全员创新为基础,在全球领域内整合一切创新资源持续不断的包括全要素、全员、全时空的立体式创新范式,在依靠全员创新活力的基础上,通过全方位的持续创新,产生了具有强大竞争优势的整体创新力,推动企业的核心能力呈跨越式发展,以快于一般企业所需时间的 1/3～1/2 迈向创新型企业。

---

① 刘景江访谈,访谈时间:2019 年 4 月 26 日,访谈地点:浙江杭州。

六、全面创新管理的实践应用与国际影响

全面创新管理理论是对当今创新管理研究的重大突破,将研究视角从单独的创新要素和创新系统中的单个部件转移到整个创新系统,以及创新系统各要素之间的关系上来,将企业创新系统视作一个复杂创新体系,突出了创新系统内部各要素之间的互动性。全面创新管理理论是具有鲜明中国特色的技术创新理论体系,已受到了国内外学术界、海尔、宝钢、中集集团等以及美国惠普国内外著名企业的高度认同。在许庆瑞全面创新管理理论的影响之下,中国企业开始转向全面创新管理新范式的实践探索。

许庆瑞运用全面创新管理理论,帮助海尔把技术创新纳入企业战略,确定企业创新目标,使创新面向市场,加强研发投入,完善技术创新机制和体系,帮助海尔从生产型向创新型转化,海尔已申报发明专利数量位列国内家电企业之首。经过多年的创新创业,海尔在2005年发展为世界第四大家电制造商,也是中国电子百强企业之首,拥有240多家法人单位,在全球30多个国家和地区建立了本土化的设计中心、制造基地和贸易公司,全球员工总数超过5万人,重点发展科技、工业、贸易、金融四大支柱产业。海尔新产品产值率自1998年以来均超过80%,到2005年为止,已开发"双动力""防电墙"等6项技术标准申请国际电工委员会国际标准。2005年8月30日,英国《金融时报》公布"中国十大世界级品牌"调查结果,海尔荣居榜首。2020年,海尔已经成为中国乃至世界家电产业发展潮流的引领者,连续10次蝉联"全球大型家用电器品牌零售量第一"。不仅如此,海尔还从传统职业企业转型为共创共赢的物联网社群生态,率先在全球创立物联网生态品牌。

许庆瑞在对海尔多年的跟踪调研中,不断帮助海尔持续实施思想观念创新、战略创新、技术创新、市场创新、文化创新、组织制度创新、管理创新等全要素创新,以及全员创新和全时空创新。海

尔的技术创新综合体现为全方面创新平台的各要素创新的融合,这种创新型技术组织体系是海尔多年坚持走自主创新之路,在市场设计产品理念的指引下摸索出来的实现途径。海尔在实践中形成了技术创新体系,这种体系以企业经营战略为导向,以第一速度满足用户个性化需求为目标,以技术中心为核心,整合各创新要素进行技术创新,逐渐形成了良性互动、各创新要素协同匹配、全员参与。海尔的技术创新体系是以创造有价值订单、赢得国际竞争优势为目标,基于战略、流程、资源、环境的分析框架,由研发组织、界面管理、人力资源、资金、文化、企业领导与决策和制度等要素构成的有机协同的统一体。

　　从1993年与海尔结缘,特别是从1995年开始担任海尔的高级管理顾问、推动海尔的技术创新工程开始,许庆瑞对海尔技术创新战略的制定与实施、自主创新能力的提升做出了重大贡献。针对海尔技术创新实践中战略规划和管理的需要,许庆瑞和他的团队为海尔构建了技术创新战略规划和管理纲要,明确了技术创新面向的市场必须符合企业的战略,必须与企业经营一体化,从而使海尔从单一的技术创新视角提升到从战略高度对技术创新进行规划和管理,使得海尔的创新工作有了长远的战略目标和方向,紧紧围绕着市场和顾客需求开展企业的技术创新工作。在海尔技术中心的组织方面,针对海尔初步建构中忽略的研究机构一环,许庆瑞创新团队建议海尔要有专门的长期研究机构,建立公司和事业部两级研发机构,针对近期市场需求的技术研究同长期的研究与发展相结合。这些建议都被海尔采纳,海尔在国家认定的企业技术中心评价中,多次名列第一。如前文所述,许庆瑞多次应国家经济贸易委员会之邀到海尔做创新和核心能力培植的报告与研讨,为海尔技术创新能力构建提供了有益的知识和培训。

　　海尔实施全面创新管理的实践,不仅验证了全面创新管理理论,海尔就此取得了很明显的创新绩效,增强了海尔产品在全球市场的持续竞争力，许庆瑞还将海尔的成功经验总结出来，供其他企业学习。海尔的经验包括：观念创新是一切创新的基础和思想源泉；全员创新和管理创新是全面创新的组织基础与保证；战略创新与市场创新指引方向；时时创新、处处创新是提高创新速度和效率的重要手段；一个思想领先于企业发展速度的企业家是推动海尔创新和发展的关键。

在这些经验研究与总结的基础之上，许庆瑞还运用全面创新理论指导宝钢推进全方位创新，帮助宝钢发展了有自主知识产权的核心技术，申请专利以年均20%的速度增长，在中央企业中排名第一，新产品牌号数超过150个，新产品试制量达330万吨，自主开发了12个电工钢新产品。从前文所述我们看到，实际上从宝钢建厂起，许庆瑞就一直关注宝钢的技术创新问题，针对20世纪80年代宝钢一度"重生产、轻研发"而不利于技术创新的问题，许庆瑞建议宝钢从生产型向技术创新型进行转变。采纳建议后，技术创新在宝钢受到普遍重视，宝钢的经验也被许庆瑞进行理论化，反过来又对提高宝钢企业集团干部的认识和管理水平起到了推进作用，宝钢的技术创新也实现了从引进先进适用技术阶段向消化、吸收、再创新阶段的转变，运用全面创新的思想在组织、文化、战略和管理等方面进行全方位创新。

特别值得一提的是，惠普的迈克尔·门克博士，在得知许庆瑞创新团队提出全面创新管理理论之后，将全面创新管理理论中的全员、全时空、全要素创新用于考察惠普的创新历史，发现惠普的发展非常契合全面创新管理理论中的所有基本理论原则，不仅证实了全面创新管理理论的正确性，还证明了该理论的普适性——该理论不仅仅适用于中国的企业实践，还能扩展到世界范围内的企业实践。[1] 门克博士利用全面创新管理理论"诊断"惠普的不足，参考

---

[1] Menke M, Xu Q R, Gu L F. An analysis of the universality, flexibility, and agility of Total Innovation Management: a case study of Hewlett-Packard. Journal of Technology Transfer, 2007, 32 (1-2): 49-62.

惠普的动态创新与协同创新，对惠普在初创阶段、发展阶段、过渡阶段和战略发展阶段四个阶段的创新焦点和全面创新管理内容进行了分析，根据他多年来的咨询经历和在惠普的工作经验，对惠普在全面创新管理理论的架构下的创新项目、惠普的全面创新管理的形成和现状进行了评分，发现惠普在技术与文化创新领域做得很不错；在市场与管理创新方面，如果能够在一些曾经被忽略的关键领域领先于竞争对手，就能占有更好的市场份额；在战略与组合创新、制度领域做得不错，但有些方面还在制约企业的发展；在组织创新领域的许多边界上尚需进一步发挥效力，仍需要提高组织边界上的工作方式。除了"诊断"和评分，门克博士还根据惠普的发展历史，对惠普的动态创新和协同创新、领导机制和学习机制进行了分析，对全要素创新中的创新互动关系、领导机制推动全面创新、学习机制推动能力提升、领导机制、学习机制、协同机制三者之间的联系进行了进一步考察，最后得出惠普的发展得益于在包含技术、战略、文化、组织、制度等要素的全面创新氛围下进行的创新。惠普创新的核心不是固定不变的，是动态的，每一个时代的主要创新协同因素也是变化的。

　　与美国和日本的管理理论不同，全面创新管理为中国的原创，是许庆瑞创新团队以中国的企业实践为基础，为了解决国际化大背景下中国企业如何创新的问题而提出来的。虽然全面创新管理理论从中国的企业实践出发，要解决的也是中国企业的现实问题，受到了海尔、宝钢等企业的认同，帮助这些企业取得了飞跃式的发展，提出并且证实了全面创新管理是我国企业以跨越方式走向创新企业的必由之路，但是全面创新管理不仅仅是符合中国本土实际的创新管理理论，还具有普适性；不仅仅受到了美国惠普等公司的认同，通用电气、国际商业机器公司（IBM）、丰田汽车、三星等企业的发展，也都进一步证实了全面创新管理理论的适用性。在理论研究层面，许庆瑞创新团队2007年发表在国际刊物《技术转让学报》

(*Journal of Technology Transfer*)上的两篇文章——《全面创新管理：21世纪创新管理的新范式》("Total Innovation Management：A Novel Paradigm of Innovation Management in the 21st Century")[①]，以及《海尔的创新之道：全面创新管理模型提出所基于的案例》("Haier's Tao of Innovation：A Case Study of the Emerging Total Innovation Management Model")[②]，被国际学术同行多次引用。通过分析这些引用我们发现，全面创新管理理论被国际同行用来研究创新生态系统，比如美国纽约州立大学石溪分校的菲利普斯（Fred Phillips）教授等用它来探讨如何处理国家和区域创新系统[③]，而且很快获得了更多的关注；俄罗斯科学院的涅耶夫（Rustem M. Nureev）等从全面创新管理等创新领域的相关观点出发，分析俄罗斯在21世纪的创新活动、创新过程中创新供给和需求之间的关系、这种关系对区域创新经济的发展的影响和交互作用等[④]；西班牙的塞加拉-纳瓦罗（Juan Gabriel Cegarra-Navarro）等借用全面创新管理理论中的整体与系统视角，基于知识生态系统来探索酒店知识结构与在线政府服务之间的联系[⑤]。

这些都足以说明，全面创新管理理论作为新的管理范式的提出，标志着许庆瑞创新管理体系的形成，是许庆瑞创新团队多年来的研

[①] Xu Q R, Chen J X, Zhang S, et al. Total Innovation Management：a novel paradigm of innovation management in the 21st century. Journal of Technology Transfer, 2007, 32（1-2）：9-25.

[②] Xu Q R, Zhu L, Zheng G, et al. Haier's Tao of innovation：a case study of the emerging Total Innovation Management model. Journal of Technology Transfer, 2007, 32（1-2）：27-47.

[③] Oh D-S, Phillips F, Park S, et al. Innovation ecosystems：a critical examination. Technovation, 2016, 54：1-6.

[④] Nureev R M, Simakovsky S A. Comparative analysis of innovation activity of Russian regions. Terra Economicus, 2017, 15（1）：130-147.

[⑤] Cegarra-Navarro J G, Córdoba-Pachón J R, García-Pérez A. Tuning knowledge ecosystems：exploring links between hotels' knowledge structures and online government services provision. Journal of Technology Transfer, 2017, 42：302-319.

究积累在创新领域研究成果的集中体现。全面创新管理被认为是迄今最先进、最科学的创新管理模式之一。目前关于全面创新管理理论的应用性研究已经遍及企业、政府等不同部门，涉及制造业、服务业、教育等多个行业[1]，成为中央企业提升自主能力的重要策略[2]。

---

[1] 孟祥霞. 战略性新兴产业的开拓与创新：宁波典型企业成长机理与发展路径研究. 杭州：浙江大学出版社，2014：229.
[2] 房宏琳. 我国中央企业自主创新能力研究. 北京：知识产权出版社，2016：139.

第十二章

宏观取向的企业管理与科技经济政策

除了在国内最先开展技术创新的研究，在创新管理理论把握前沿、指导实践、建构全面创新管理体系之外，许庆瑞还推动了管理学基础理论的重大发展。他突破了国外经典的孔茨管理学范式，探索管理学的共性，率先在中国提出建立战略管理学科的思想，提出了"战略－环境－条件"分析框架，丰富与发展了战略管理理论体系。许庆瑞还创造性地将系统动力学应用于科技管理和技术创新管理，使科技、经济教育协调发展的机理得到科学的描述和合理的政策分析。

一、探索基于管理学共性规律与本土实践的管理学基础理论

"管理学"作为管理学科的基础理论课，在管理学基础理论的研究、深化与管理学教育中占有举足轻重的地位。许庆瑞在广泛收集和分析中外各类管理学教材的基础上，经过比较研究，并结合我国的管理实践，编写了《管理学》一书。该书突破传统的按管理职能设置篇章的编写模式，有着自己独特的理论体系，在国内较早导入了学习型组织的内容，并且对比管理学的论述，对管理做到了既借鉴国外的理论，又将它与中国的本土实践结合。[①]

《管理学》一书于1997年由高等教育出版社出版，事实上，早在1986年管理工程教学指导委员会成立之初，该书就开始进入酝酿阶段。在"七五"教材规划期间，浙江大学的徐金发教授等积极参与，许庆瑞和上海交通大学的吴振寰、杭州电子工业学院的庞其荣，以及许庆瑞的学生邢以群、吴晓波、陈劲、王伟强、张钢，还有浙江大学的沈守勤高级会计师等一起，对管理学教材进行广泛比较研究，搜集和分析了欧美国家、日本和我国出版的各种管理学教材，提出了管理学教材的编写大纲第一稿。在管理工程教学指导委

---

① 中国企业管理研究会，中国社会科学院管理科学研究中心，中国社会科学院企业管理重点学科.管理学发展及其方法论研究.北京：中国财政经济出版社，2005：393.

员会的管理工程小组会上，大家对《管理学》的编写大纲进行了讨论，许庆瑞等根据讨论意见修改了编写大纲，第二稿的编写大纲又在1992年的管理工程教学指导委员会会议上进行了讨论。在多次打磨、精心修改编写大纲之后，许庆瑞才和编写组的成员们一起，根据修改后的编写大纲，对国内外管理学教材进行了广泛深入的调研。他们特别注重收集和分析美国和加拿大等国最新的管理学教材和论著，在消化、吸收的基础上，结合中国40年的管理实践经验编写教材。从整个编写过程就可以看出许庆瑞和编写小组付出的心血，以及这本教材的高屋建瓴。

广泛搜集和分析欧美国家和日本等的管理学教材，除了要博采众长吸收这些教材中的优点之外，许庆瑞的重要目标是要有自己独特的编写框架。和他在创新管理领域提出的诸多理论一样，许庆瑞在编写《管理学》框架中独树一帜的特点之一，就是要突出管理学的共性。他在教材中力图从理论和方法上把管理作为一门科学，系统地加以讨论，但是又与有些管理教材几乎包罗了管理学的所有内容不同，要专门阐明管理学的基本系统与框架、基本原理与内容、发展概况与前景。也就是以管理学的共性为主来研究和探讨管理学的基础理论。这是许庆瑞编写《管理学》的第一个特点。

《管理学》一书与国内其他教材不同的地方，还在于它没有跟随西方，特别是美国的管理学的体系。国内的许多学校使用的教材是斯蒂芬·罗宾斯（Stephen P. Robbins）的《管理学》（*Management*），以及其他一些管理学教材。罗宾斯的《管理学》再版过多次，在许多国家和地区受到欢迎，1997年11月清华大学出版社还出版了该书的第4版。该书以管理过程为框架，按照计划、组织、领导和控制四种基本管理职能，对管理的各个方面进行了阐述。该书多次再版，每过一两年就会有新版本出现，一直出版到十多版。最近新版的《管理学》一书也加了一系列有关创新的、信息经济的内容，但是整个体系没有变化，还是按照以前的体系。包括其他的《管理学》教材，体系基本上都是比较固定的。许庆瑞主编的《管理学》教材打破了原有的体系，为什么不用已有的、广受欢迎的体系呢？参加了《管理学》教材编写的赵晓庆，最初也有这样的疑惑：

> 当时我们参与的时候，最开始也不是很理解，因为我们原来学的时候也是读西方的这些东西，觉得他们这套体系非常成熟，体系化、逻辑性非常强，实践性也非常好，非常成功，但是许老师为什么打破这个体系？当时我们也在想，也在讨论，许老师也跟我们介绍他这样设计的理念。按照我的理解来说，主要就是教材要跟随管理时间的变化。最近10~20年，西方管理学的整个变化还是很大的，主要就是因为信息经济、知识经济发展，创新成为一种主要的核心内容，但是在原来西方管理学的体系里面，创新这个东西很少体现出来，基本上是一种基于均衡，就是所谓新古典经济学，基于均衡或者基于传统组织理论的稳定体系，所以说创新的思想，或者是信息经济的思想在这里面体现得比较少。因为许老师本身研究创新管理，所以他特别希望用新的东西来弥补原来的体系缺陷，或者没有随着时代的变化。我觉得这本书的贡献之一在这个方面。[①]

在传统管理学体系中，创新管理都不是核心的内容，比如创新管理领域此前主要是战略管理、生产与运营管理、营销管理、财务管理，这些是传统管理体系中最核心的。在传统管理体系中，创新一直属于边缘性的东西。传统管理学的整个体系就是从功能划分，按照传统的企业功能划分，研究领域都非常清楚。现在的创新管理最早是从基础创新出发的，与传统的管理之间的界线还不是很清楚。但是发展到后面，两者之间的界限越来越大，大家越来越注重全面的创新，从基础创新到其他创新也整合起来了，整合起来就要用全新的体系把其他的东西打破，这样才可以体现出创新管理的重要性。

---

① 赵晓庆访谈，访谈时间：2019年5月31日，访谈地点：浙江杭州。

许庆瑞非常前瞻性地将创新管理的内容纳入《管理学》之中，当然，随着全社会对创新的重视，现在大家都承认创新管理是核心内容，但是在许庆瑞编写教材之时，如何将创新管理放入传统的管理教材编写体系之中，着实费了许多功夫。创新管理或者技术创新属于比较专门的课程，整个《管理学》体系里面就相当于是在相关的版本中加入创新管理，比如在生产运营中技术创新在里面怎么起作用。再到讲战略的时候，原来的战略都会讲到平衡的体系，现在就是讲战略的创新，讲战略与技术变革之间的关系。这样，许庆瑞编写的《管理学》教材既凸显了以共性为主，又纳入了创新管理的新内容和框架。许庆瑞对管理学以共性为主的见解，与世界管理著名学者彼得·德鲁克（Peter Drucker）不谋而合，同时又有所突破。

如果说在《管理学》之中加入创新与信息经济的思想是许庆瑞编写《管理学》教材的第二个特点，那么在教材中融入中国实践，则是第三个特点。许庆瑞一直强调创新管理和管理学的研究要中国化，该书中是怎样体现中国化的呢？赵晓庆回忆道：

> 就是在企业里面跑，也摸索了很多中国的管理实践，怎么把中国管理实践融合到体系里面，所以也做了探索，在体系方面有很多新的东西创新，我觉得在推动我们中国管理学发展方面有很大的突破。[①]

许庆瑞编写《管理学》教材的初衷，还是希望有一个新的管理学的体系可以融入中国实践，然后通过教材来推广这种理念和做法。[②]

因为这些优势和特点，第一版的《管理学》获得了中国高校科学技术进步奖一等奖和浙江省教学成果一等奖。第二版的《管理学》被列入"面向21世纪课程教材"。

---

① 赵晓庆访谈，访谈时间：2019 年 5 月 31 日，访谈地点：浙江杭州。
② 赵晓庆访谈，访谈时间：2019 年 5 月 31 日，访谈地点：浙江杭州。

二、战略管理思想下的企业经营管理规律与公司治理

早在 20 世纪 80 年代初,许庆瑞就率先在我国提出建立战略管理学科的思想,他承担了国家经济委员会经济管理咨询研究课题、"九五"期间国家自然科学基金重点课题"我国社会主义国有企业经营战略的理论与方法",对企业经营管理规律进行了深入研究,提出了国有企业经营管理总规律和四条具体规律。他是国内外第一个对企业经营管理规律进行概括和阐释的学者。许庆瑞对企业经营战略的研究,为后来将研发管理和战略管理进行融合打下了很好的基础,并由此出发提出了技术战略要与经营战略紧密结合。许庆瑞关于企业经营管理规律的研究在教育部组织的专家评审中被誉为"达到国际领先水平",对指导企业的改革和发展具有重要的价值。陈劲坦言:

> 许老师在 20 世纪 80 年代的研究方向,不仅仅是研发管理,还包括战略管理。当时我们对企业经营战略做了研究,为我们下一步把研发管理和战略管理进行融合打下了很好的基础,这就是当时我们的研究状态,主要是以研究开发管理为主。①

20 世纪 80 年代初,在承担国家经济委员会经济管理咨询研究课题"企业集团的发展趋势及对策研究"时,许庆瑞和徐金发,以及浙江大学工业管理工程学系的张秘机、宋永昌、阮志毅和陈豫浩等一起,对企业进行了调研,比如嘉陵摩托车集团、上海电真空集团、南京特种汽车制造厂、东风汽车集团、杭州汽车制造厂等,总结了中国企业集团的特点、企业集团的法律地位问题,对中国企业集团的内部经营方式进行了分析,提出我国企业集团向股份制经营过渡已经是一种不可逆转的趋势,需要国家在宏观层面进一步协调

---

① 陈劲访谈,访谈时间:2018 年 9 月 11 日,访谈地点:浙江杭州。

和组织制约，如国家及时制定有关的经济、政治法规等。中国企业在发展过程中出现了企业合并式经营的愿望，企业在发展过程中目前已经提出的企业合并是可取的。① 他们的咨询报告在1988年4月通过了国务院经济体制改革办公室的评审。

在这些工作的基础上，从1988年开始，许庆瑞申报并承担国家自然科学基金项目"我国社会主义国有企业经营战略的理论与方法"。在这项课题研究中，许庆瑞注意到企业经营战略的创新是提高效率与效益的重要保证。在生产型的条件下，效率高低决定着企业在竞争中的胜负；在生产经营型的条件下，企业的成败则取决于企业能否取得良好的经营效益；企业能否取得良好的经营效益，是同企业的经营战略思想和管理水平分不开的。从战略盈利目标出发，增强科技投入是提高效率与效益的根本，企业的经营战略思想和管理水平至关重要。②

通过深入调查我国企业制定和实施经营战略的实践，许庆瑞将对企业战略管理和经营战略的研究，特别是对我国企业经营战略的系统性、完整性和创新性进行的思考，编入《企业经营战略》一书中（1993年由机械工业出版社出版）。这本书虽然是高等学校试用教材，但是融入了战略管理的理论和方法，从战略的制定、战略经营单位的战略与职能战略、战略管理的分析方法与信息系统、企业经营战略的实施和控制、企业集团经营与跨国经营及其战略等方面进行了阐述，是当时最为全面地讨论企业经营战略的一本教材，密切联系了我国企业实际的诸方面。③ 1996年，该书荣获机械工业部第三届全国高等学校机电类专业优秀教材奖二等奖。

在回顾中国70年来企业经营管理改革经验时，许庆瑞根据自己多年的研究积累与对企业改革实践的考察，对企业经营管理的四大

---

① 许庆瑞，徐金发. 企业集团论. 管理工程学报，1988，1-2：5-10.
② 许庆瑞. 创新战略与劳动生产率. 管理工程学报，1993，1：1-10.
③ 许庆瑞. 企业经营战略. 北京：机械工业出版社，1993.

规律再次进行了提炼，即战略制胜、全面创新、人企合一和自我积累。也就是说，在充分发挥以知识工作者为核心的全体员工和经营者积极性与创造性的基础上，构筑先进扎实的技术基础与管理基础，形成和发展企业的核心能力，以市场和社会所需要的优质产品和服务满足人民日益增长的物质和文化需要并增加企业的积累。

除了对这四大规律进行更新和提炼外，许庆瑞还再次强调，企业是国家创新体系的核心主体，持续提升中国企业经营管理能力和国际竞争能力，是建设面向未来科技与创新强国的核心议题。中国作为发展中国家和转型经济特色的后发经济体，在由计划经济向市场经济快速转型、完善现代企业制度和深度融入全球经济的过程中，企业经营管理的基本规律集中体现在四个方面：战略制胜、全面创新、人企合一和自我积累。虽然70年来我国企业在经营管理改革方面积累了经验，如充分发挥国有经济在国民经济管理和发展中的主导优势，塑造与社会主义市场经济相适应的微观经济主体是企业改革的着眼点，产权改革是企业改革的重要内容等，但是我国企业经营管理仍然面临着严峻的内外挑战。比如，与国外领先企业相比，我国企业经营管理整体效能仍亟待提高，激励创新、宽容失败的企业文化尚未有效建立，企业子公司和分支部门中仍然存在信息孤岛，企业经营管理对创新能力和经济绩效的提升价值亟须进一步释放。我国的企业产业和核心技术对外依赖依然十分严重，提升我国企业在全球价值链中的地位仍任重道远。为此，许庆瑞提出要在新的时代背景下，深刻认识和把握企业经营管理的基本规律，从而支撑我国企业全面提升经营管理绩效，加快培育具有全球竞争能力的一流企业。特别是，许庆瑞提出在知识工作者成为重要的创新主体，哲学与人文精神融入企业文化，践行科学技术的责任成为全球范围内企业经营管理的新趋势下，企业经营管理必须回归商业的本质和企业经营管理的本源。①

---

① 许庆瑞，陈劲，尹西明．企业经营管理基本规律与模式．清华管理评论，2019，5：6-11．

三、运用系统动力学方法下的科技、经济与教育协调发展的机理探究

1987年,许庆瑞申报并承担国家自然科学基金项目"科技教育经济系统动态模型研究"(1987~1989年)。1991年,申报并承担教育部重点项目"教育科技经济协调发展的机理与模式"(1991~1995年)。1992年,申报并承担国家自然科学基金项目"关于我国科技发展道路的研究"(1992~1994年)。通过这一系列持续而深入的研究,许庆瑞对宏观科技、经济与教育的机制进行分析,研究各国的科技发展道路,最早引入国家创新系统的概念,提出先教育后科技的观点,认为应该培养T型人才。

前面我们已经提及,许庆瑞在20世纪90年代初就创造性地将系统动力学引入科技管理与技术创新管理之中。学生陈劲是较早和许庆瑞一起运用系统动力学来研究研发项目与基础创新项目管理的:

> 从微观来说,系统动力学是仿真技术,从宏观来说就是思维技术,用它来学会更加全面地了解系统演化的规律和增长规律,了解这个系统演化机制,对我们了解一件事物的因素的完整性有更大的提升,其次就是了解系统的进化过程有很大的提升,应该说这是非常好的工具,而且很长一段时间给我们的研究带来很大的影响,包括我们后面提出的企业创新系统。我们在早期写过一篇很重要的文章,技术创新的系统观和系统框架,就是技术创新的系统管理学和系统模型,这篇文章在当时非常重要,对我们后面研究技术创新系统起到了很大的作用。[①]

从20世纪80年代初开始,许庆瑞就非常重视研发与科技管理的研究,做了科学技术的预测评价等一系列研究,并承担了相应的

---
① 陈劲访谈,访谈时间:2018年9月11日,访谈地点:浙江杭州。

课题，建立了科研项目的选择与评价的模型，这是从一个比较微观的项目来做，许庆瑞课题组当时发表的相关论文都是基于研发项目与基础创新项目管理。到了20世纪80年代末期，为了更快地研究如何通过发展科学技术来促进国家的经济与社会的可持续发展，许庆瑞开始从事教育和科技发展的战略研究，此时许庆瑞的研究方向不仅仅是研发管理，还包括战略管理。当时他们针对企业经营战略进行了研究，下一步是将研发管理和战略管理进行融合，并争取国家自然科学基金的资助：

"国家科技发展道路"这个问题比较深远，当时冶金工业部的副部长是周传典，他是搞冶金的，关注中国的技术引进怎么做到技术创新，这里面就讲到科技发展道路问题，到底是以引进为主还是以自主开发为主。为此，当时我们的博士论文选题就回到中国科学发展道路的研究问题，这也是因为我们国家当时处在比较多的技术引进的阶段，包括怎样进行自主创新、自主研发，怎么完成道路问题。①

该问题非常具有前瞻性。也就是说，许庆瑞敏锐地觉察到了中国当时科技发展道路的方向问题，这个问题是比较宏观的问题。在此之前，许庆瑞创新团队做过一些类似的相关研究项目，比如他们承担了加拿大国际发展研究中心的项目，已经对发展中国家如何提高自主创新能力进行了分析。这个问题在当时就属于很前沿的主题，发展中国家如何提高技术能力与创新能力，这样的研究对他们后面进行中国科技发展道路的研究做了很好的微观支撑。国家科技发展道路这个题目是比较宏观的，当时许庆瑞创新团队的研究关注的是企业如何通过技术创新来摆脱技术引进过多的困境，这与国家科技发展道路的问题取向是一致的，非常具有前瞻性。

---

① 陈劲访谈，访谈时间：2018年9月11日，访谈地点：浙江杭州。

许庆瑞创新团队能够承担国家自然科学基金资助的项目研究,源于他们的研究基础打得比较好。

要研究各个国家科技发展的道路和经验,这里面研究用的是许老师在战略管理方面的研究成果积累,还有就是研发管理的成果积累,实际上我们是把企业经营战略管理的思想用回到国家战略研究,就是把它宏观化,这应该说框架提得非常好。然后又进行相关的各国科技发展道路的比较研究,这个研究很重要。①

1993年麻省理工学院的冯·希佩尔教授访问浙江大学,在和许庆瑞创新团队的沟通中,陈劲等谈到了他们研究国家科技发展道路的框架问题,冯·希佩尔教授建议他们可以看一本书,就是哥伦比亚大学尼尔森(Richard Nelson)教授写的《国家(地区)创新体系:比较分析》(*National Innovation Systems: A Comparative Analysis*)。这足以体现出许庆瑞极强的国际合作能力,以及在国际交流中建立真挚的学术友谊,如此才能获得和国际学者对等的研究对话,从而塑造他自己第一流学术研究方向的能力。中国最早引进国家创新体系这个概念的,实际上就是许庆瑞创新团队。

借鉴尼尔森在《国家(地区)创新体系:比较分析》一书中的思想,综合许庆瑞的系统动力学思想,陈劲进行国家创新道路的国际比较的研究框架就变得比较明晰了。陈劲在研究国家创新道路时所做的具体工作所涉及的就是进行资源配置问题,他用到了一些重要的定量方法。陈劲回忆道:

我们也是受许老师对系统动力学研究的影响,因为许老师在麻省理工学院做了系统动力学研究,我在他的指导下就用系统动力学方法研究国家科技资源分配,包括基础研究投入占整个科研经费的

---

① 陈劲访谈,访谈时间:2018年9月11日,访谈地点:浙江杭州。

比例是多少，自主开发和技术引进的比例是多少，科技和教育的投入是多少，对这些都进行了比较系统的仿真和模拟，保证了我们研究的定量和细致化。当时我们的研究范式是用管理工程思想做管理研究，不是完全文科式的比较。我需要用到不同学科的方法，在博士论文中借用了战略管理的思路。在分析国家创新系统时，我用到了系统学的方法，在研究中取得了很大的进展。从系统和战略的高度来做研究，也成了我今后从事研究的视角。我那篇博士论文是26岁完成的，是在我非常年轻的时候完成的，挑战比较大。①

20世纪90年代初研究国家宏观战略问题，如此宏观的话题却能够做得非常精细，这在国内是非常少见的。通过这一系列的研究，许庆瑞团队在这个过程当中逐步提出了自主创新的理念。从1988年开始研究中小企业的创新，许庆瑞创新团队已经开始倡导技术创新中的自主创新，并逐渐扩展到整个国家宏观科技发展道路上的引进到改进，再到自主，然后把自主分成渐进的自主和突破的自主，这在当时是非常有远见的。

许庆瑞和陈劲将国家创新系统作为理论框架，用来分析国家政策环境和支撑结构，将国家范围内的企业、大学、政府机构的技术、商业、法律、社会和财政等为产生科学、技术而努力的相互作用的网络系统纳入其中，并且根据中国的实际情况，重新界定了中国的国家创新系统，其中的主要变量包括教育、资金、政府的规则，以及研究开发体系，其核心是高技术创新，由此来分析国家创新系统的运作。

1996年春入学跟随许庆瑞攻读博士的范保群，硕士专业是科学技术哲学，后来到许庆瑞门下之后，开始从事宏观科技、经济与教育的机制分析。

当时正好教育部有这样的重点课题，这个课题从教育部角度来

---

① 陈劲访谈，访谈时间：2018年9月11日，访谈地点：浙江杭州。

讲，委托许老师和浙江大学来做是很有道理的，因为我们那个时候也提科技是第一生产力，教育本身就是培养人，也是和这个紧密相关的，如何让科技教育和经济进行良性互动，促进正反馈的机制形成，恰恰是创新所需要做的，当时在创新研究领域，浙江大学的许老师是"顶天立地"的。①

范保群坦言，许庆瑞带给他们非常多的关于国际范围内研究这个问题的主要观点、流派、进展，为学生开阔国际视野打下了坚实的基础：

不仅仅只有这一点只是做了奠基性的工作，更加重要的是许老师后面的学术生涯和教育学生、学院发展，他一直把这个事情重复做，每次到美国做都要长时间地交流，获取最新的研究文献与研究方法，然后在浙江大学也开始举办国际研讨会，把这些学者邀请过来，这样形成的理论前沿和高地，不断地得到丰富，这是一种传承，这是许老师做的。我认为对于学科来讲这是极其重要的贡献，这个贡献为后面培养学生、为学生开阔国际视野打下了坚实的基础。许老师的学生都非常了解国际前沿，在此基础上又可以提出一些立足于中国现实问题的理论，包括实践的发现，这是很明显的。从吴晓波老师开始做二次创新，到后来许老师团队的其他研究理论的提出，都是源自中国现实问题，许老师团队对中国企业从学习西方到成长、从模仿西方到创新的过程，进行了高度浓缩和归纳，从早期借鉴西方的国家创新系统理论到团队自己提出全面创新理论，是一个不断发展和丰富的过程。因为许老师有国际视野，又特别地了解中国现实问题、中国企业的实践，所以才能在中国企业创新中进行一些有益的探索，甚至有些是创造性的探索。②

---

① 范保群访谈，访谈时间：2018年11月5日，访谈地点：浙江杭州。
② 范保群访谈，访谈时间：2018年11月5日，访谈地点：浙江杭州。

许庆瑞的团队将系统动力学引入科技管理与技术创新管理之中，探讨研究与发展的比例，以及科技与教育投资增长速度。1999年，许庆瑞创新团队的研究报告《教育－科技－经济协调发展的机理与模式研究》获得全国第二届教育科学研究优秀成果奖二等奖。不仅如此，该研究中的一些观点和思路，因为理论联系实际，对浙江省政府贯彻落实"科教兴省"战略、制定相关的政策起到了重要的启发和参考作用，为浙江省政府进行政策研究拓宽了思路。比如，许庆瑞创新团队提到的"教育事业是全民族的事业，不能仅仅依靠国家财政投入，还应调动地方、企业、大众各个方面的积极性，广开教育投资渠道"的建议，浙江省政府为此在1998年出台了《关于鼓励社会力量参与办学的若干规定》，调动社会力量参与办学，有力地促进了教育发展。又如，许庆瑞创新团队提出"当一国人均GDP在300至2500美元之间，第一产业在国民经济中比重低于20%，第二产业在国民经济中的比重大于30%时，可考虑选择'消化吸收'模式"，这个观点也为浙江省政府实施经济－科学协调发展的实际工作提供了参考。①

　　此外，研究企业创新和技术创新的许庆瑞还十分关注人力资源。一般而言，关注人力资源的不一定关注企业的创新，但许庆瑞既关注人和企业，又注重与经济、大环境结合。他不仅视野广阔，而且将不同的方面都结合得很好。许庆瑞虽然没有学过人力资源管理，但是他看问题可以看到本质，在前面很多调研过程当中，许庆瑞自己也在感悟学习对人的重要性，其研究团队中不少学生的论文都是讨论人的重要性，讲人力资本。即使是研究人力资本，许庆瑞创新团队也是国内比较早从创新的视角来研究人力资源的，如刘景江、徐笑君、王勇、张蕾、周赵丹、钟俊元等。在人力资源与创新的结合领域，许庆瑞创新团队也获得过国家自然科学基金的资助，因为创新最终还是要落实人，研发人员、创新人才很重要，许庆瑞创新

---

① 中共浙江省委政策研究室、浙江省人民政府发展研究中心文件。

团队将视角延长到创新的教育，研发人员和创新人才如何培养和教育，创新人才的培养、教育经济管理等，这些问题视角都非常重要。在人力资源管理的创新领域，许庆瑞创新团队依然采用了他们精通的系统动力学方法，用模拟的方法进行定量分析，研究人、科技、教育如何结合在一起和协调发展，也探讨人企合一规律和21世纪的战略性人力资源管理。这就更加体现出许庆瑞强调的系统动力学模型应用的重要性，也凸显了他在对科技教育与企业的创新发展方面使用系统和全面的视角进行探讨时的博大精深。

四、思考创新的源头和意义

许庆瑞从20世纪80年代就开始从系统、宏观的视角进行战略管理理论的研究了。到目前为止，许庆瑞创新团队在战略管理研究方面取得了很大进展，不仅对企业战略管理理论中的技术创新理论进行了研究，对企业核心能力理论进行了溯源和剖析，还将技术创新与可持续发展结合起来，倡导以绿色技术创新为基础实现经济的可持续发展，提出依靠技术创新走清洁生产的道路，从根本上改善环境污染的建议。此外，他们还用系统动力学的理论与方法研究经济增长速度和环境治理之间的内在关系，得出经济发展速度超过两位数增长将危及环境的结论。

无论是在全面创新的基础上提出战略管理还是构建技术管理的框架，许庆瑞对创新管理研究在理念上的与众不同之处，是他致力于探寻技术创新战略背后的源头和意义。在许庆瑞的技术创新管理理论与实践的发展历程中，无论是倡导推动国际技术创新工程，参与其实践，还是提出从二次创新到组合创新，再到全面创新，他的核心都是家国情怀，是致力于探索中国特色的创新管理理论与模式。究其根本，依然是他在1982年率先提出来的非常具有前瞻性的思想：创新应以企业为主体，技术创新有规律和模式。

比如在研究二次创新时，许庆瑞和吴晓波发现最初的二次创新与研发都没有关系,承包技术过来以后,探讨如何结合现有的劳动力和资源就可以了,在这个时候可以没有什么研发。到了后二次创新之后,他们构建了一个理论框架图,如果引进的是成熟的技术,引进者就不需要什么创新了,从成熟的技术到新技术,然后到实验室技术,可以看出它是再上一个台阶。对此,吴晓波说道:

> 当上到用实验室技术、技术的基础研究的时候,我们可以看到,如果你要真正实现超越追赶,就需要实验室技术,需要基础研究,没有基础研究,你想超越是行不通的。所以这个里面有科学的规律,我们是对这个规律做的研究,不像现在社会上大喊大叫很多,动不动就是原始创新,你们不要做那种低端的创新,要做原始创新,这种谁不会说呢?但是你要说它是有规律的。这个动力就是要来自企业,所以许老师当时当选中国工程院院士,最大的一个贡献实际上在于他有一个很核心的理念,他是中国最早提出"技术创新以企业为主体"的人,到现在为止,我们有很多人都有错误的认识,他们认为自己发现了这个科学规律、发明了这个原创性的技术,那就应该是把它推上市场,把它做成一个怎么怎么好的东西。然后他会说,这个市场空间有多少、有多大,对社会有多么多么好,但是这些都得通过企业把它做出来。[1]

这种超前的意识凸显了许庆瑞提出"创新应以企业为主体"的重要性,虽然今天大家听来这似乎是一个司空见惯的提法,但是回到1982年,那个时候没有人意识到企业是真正的主体。有人会认为科研院所是创新的主体,实际上这个是不对的,创新主体应该是企业。科研院所与创新之间如何结合起来,黏合剂就是企业。但是企业为什么不用一些原创的技术?研发不是说一时半会就能够产生效益的,需要有投入,这就需要企业提升自己的意识,还有更重要的

---

[1] 吴晓波访谈,访谈时间:2018年11月6日,访谈地点:浙江杭州。

一点是来自竞争。只要竞争很激烈，企业家自然就会认识到，只靠现有的技术是无法赢得持续的竞争优势的，必须要拿到上游的技术与潜在的技术，甚至是实验室最基础的研究，企业家要去支持这些研究和技术。

吴晓波回忆道：

> 现在像华为这样的企业，已经到这个境界了，其竞争也到这个水平了，所以它就需要投基础研究。后来华为就直接去投基础研究了，结果真的不一样了，所以到了这个境界。我国很多的中小企业，它没到这个竞争水平，没到这个境界，硬要它去做原创研究，包括原创性的创新，这也太牵强了，我们不能牵强，我们要让市场规律起作用。但是让它起作用，并不是说只是放任它去起作用，我们可以通过很多好的制度设计，包括管理人员的培训，让企业知道自己应该有长期的战略，应该重视研发，怎么样重视，怎么样去做？这个节奏如何把握，有很多创新管理、科研管理方面的问题，是需要我们下功夫去研究的。①

即使是在全面倡导创新的今天，许庆瑞提出的"创新应以企业为主体"依然有非常重要的现实意义。比如当下，在做研究的时候没有注重研究，而是追求末端的结果，认为找到数据、建立模型之后就可以发表文章了，但是数据是如何得出来的呢？很多人并没有去深入思考。许庆瑞认为管理科学研究领域的学者应该担负的任务，是要做出好的数据，而好的数据做出来是通过管理水平的提升来做的，而这个提升是要讲科学，要有人去做科学的研究。许庆瑞的贡献正在于此，他作为国务院学位委员会管理工程学科评议组成员，国家自然科学基金委员会管理科学组组员，国家教育委员会管理工程教学指导委员会第一、第二届副主任委员，和众多顶尖的管理学

---

① 吴晓波访谈，访谈时间：2018年11月6日，访谈地点：浙江杭州。

家一样，都胸怀天下，有着强烈的家国情怀，关心的是整个管理学科在中国应该如何发展。

中国管理学的两个来源，一个是苏联，苏联是计划经济，另外一个就是改革开放，从欧美传过来，是通过市场竞争来做的。欧美这一批学者对中国的影响，在改革开放以后已经在中国显露，比如建立商学院、管理学院，影响了中国的管理学科的设置，比如工商管理领域形成了组织、营销、财务、会计等。与众不同的是，许庆瑞看到的是科技管理，科技发展在20世纪80年代的中国就是计划，计划经济讲科技计划，为什么还要有科技管理？因为许庆瑞看到了市场竞争之下的创新管理，因而他对技术创新管理的认知当时无疑在全国是领先的，在他的这种前瞻性认识下，中国的管理学科开始恢复了学位制，特别是推动了科技与管理发展，并且将科技和经济紧密融合在一起，而不是把它们割裂开来看，这是许庆瑞很大的一个贡献。与中国研究技术创新管理的其他学者不一样，许庆瑞的独辟蹊径之处，就在于他是从技术创新来看问题，从竞争、战略的视角来看技术创新，而不是从技术经济的角度、从苏联模式来看技术创新。后来，许庆瑞创新团队的许多研究工作，特别是与政策相关的一些研究，就是很典型地看政策如何来塑造更好的环境，让企业与上游建立更好的联系，同时也通过政策的制定，让上游的科学家不要只关注发表论文，而是要尽可能地把研究成果转为生产力。科学技术要想真正变成生产力，必须得通过企业。企业的重要性就在于此。

创新应以企业为主体的独特视角、理论与中国的实践相结合、促进中国科技与经济发展的家国情怀，是许庆瑞成为创新管理领域开拓者而不仅仅是一个学科的开拓者的重要原因。正因为他非常注重与实践的结合，始终惦念的是作为管理学者肩负着探索发展中国模式、总结升华中国经验的使命，关注的是将管理学与中国的国情结合，侧重整体观和系统观，所以他的理论才能对国家和企业有借鉴作用，对国家和企业的发展做出了巨大贡献。

第十三章

立德树人四十余载，桃李满天下

伴随着改革开放，浙江大学创新团队走过了四十余年漫长且光辉的历程，提出了自主创新、组合创新、全面创新等一系列先进的创新管理理论与方法体系，对国家的创新发展做出了突出贡献，并为国家培养出了一批杰出的创新管理研究学者和一大批创新领域的优秀人才，他们成为知名高校和研究机构、著名企业创新研究与创新管理的领军人才，包括以吴晓波、陈劲、魏江、张钢、蔡宁、郭斌、邹晓东、项保华、范保群、邢以群、郑刚、朱凌、刘景江等为代表的一大批创新管理研究学者，以及北京赛伯乐创业投资公司董事长/WebEx公司前总裁朱敏，浙大网新集团董事长赵建、原总经理张四纲，著名创业投资家程厚博等为代表的国内外知名创新企业领军人才，逐步形成了独特的以"高、精、笃、实、合"为核心的创新团队文化和"顶天立地、攀登高峰"的核心理念。许庆瑞严谨、独特的培养管理人才的方法被同行称为"管理教育上的奇迹"。

在与许庆瑞弟子进行访谈和交流的过程中，大家都说，在许老师指导下开展科研工作，有两个基本功是必不可少的。一是英语能力。因为要时刻跟踪创新管理领域全球最新的理论研究成果，并且熟读该领域的经典名著名篇。二是深入企业的调研能力。许庆瑞非常重视对企业的调研，不仅要求发放问卷、举行座谈，还要求团队成员能够实实在在地深入企业基层调研，掌握第一手资料。

一、"顶天"：研读经典，剖析概念，培养国际视野

许庆瑞作为我国较早的企业管理专业研究生，在中国人民大学跟随苏联专家攻读"企业组织与计划""资本论"等课程，毕业后留校任教，讲授"工业企业管理""科技管理"等课程。1980年作为首批访问学者赴美国麻省理工学院、斯坦福大学进修两年，夯实了他教学与研究向国际水平迈进的基础，也为新的教学和研究提出了方向和路标。两年的美国调研经历更加坚定了他研读理论前沿的决心，并决定将此方式贯彻到培养学生的全过程中。

许庆瑞培养人的历史，要追溯到20世纪七八十年代。1978年浙江大学成立管理科学教研组，从历届毕业的本科生中招收了第一届管理工程硕士生10名。1986年管理科学与工程获批设立博士点，浙江大学成为全国最早拥有管理科学与工程博士点的学校，浙江大学创新与发展研究中心成为最早培养管理类博士的研究中心之一。许庆瑞培养博士生、硕士生以下述几方面为方针。

第一，研读经典，培养学生的国际视野。许庆瑞从麻省理工学院带回的课程参考资料成为第一笔引经据典的"理论财富"。他明确要求每个学生必须阅读前沿理论和文献的原文，不能仅阅读翻译成中文的书籍和文献。每个研究生需要跟踪阅读国际期刊，并定期在例会上做文献阅读报告。

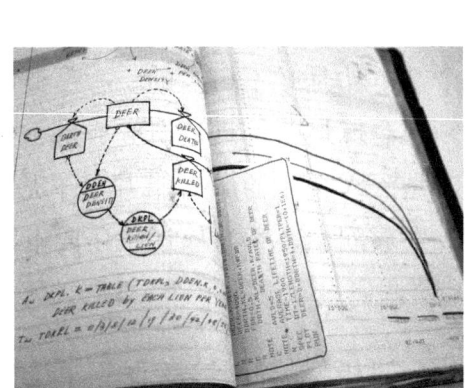

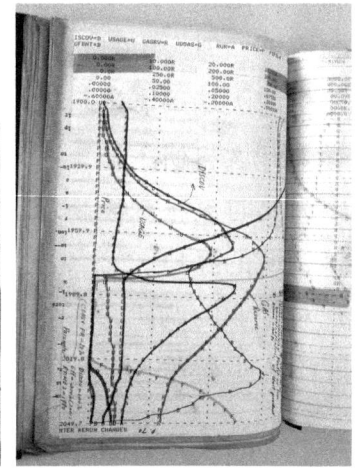

许庆瑞在美国学习系统动力学时做的笔记

为了让学生更加方便地阅读最新文献，浙江大学创新与发展研究中心订阅了几种国际技术与创新管理期刊，并把写得好的文章复印给学生阅读。值得一提的是，许庆瑞、吴晓波、陈劲等都非常重视利用每年到国外访问，以及从国际高端学术会议收集海量全球最前沿学术资料和研究成果，并提供给创新团队成员进行集体学习。许庆瑞每有机会出访，便会去麻省理工学院、斯坦福大学等著名大学图书馆复印最新的文献，并带回国给学生们阅读。在当年国外外文电子数据库尚未引入时，许庆瑞常与教研组同行及学生利用寒暑假到中国国家图书馆进行一两个月的文献阅读和收集，把整整几大箱子最前沿的外文文献带回杭州，从中选编学生阅读参考案例和资料。

经过多年来对国内外前沿理论的积累，浙江大学创新与发展研究中心渐渐拥有了自己的课程参考资料——《创新管理高级教程参考资料》。这是许庆瑞自编的一套内部学习教材，里面包含一些非常重要的国内外经典文献，它增强了学生对管理学理论发展的认识。高强度的阅读训练，有助于学生养成追踪学术前沿、关注前沿问题的学术习惯。

基于"顶天"与国际理论前沿的"亲密接触"的传统，许庆瑞继续沿用在美国进修时的文献分类和记录的习惯，将阅读过的文献记录下来并制成卡片，并按照文献类目进行编码，制成索引。这个习惯在电脑尚不普及的20世纪八九十年代起了非常重要的作用，为攀登科学高峰创造了条件并奠定了较为坚实的基础。

早期使用的理论文献的摘录卡和索引卡片盒

"耕"读消化这些文献，创造性地提出并解决科学研究问题，对学生开阔视野、实现高标准的研究定位起到了至关重要的作用。

第二，对学生能力的培养从结合课题开始。许庆瑞要求研究生具有丰富、多学科的知识基础，不断地跟踪国内外管理学、经济学、系统科学、技术创新与管理等方面的最新进展。除了要求学生积极阅读重要的国际期刊外，还强调与培养学生从事设计科研项目的能力，要求研究生积极撰写项目建议书。这样培养出的研究生不仅能具备调查研究和系统思考问题的能力，还能获得有些研究生所欠缺的发现问题和解决问题的能力。更重要的是，引导研究生树立正确的人生观和价值观，积极为国家和社会的需求服务，增强他们的社会责任感。他不断地要求研究生积极参加一些重要的研究课题，包括国家科技、教育资源的动态分析，技术引进的策略，二次创新的模式，科技发展道路，企业家的激励，企业治理结构，环境、科技、经济的协同发展，创新能力与核心能力的建设与提升，创新系统，全面创新体系和中小企业创新等。这些课题紧紧围绕20世纪80年代至今的国家与企业发展中的核心问题进行研究，对国家与企业的发展起到了很好的借鉴作用。

浙江大学自1986年起获批招收博士生，许庆瑞的第一批博士生之一项保华所做的课题是"技术创新的动力与能力机制研究"，这是一个很重要的常研常青的课题，在今天仍然有研究价值和理论提升的空间。

随着我国对外开放的推进，以及经济体制改革的不断深入，我国的科学进步与技术创新政策也进行了重大调整，即强调通过对外开放学习国外最先进的技术。由此，国家每年拿出大量外汇引进国外的先进设备和生产线，比较典型的诸如20世纪80年代中后期我国大量引进国外的彩电、VCD等生产线，但这同时也带来了企业重技术引进、轻消化吸收和忽视技术创新等问题，最后导致企业技术创新陷入"引进—落后—再引进—再落后"的怪圈。针对这种情况，许庆瑞承担了国家经济委员会资助的关于引进技术消化吸收的体制与政策研究课题。在分析国内外关于企业技术引进的体制和政策基础上，许庆瑞提出应在重视消化吸收的基础上进行二次创新。为了深入揭示发展中国家通过二次创新提高自主创新能力的路径、机理和政策，许庆瑞带领团队深入企业做了大量的调查研究。例如，与吴晓波博士等一起提出了我国企业的二次创新是"工艺创新先导、产品创新跟进"的反向 U-A 模式，提出了以技术引进为主导的基于平台－台阶的自主技术能力增长轨迹和以工艺创新能力提升为突破的能力建设路径，同时向国家提出了"引进技术国产化、阻挡进口技术与积极出口并举"的政策建议，这些建议为国家经济贸易委员会所接纳并在"12条龙（行业）"中试点推广。许庆瑞创新团队于20世纪90年代初最早形成了加强消化吸收、二次创新以发挥后发优势的二次创新理论，这些理论的提出得益于长期深入的课题研究。

第三，重视例会上的思想交锋，即新思路、前沿理论的交锋。许庆瑞教导研究生要站在学科最前沿，他坚持每周两次与青年教师及研究生一起，研讨科学研究的前沿、最新动向与工作进展。在例会上，让学生有机会得到集体智慧的指引和帮助，同时也使自己能够吸收团队成员多领域的研究观点和成果，进而拓展自身的知识基础和研究视野。这种持续的多学科、多领域的知识交流与共享，极大地开阔了团队成员的研究视野，增强了团队的凝聚力和创新力。

第四，要求学生严谨治学，注重学生的素质和品质培养。许庆瑞一直注重学术研究团队的建设，始终强调研究生人品、意志与创造性的重要性，谆谆不倦地教导研究生做人与做学问的基本原则。他力学不倦、孜孜以求的敬业精神无时无刻不在感染着学生。他在出差的飞机、火车上也经常阅读文献、思考问题，积极搜寻、掌握国内外政治、经济与科技的最新动向，认真撰写阅读笔记，悉心了解各方的研究进展。他不仅自己这样做，还要求学生不断提升理论素养和自身素质，并通过提升英文和理论水平培养自己的综合能力与坚毅品质。这使得大家都认识到：没有严格的理论训练和踏实作风，不经过刻苦深入学习，是不可能在学术道路上有所创新的。

二、"立地"：在实践和调研中培养能力，将文章写在祖国的大地上

从研究生毕业到留校教学的1955年秋一直到1978年，是许庆

瑞将学习、研究与教学三者结合的过程。他将教学与研究相结合、深入实际、掌握第一手资料和经验作为教学与研究的根本与基础。

许庆瑞在中国人民大学任教时就开始带学生下厂实习与调研。与主管部门一机部及其所属各工业管理局，如机床工业局（二局）、重型机械局（三局）、汽车工业局（六局）等密切结合，下厂蹲点调研。在20世纪60年代初这段时间里，他曾随一机部副部长汪道涵的调研组在上海机床厂蹲点调查，对培养深入实践、进行政策研究的作风有很大影响，也对建立与职工群众打成一片、一起做调研的思想作风起了很大作用，这对整个团队树立"顶天立地"的思想与作风有重大影响。

脱离企业实际的研究，是没有生命力的研究。许庆瑞始终贯彻"顶天立地"的思想，并贯穿于培养学生的全过程中。许庆瑞以身作则，带领学生深入企业进行驻点调研和案例的总结与提炼。许庆瑞创新团队中的学生，在企业中调研的时间非常多，有时候在企业中一待就是一个月，埋头收集资料，做访谈调查。在和企业人员的交流中，就像"接了地气"，很多理论知识都找到了管理中的实例对应，而在管理中发现的问题，也为理论研究提出了新的问题，拓展了理论探索的空间。吴晓波在做毕业论文时，曾经在一家企业深入调研长达半年之久，并最终完成"二次创新"理论的重要研究成果，这一经历已经成为创新团队成员中的一个典型范例。

企业蹲点深入调查不仅让学生掌握了企业管理实践的第一手资料和调查研究的方法，还让他们从纷繁的实际现象中发现研究的新问题，做进一步探索性的工作。除了企业，他们还对一些政府部门进行考察和调研，包括国家经济贸易委员会、浙江省经济与信息化委员会、杭州市经济与信息化委员会、宁波市经济与信息化委员会等。

将理论和实践相结合，将他人观点和自身思考相结合，学生发现研究问题的能力得到提升。到企业调研不仅能加强对企业实践的感性认识、增长知识，还有助于学以致用。在方法论上，从格物致知到知行合一，是一个进步。格物致知主要强调实践能深究事物原理，以获取知识。知行合一是指将所知与所用根据具体情况进行最优使用。走出书斋，才能培养和人交往的能力。在企业调研的过程中，要与各种人进行接触，不断深化的信任和随之而来的坦率与分享，才能为案例研究收集翔实的实际材料，使得在微观层次上实际问题导向的研究成为可能。

创新团队继提出二次创新理论后，又研究提出了组合创新的理论。理论来源之一是许庆瑞1981~1982年在斯坦福大学学习时了解的组合理论。组合理论发现的实践基础是在东方通信与杭州制氧机厂的创新调研。许庆瑞在与学生吴晓波、王伟强、魏江、张钢、郭斌、张四纲等在杭州制氧机厂调研时发现，产品创新与工艺创新发展极不平衡，导致效率低下，企业绩效与其邻厂杭州齿轮箱厂相差甚远，从而引发了对产品创新与工艺创新间的平衡与匹配问题的思考。许庆瑞与团队中的张钢在东方通信进行深入调研时，发现技术创新只有与组织、文化创新平衡与匹配时，才能取得较好的创新与经济效益。

许庆瑞（左）与当时在美国访问交流的吴晓波（右）在麻省理工学院合影（摄于2001年）

三、与企业共成长，润物细无声

浙江大学创新与发展研究中心于20世纪90年代中期在原有团队成员的基础上，进一步吸收了工程科技领域的专家教授，由此进入了全面、全方位研究技术创新的研究阶段。许庆瑞带领该中心先后承担了国家自然科学基金重大项目、国家社会科学重大项目等涉及技术创新的重要研究课题，并进一步与一批优秀企业建立了密切的联系，为中兴通讯、华为、东方通信、华立集团、华北制药等进行研发与技术创新管理方面的培训，对海尔、中集集团开展了创新管理的研究咨询与干部培训。

许庆瑞与同行一起，把创新思想不断融入国家和企业决策中。例如，通过承担国家经济贸易委员会的技术引进政策、企业技术创新机制与政策的委托研究，提出了技术引进政策中的出口与替代进口并举的政策，取代了原单纯替代进口的政策。在组建国家技术中心时，他是第一位为国家经济贸易委员会技术中心项目提供咨询的特邀专家。他多次应邀在国家经济贸易委员会，以及山东省、上海市等地举办的技术创新与技术创新工程的工作会议、研讨班、培训班上，给中央、省、市的干部和大中型企业家讲授技术创新的理论。2001年初又受国家经济贸易委员会党组邀请为全委干部做《我国技术创新的机制、模式与战略》报告。许庆瑞还积极将技术创新理论应用于企业实践，如对提高杭州制氧机厂工艺创新能力的建议，对该公司技术创新上水平、提高效益和企业竞争优势起了重大作用。

在企业实践上，许庆瑞通过举办企业战略与创新高层研讨班，把技术创新管理的最新理念与先进方法、工具介绍到企业中去，并为企业特别是国有大型企业培养了一大批高级技术创新管理人才。他还结合国家技术创新工程的试点，协助国家经济贸易委员会对江南造船集团、华北制药、南京化工集团等企业进行技术中心评估，在企业中深入推进二次创新理论的应用，并取得了良好的效果。

21世纪初，研究进入了第三阶段，从组合创新进入全面创新。早在1998年在研究国家自然科学基金重点课题"我国社会主义工业企业经营管理规律性"时，得出的第二条规律就是"全面创新"的规律，又经过3~4年在这方面的进一步深入研究，与团队的陈劲、郑刚等一起研发了全面创新管理的新范式，这一范式成为与美国国家科学基金资助的中美技术创新合作研究的主要交流内容和成果。这项研究也是团队坚持长期在海尔进行创新合作研究的成果。海尔是全面创新实践的典范，正如张瑞敏说的，"全方位创新（及全面创新）是海尔长期立于不败之地的力量所在"。

四、不同层面的分工与合作：玉泉校区第一教学大楼317室里的大秘密

20余年来，许庆瑞和学生们在浙江大学玉泉校区第一教学大楼317室这间朴素的小屋里开展科研工作。教一317室是浙江大学交叉学科的发源地与重镇之一，在此产生了独特的知识积累和学术贡献，它应成为浙江大学办学历史上一道亮丽的风景线。

说起317室，给人的第一直观印象就是两个字——破旧，整个房间面积有50多平方米，铺着老式的木板，缝不齐，木板不平整，多处断裂，褪色现象严重，会议桌、椅子等陈旧，堪称"古董"。

可就是这样一个略显狭小和破旧的、十分不显眼的房间，却成为具有国际研究水平的浙江大学管理科学研究所。从这个屋子里走出了多位教授、博士生导师、企业家等，他们大都在自己的岗位和领域取得了骄人的成绩。就是这样的一个研究所，多次承办了大型国际学术会议，承担了多项国家重大课题的研究，在创新管理特别是技术创新管理领域，达到了国际领先水平。

许庆瑞的弟子们就像一个家庭里的兄弟姐妹，求学期间守望相助，建立了无比坚实的情谊。2010年，在几位弟子的提议下，召开了"浙江大学创新与发展研究中心二十周年暨许庆瑞院士八十寿诞

师生联谊会"，外地的弟子纷纷赶回杭州看望许庆瑞。在联谊会上，不少同学热烈讨论，并回忆道："有时候，我们师兄弟就在想，317室真是一个神奇的地方，它和浙江大学其他的高楼大厦相比，没有豪华宽敞的办公室，也没有贵重的仪器等，甚至当我和别人讲这些情况时，他们都难以置信，但它确确实实就是具有国际水平的管理科学研究所。"不少弟子的毕业论文答辩，都是在317室里进行的。

弟子赵建在联谊会上发言

弟子张钢在联谊会上发言

弟子吕燕在联谊会上发言

弟子梁欣如在联谊会上发言

2003年7月，与团队弟子陈劲（左四）、魏江（左三）、张钢（左二）、刘景江（左一）、郭斌（右四）、毛义华（右三）、赵晓庆（右二）、王勇（右一）合影

第四届ISMOT国际会议期间与团队弟子们合影留念
（摄于2004年10月26日，前排中为许庆瑞）

许庆瑞（中）与硕士研究生王稼生（左）、邢以群（右）
在第一教学大楼外草坪合影（摄于1984年）

五、凝聚集体智慧，桃李满天下

许庆瑞经常说："我们的创新团队是一棵树，我是树根，树干和枝叶亦已慢慢繁盛。回想人生，这是我最大的欣慰。"

目前许庆瑞早期的学生吴晓波、陈劲、魏江、张钢、郭斌、朱凌、郑刚、刘景江、赵晓庆等均已形成了自己的理论体系，较后期的学生陈力田、吴志岩等也在学术与科研上开始绽放。从商的弟子程厚博，亦将许庆瑞项目选择与评价的理念和创新项目评价方法很好地应用到企业经营中去。

正是许庆瑞为国为民、敢为天下先、执着追求、坚持不懈的高尚品格，铸就了浙江大学创新团队以高——勇攀科学高峰、精——精益求精、笃——锲而不舍、合——合作共享为内核的团队精神。正是这样的团队精神，成就了浙江大学创新团队30余年的历程和辉煌。

团队的发展与团队文化的发展是一个互动促进的协同过程。浙江大学创新管理研究团队在团队带领人许庆瑞的指导下，朝着优秀团队的目标不断前进，形成了非常丰富的团队文化，内涵可以概括为"高、精、笃、合"。

"高"，是指勇攀科学高峰，始终站在科学研究的最前沿。20世纪80年代的中国，企业生存状况极其严峻，自主创新之路尚未开启，许多人还在为探寻"东欧剧变"后的社会主义发展道路而苦苦徘徊。然而，浙江大学创新团队却走在了时代前端，他们放眼国际，立足国情，艰苦奋斗，刻苦摸索，用汗水和努力重新定义未来引领中国风云变幻的"创新"二字。在随后30多年的发展过程中，浙江大学创新团队始终秉持"顶天立地"的思想，根据我国的实际情况，从实际问题出发，结合国际上最前沿的理论，探索出了适合中国发展所需要的创新管理理论和具有中国特色的社会主义创新道路。许庆瑞所带领的团队高屋建瓴的理论视野和深厚的学术功底，使浙江大学创新与发展研究中心成为当时国家技术创新工程的积极倡导者和推行者，为推动企业技术创新做出了重要贡献。

"精"，是指精益求精，力求完美。在浙江大学创新团队中，"精"主要体现为管理理论的不断完善，以适应我国企业发展的需要，同时体现为许庆瑞对学生严格而细致的要求。"精益求精"是团队座右铭"攀登科学顶峰"的必要条件和基础。没有精益求精的力量，是达不到科学顶峰的。

为了使企业管理理论尤其是创新管理理论能更好地指导我国企业的实践，实现企业的跨越式发展，许庆瑞所带领的浙江大学创新团队深入企业与车间调研，他们走遍东南西北，足迹遍及中国大地。时光荏苒，现在的他们已走过了30多年的奋斗岁月，一步一个脚印，一分耕耘，一分收获。

许庆瑞不仅在学术研究方面严格要求学生，在细节方面也要求学生培养出严谨细致的品质。许庆瑞严格要求自己的学生秉承认真严格、实事求是、尊重真理、尊重知识的态度，坚决反对华而不实、浮光掠影、不求甚解、浅尝辄止的作风，在各项科研活动中都要严格要求自己，要始终把"严谨"二字置于心中。在创新领域，国外的发展起步早、速度快，因此许庆瑞要求团队提升英语水平，以更好地研习国外著作，争取与国际接轨。学生们在做好本职工作的同时必须不断加强自身英语学习能力，在打下坚实的语言基础后一篇一篇地研读文献和加深知识与学术积累，做到精耕细读，汲取精华，并将理论与中国国情结合，研究适合国内需求、适应国内企业发展的理论。此外，许庆瑞还要求学生必须用英文写作，每篇论文，他都会亲自修改，帮助他们改正其中的错误，哪怕只是一个小小的标点、语法错误，他也会严格要求。在如此刻苦严格的学习氛围下，整个团队潜移默化地将严谨的作风融入自己的学习生活中。为了更好地夯实语言基础，更准确地翻译专业文献，更多地攻克学术堡垒，他们随身都携带着字典。在翻烂了一部部词典、一篇篇文献后，团队终于找寻到了属于自己的严谨踏实的文化精神。为了将一篇论文更加精美科学地呈现出来，他们夜以继日、通宵达旦地守在办公室，一遍遍地精读，一遍遍地修改；为了在物质并不充足的年代用上有助于提高工作效率的办公用品，他们可以早起坐几个小时的车去别的地方购买。在那个艰苦的时期，整个办公室只有3台电脑供大家轮流使用，为了多了解、掌握最新的国际创新理论，他们细致地制定团队内部的电脑使用时间分配表，在分分秒秒的时间内去践行自己的梦想。正是在这种严谨的治学作风下，团队诞生了一篇篇关乎企业创新发展、指导产业实践的优秀篇章。

"笃"，是指孜孜不倦、锲而不舍、持之以恒。在浙江大学创新团队中，"笃"体现在各位学者对自己研究领域持之以恒的深入的研究：许庆瑞围绕企业创新管理的研究已经坚持进行了30多年之久；吴晓波从1992年博士毕业至今始终围绕二次创新展开相关研究，近期更是提出了"后二次创新"理论，得到了国内外学术界的广泛认可；陈劲长期致力于中国特色技术创新管理理论与科技政策研究，系统地研究了技术创新中的审计、高标定位、绩效评估等，近年来取得了较大的学术成就，是我国创新管理领域首位国家杰出青年科学基金获得者和国家百千万人才工程人选；魏江一直致力于技术能力、创新能力、集群创新的研究，已成为国内集群创新研究的集大成者之一。

正是浙江大学创新团队孜孜不倦、锲而不舍的努力，以二次创新—组合创新—全面创新为主线的中国特色自主创新理论逐渐形成。

"合"，是指团队合作，无私共享。许庆瑞一直很注重团队共享文化的建设。30多年来，他始终坚持每周定期举行多次学术讨论，要求团队的每位成员都把自己近期的想法和研究拿出来分享，问题和难处大家一起想办法解决，进展和成果大家共享喜悦。

许庆瑞数十年如一日坚持每周两次与青年教师及研究生研讨科学研究的最新前沿与工作进展。这种坚持不懈的多学科、多领域的知识交流与共享，极大地开阔了团队的研究视野，增强了团队的凝聚力和创新力。近年来，许庆瑞主持了国家社会科学基金重大项目招标项目"中国特色的自主创新道路"和IDRC的"中小企业全面创新管理"，吴晓波、陈劲、魏江、郭斌、寿涌毅、赵晓庆、郑刚等踊跃参加了两个重大课题的研究，虽毕业多年，但他们依然保持对许庆瑞的崇敬之心以及谦虚合作的学术态度。

正是在这种分享精神的指导下，浙江大学创新团队的成员们才能够精诚合作，不断创新和进步，不断将自己的事业和团队的成果推向一个又一个高峰。

现如今，团队中的分享精神仍在不断传承着。魏江就曾提到，他将分享制度同样融入了自己的教学实践当中，要求学生每周举行两次固定的会议，大家一起分享学习的心得与体会，在分享和讨论中碰撞出思维的火花，产生更大的推动力；在吴晓波、陈劲、魏江、郭斌等各自的团队中同样存在着定期召开团队例会的制度。

对于团队文化"高、精、笃、实、合"，许庆瑞的弟子们在接受访谈中，在浙江大学创新与发展研究中心二十周年暨许庆瑞院士八十寿诞师生联谊会上等给出了各自的理解。

魏江在谈到团队的分享文化时，仍难忘当年与师兄陈劲等为查阅国内外前沿资料住在中国国家图书馆招待所的地下室，陈劲与他分享文献资料检索的技巧，令他受用无穷。魏江感慨道：

许老师之所以有那么多的学生最后都取得了较大的成就，最关键就在于他创建的分享制度，这种分享的精神让大家团结起来，让大家共同进步。①

在对赵晓庆的访谈中，他也谈到许庆瑞为学生提供的是一个个分享与交流的平台。

陈劲在《积淀八十载 绽放二十春：浙江大学创新与发展研究中心论文集》一书的序言中写道：

20 年来，我们始终坚持每周两次的学术讨论，从不间断。这种面对面的交流沟通是发挥师承效益、提高人才培养质量的最重要机制。高强度的英文阅读是把握学术前沿的关键，英文水平也是一个人智力与毅力的综合体现。许老师一直带着我多次奔赴欧洲国家，以及美国、新加坡等收集最新的英文资料，回国后始终强化研究生对国际创新学术前沿的了解，这已成为团队文化的又一道亮丽的风景线。我们高度重视学生的非智力因素的培养，认为一个人的非智力因素如毅力等，是成才的关键。

弟子刘景江在总结浙江大学创新团队文化的时候这样写道：

曾记得在北上的列车上，师兄弟们挤在一个狭小的车厢内，探

---

① 魏江访谈，访谈时间：2018 年 11 月 4 日，访谈地点：浙江杭州。

讨着几天后的调研计划，每个人的眼眸中都闪烁着明亮的光芒；曾记得在招待所的上下铺中，许老师拿着那调研数据勾勾画画，为学生们细细分析着、总结着；曾记得在工厂车间里，学生们拜工人为师，全程观察管理流程，像孩童一样眼里都是求知的渴望。一本学生证、一张介绍信，面见厂长，拜访总工，这就是他们的执着、他们的勇气、他们的胸怀。虽然，调研之路并非一帆风顺，也曾曲折，也曾艰险，但他们，却用一颗报效祖国的赤子之心，用"立地"踏实的求是精神，脚踏实地，孜孜不倦，克服困难，终成科研正果。①

许庆瑞招收的唯一的博士后刘海兵在 2020 年 6 月的博士后出站汇报中深情地回忆了在许庆瑞的指导和培养下取得的成绩，他认为成绩的取得直接受益于导师许庆瑞的"细、真、实、精、领"的培养过程。刘海兵谦虚地说：

在许老师众多的弟子中，我是较笨的，但应该是进步较大的。我的进步和成长，离不开许老师辛勤的栽培。"细"，大到去企业调研，小到行文用词和标点符号，许老师对我的指导总是一丝不苟且精益求精，但论文投稿被拒稿时又很慈祥地鼓励我、安慰我；"真"，许老师以及创新团队的理论研究都嵌入国家、社会和企业的实际需求中；"实"，许老师时常以他自己在麻省理工学院学习的风格和精神，以及陈劲、吴晓波和魏江老师的学习态度，教导我要踏实做事、正直做人；"精"，许老师要求我们要聚焦理论问题进行研究、对理论的掌握要准确深入；"领"，则指创新理论的研究要具有引领性。②

---

① 高、精、笃、合——浙江大学创新观念里研究团队文化小结 // 陈劲. 积淀八十载 绽放二十春：浙江大学创新与发展研究中心论文集（第二卷）. 杭州：浙江大学出版社，2015.
② 刘海兵访谈，访谈时间：2020 年 6 月 19 日，访谈地点：浙江杭州。

博士后刘海兵出站留念
（摄于 2020 年）

第二届技术创新与技术管理国际会议期间许庆瑞（右）和弟子范保群（左）合影（摄于 1998 年）

许庆瑞的秘书王莉华，也曾在一篇小文《笃之于行——记许庆瑞老师》中回忆起她十余年中对许庆瑞立德、树人的点滴观察，以及对许庆瑞由衷的感激和钦佩之情。

六、来自许庆瑞女儿许建平的信：《父亲的立德观与自强人生》

2010 年，许庆瑞 80 寿辰时，亲手用毛笔写了一副对联：

自立　自强　自省
立德　立功　立言

父亲请人制作了一种白色骨质瓷杯，并印上以上对联，盖上父亲的红印章，在他 80 岁寿诞时送给每个学生和来宾，大家欢聚一堂，十分欢乐。

这副对联反映了父亲一生的人生观和世界观。父亲说，立德是基础，是政治挂帅，是每个人的政治觉悟和革命人生观。在立德的

印有"自立　自强　自省　立德　立功　立言"的白色骨质瓷杯

基础上，要为学校、为企业、为国家立功，并留下自己的研究成果、论文和著作。

1982年他作为访问学者从美国回国后，白天忙于组建管理学科的工作，晚上编写《研究与发展管理》等教材，经常工作到深夜，好几年连除夕的春节晚会都不看。

父亲常在家提起他的学生，如曾讲早期弟子吴晓波饮食清淡少吃肉，人比较瘦弱。有一年他去东南亚某高校访问，因吃不惯当地伙食，又加上工作紧张，愈发清瘦，父亲非常担心他的身体。他又提起弟子魏江，说他是"拼命三郎"，读书时常学习到深夜，有一股韧劲，如此下来业务与英文都进步很快。他还说陈劲很乐于助人，很多事都来者不拒，全力协助同门，这是他的美德。父亲对学生既爱护又严厉，对个别学习进展慢的同学，恨铁不成钢。

父亲性格温和但很固执，常常使一些学生下不了台，要感谢学生们对父亲的体谅。父亲一辈子与学生相伴，爱学生胜过他自己的子女，不少学生都已在研究领域取得了独特的成就，这是他最大的欣慰。

此外再谈一下父亲在工作外的一些爱好。一是他特别喜爱驾车外出，觉得驾车让自己有一种超越感，可大大提升自己的速度和能力。直到前年，他已年满90岁，仍驾车外出，不过从2020年起，因医生和家人不让他再驾车，这才放弃了这项爱好。二是父亲自幼是过敏体质,有气喘病,每年秋天要发病,他成年后坚持锻炼打太极拳才略有好转,直至目前仍坚持每天锻炼。三是父亲热爱音乐,父亲会拉小提琴。受父亲的影响,我从5岁起开始学小提琴,弟弟建新也从小学小提琴。父亲曾把莫扎特一首弦乐四重奏乐谱改编为三重奏,父亲与我和弟弟三人合奏,十分快乐。在我5岁时(1958年),父亲带我到北京一剧院观看了苏联芭蕾舞演出,当圣桑的天鹅乐曲响起,我被优雅迷人的芭蕾舞表演迷住了,事后才知道表演者是苏联著名芭蕾舞大师乌兰诺娃。父亲的业余爱好还有集邮、书法、烹饪等,他还是一个美食家,会做西餐,制作佳肴。父亲的一生不仅勤奋刻苦学习,努力做学问,还充满了生活的乐趣,活得很充实。

我20岁生日时,他写了三幅字送给我,鼓励我努力进入社会。这几幅字我一直珍存。下面展示其中的一幅。

父亲写的字帖

女儿许建平
2020年11月

第十四章

搭建平台，促高起点的国际合作

广泛的国际合作网络开阔了浙江大学创新团队的视野，为研究水平的提升提供了很好的平台。20世纪80年代初，许庆瑞到世界技术创新管理领域的顶尖学府美国麻省理工学院、斯坦福大学等访问学习，开创并且奠定了浙江大学创新团队在创新管理研究领域的基石。基于对许庆瑞在技术创新和创新管理领域研究工作的认可，这些顶尖学府从事创新管理的大师级学者，如罗伯茨教授、冯·希佩尔教授等和许庆瑞长期保持着学术友谊，这也为后续派出的中青年学者的成长提供了舞台。不仅如此，许庆瑞率先通过项目合作这种在中国管理学科领域很难突破的方式搭建的国际平台，又为浙江大学创新团队的学术研究瞄准了高水平的目标。许庆瑞倡导并发起的由浙江大学主办的技术创新与技术管理国际会议，是从以国外为中心的走出去到以中国研究为中心的聚集国际学者的极大转变，这不仅仅是对管理学科，甚至在整个自然科学和人文社会科学领域，从20世纪80年代开始就在本学科领域搭建国际交流与合作平台都是极其难得的。特别是在我们建立中国自己的话语体系的今天，许庆瑞的这种努力显得格外珍贵。

一、与国际学者建立多年的深厚学术友谊与合作

许庆瑞的国际交流范围非常广泛，他曾赴30余个国家和地区参加国际学术交流50余次，交流技术创新、管理学等的实践与理论。显然，广泛的国际交流是科学共同体进行沟通和交往的一种普遍形式，能够促进知识的传播和新知识的交流。

比如前文提到的许庆瑞、陈劲和冯·希佩尔在国家创新系统研究框架上的交流，充分说明许庆瑞有着较强的国际合作能力，能够获得第一流学者在学术研究方向上的知无不言，这种能力与许庆瑞在国际交往中的用心、执着和细致是分不开的。

1982年从美国留学归来后，许庆瑞的国际交往活动开始变得更加频繁。1984年初，联邦德国汉斯·赛德尔基金会决定给浙江省

1984年,许庆瑞在挪威系统动力学国际会议上做报告

许庆瑞(左一)参加系统动力学国际会议期间与国际友人及其他中国代表合影

一个合作项目和经费,项目名称为"管理教育与人才培训项目(五年制管理人才培养)——联邦德国模式"。对方在签约前要求浙江省派一位专业人员先行去联邦德国对该项目进行考察。许庆瑞于1986年6月动身去联邦德国慕尼黑,对方派人全程陪同。后与约希基(Joschke)教授对接,他陪许庆瑞先后参观了十几所管理类专科培训学院。之后还参观了联邦德国的十几所主要大学,如柏林大学、慕尼黑大学等,以及西门子、宝马等著名企业。

1985年联邦德国方到浙江省签约时,约希基教授也来了,曾到许庆瑞家中做客。同来的还有汉斯·赛德尔基金会的工作人员苏珊娜、日本早稻田大学的石渡教授（他当时应邀在浙江大学做访问学者半年）。石渡教授在用餐后还唱起了日语歌曲，大家十分开心。1989 年许庆瑞到日本访问时，也拜访了石渡教授，访问了早稻田大学，石渡教授还用日本皇家餐厅的菜肴宴请了许庆瑞夫妇。

1985 年夏末家宴（联邦德国汉斯·赛德尔基金会约希基教授、工作人员苏珊娜、日本早稻田大学访问学者石渡教授）

1987 年，许庆瑞参加国际系统动力学会学术年会。1989 年 4 月，他访问加拿大渥太华大学，同年赴意大利帕多瓦大学、匈牙利布达佩斯经济与公共管理大学讲学和交流。在国际系统动力学会学术年会上，他做了题为《科技、教育、经济协调发展的系统动力学（SD）模型》的报告。1990 年 3 月，他去加拿大渥太华大学访问。同年 5 月赴加拿大多伦多大学，与英国皇家学会会士、加拿大多伦多大学戈登（M.J.Gordon）教授商讨合作事宜。两年之后，戈登教授回访。1994 年，许庆瑞赴美国麻省理工学院和加拿大多伦多大学访问讲学。自 1981 年起，许庆瑞从未中断与美国麻省理工学院学者的联系。比如陈劲目前仍然与该院的冯·希佩尔教

1983 年暑假斯坦福大学副校长里格斯（Henry Riggs）（左）到浙江大学讲学

授进行较多的科研合作。他们与美国麻省理工学院等世界著名学府开展合作研究，融入了技术创新管理研究的国际前沿。吴晓波开辟了与英国剑桥大学等著名大学的长期交流合作，并派博士生前去访问学习，开展了多年的合作研究。

在这些国际交流中，许庆瑞一方面充分利用出国访问与交流的机会，另一方面借机收集与带回国际上最新的文献资料，供自己和团队成员潜心研读。在英文文献的广泛阅读方面，许庆瑞在中国学者中是遥遥领先的。他们把麻省理工学院图书馆几乎所有管理类的文献都搜索了一遍。尤其是在20世纪80～90年代，电子版的期刊和书籍远远没有像今天这样获取方便，许庆瑞利用国际交流的机会去寻找文献，就显得更加难能可贵了。这也是受到他在麻省理工学院学习时期的启发，许庆瑞注意到教授们会自己撰写讲义和参考资料，把这个学科几十年的重要文章都复印下来（很厚的一本课堂笔记），供研究生上课用，不需要学生自己再去找资料，发给学生每人一份，让学生们充分阅读、消化后再讨论。学生们由此开阔了学科视野，夯实了英文基础。除此，许庆瑞20世纪80年代初在美国学习时，每天晚上都学习到凌晨两三点钟，次日上课前把资料看完。这种学习方法让许庆瑞十分受益，他回国后也借鉴了这种文献汇编的研读法来教育和要求学生。

许庆瑞的每个学生都清晰地记得，他们修读许庆瑞开设的课程时，都会阅读厚厚的一本课堂笔记，都是许庆瑞购买或者复制的最新英文原版资料。学生陈劲还清晰地记得：

许老师比较重视英文文献阅读，要求我们多读，而且许老师购买和复印了很多的英文书，当时英文书很贵，图书馆没有买这些书，许老师每次出国都会买很多英文原版书。他经常带着我出国，我们每年都要去美国和加拿大或者新加坡，把最新的书拷贝下来，这在当时是非常难得的。而且我们都是自己去印，这种做法后来影响了我，我在美国留学的时候也自己复印资料。许老师每年都会把麻省理工学院最新的资料复印出来，编成课堂笔记，这些成为我们非常好的阅读资料。英文好就能有国际视野，许老师在这个方面是非常有特色的。①

为了获取国际最前沿的文献，许庆瑞的不少研究经费都花在了购买书籍上。学生魏江还清晰地记得，许庆瑞为了给他们开设高级科技管理课程，每年都会给学生编制课程讲义，这些课程讲义的文献，都是许庆瑞从美国购买之后邮寄回杭州的。对此，魏江回忆道：

许老师十分节约，教育我们多坐公交车，少叫出租车。我们一起到上海去调研，他就和我们一起住在上海招待所拥挤的上下铺，许老师睡下铺，博士生睡上铺，小小的一间房间有五六张双层床，但当时觉得十分融洽，没有觉得苦。早上起来去买豆浆、烧饼、油条当早点，吃得很香。通过这些具体的事情，我们感受了许老师的人格魅力。许老师的做事风格，也在影响着我们。②

由于当时国内资助管理类专业的课题经费很有限，难以长期支持国际级的合作和研究，在这种情况下，许庆瑞与陈劲只能利用暑假到麻省理工学院访问和收集材料，以及去欧美各地参加国际会议和访问研究，这些均需有能供较长期在外逗留的外汇额度，都是缘于许庆瑞与 IDRC 的长期国际合作研究提供的经费支持。

由于当时网络图书尚未问世，外文版的纸质书刊价格昂贵，许庆瑞团队研究管理与创新的书刊，大量依靠复印，他们除了定期去北京和上海的图书馆阅读与复印外，还利用出国，特别是暑假

---

① 陈劲访谈，访谈时间：2018 年 9 月 11 日，访谈地点：浙江杭州。
② 魏江访谈，访谈时间：2018 年 11 月 4 日，访谈地点：浙江杭州。

去国外大学的图书馆阅读和复印。麻省理工学院斯隆管理学院收藏的管理方面的图书最丰富,是许庆瑞和陈劲常去之地。罗伯茨教授见到许庆瑞和陈劲在他们办公室复印时,打趣道:"浙大工业管理工程系收藏的管理书刊应该是最多的。"在许庆瑞同新加坡国立大学的管理学院开展合作研究后,新加坡国立大学的图书馆也成为他们每年暑假阅读和收集资料的重要场所。资料的收集对许庆瑞创新团队开展研究和培养人才均起了重要作用。但更为重要的是,国际合作与交流为团队培养人才,使他们广开视野形成国际视野起了很大作用。

在许庆瑞看来,吴晓波、陈劲等博士生,基础扎实,努力勤奋,在国际交往中开阔了研究视野,这对他们后来在创新管理领域做出成果,起到了推动作用。事实的确如此,通过参加国际学术会议,许庆瑞和他的团队在技术创新管理领域发现的"中国模式"也获得国际上的认可。比如关于二次创新的理论和模型,吴晓波和许庆瑞1991年在国际会议上发表后的次年,许庆瑞去访问了一次麻省理工学院。吴晓波回忆道:

> 当时我们就做了这个膜片,许老师在美国开会的时候,把我们二次创新的动态模式又去讲了一次。所以麻省理工学院就比较感兴趣了,我后来又去了英国剑桥大学,在剑桥大学也做过学术报告,讲了我们的二次创新理论。作为富布赖特访问学者访问麻省理工学院、最早提出动态模式的厄多伯克教授,得知我们提出了二次创新的模式,发现我们这个模式跟他的模式不一样,他很认可我们的模式。这个时候,我们的理论在国际上就开始一点一点传播开了,所以国际上现在也接受了我们的观点和思想。①

---

① 吴晓波访谈,访谈时间:2018年11月6日,访谈地点:浙江杭州。

1992年3月，英国皇家学会会士、多伦多大学戈登教授应邀来做讲座，并偕夫人到许庆瑞家共进晚餐

剑桥大学的迈克尔·格雷戈里（Michael Gregory）在听了二次创新的模式后，称赞这个动态模式与企业实践结合得很好。他认为不仅仅是发展中国家，其实发达国家也有二次创新，发达国家相互之间也有技术的引进，他们引进技术以后的创新动态的规律，其实与许庆瑞和吴晓波所发表过的二次创新的这种模式是很契合的。后来迈克尔·格雷戈里把二次创新的模式用于他们的研究，作为他们在剑桥大学制造研究所中进行研究的主要媒介在使用，二次创新的理论模式在国际上的影响也随之逐步扩大。国际主流学术界能够在20世纪90年代接受中国的管理理论和方法，实属不易，也是许庆瑞和其团队实现的一个很重要的突破。因为中国当时对创新的研究不少是关起门来"自说自话"，不乏对创新概念的滥用，但是一到国际上去，就站不住脚了。国际视野、充分交流，并在此基础上进行深入的研究，进而获得国际主流学术界的认可，许庆瑞和他的团队成功地迈出了这重要的一步。

二、创办技术创新与技术管理国际会议

一般而言，不同学科领域都会有一些公认的专业刊物和学术会议，能够代表这个学科领域的最高水平。这些刊物和学术会议较多地集中于欧美等国家。许庆瑞于1995年首次在国内创办了高水平的技术创新管理国际会议"技术创新与技术管理国际会议"（ISMOT），

该会议成为世界上公认的三大有关技术创新与技术管理系列的国际会议之一。

许庆瑞在锲而不舍地构筑具有中国特色的技术创新管理理论的同时，还开创性地推进创新理论成果在全球范围的扩散和应用。目前技术创新与技术管理国际会议已成功举办九届，把我国的创新研究成果向全球传播，得到了世界主要发达国家和地区著名学者的认可，如英国剑桥大学著名教授格雷戈里将该会议誉为国际上有关技术创新与技术管理的三大国际学术会议之一，另外两大会议分别为 PICMET、国际技术管理协会（International Association for Management of Technology，IAMOT）。从 1995 年开始，ISMOT 每两至四年在浙江大学举办一次（2019 年第九届在清华大学举办），是创新管理领域的国际盛会，许庆瑞连续多次担任会议主席，该会议现已成为我国技术创新与技术管理领域最具规模和水平，并在国际上较有影响的重要国际性学术盛会之一，对推动中国和国际技术创新管理做出了重要贡献。

20 世纪 90 年代，许庆瑞注意到，国内的不少研究并不是专门的创新研究，而是集中于管理学的研究，他在组织撰写有关企业经营战略和管理学教材的过程中，邀请了国内的老师参与撰写，对团结整个研究力量、提高整体的水平非常有帮助。对于创新理论研究水平的提升，同样需要一个平台，许庆瑞希望能够通过这个平台把中国的创新研究聚集起来，希望通过国际会议提高整个中国的研究能力，通过这种会议吸引和稳定一批研究人才来从事创新研究。许庆瑞在参加国际技术创新会议（如 PICMET）时，觉得这个会议非常有影响，出于团结国内研究队伍的考量，许庆瑞开始筹划举办中国自己的国际会议——技术创新与技术管理国际会议。

在 20 世纪 90 年代初期创办国际会议并非易事，作为创始人，许庆瑞带着团队成员全力以赴。1995 年的首届 ISMOT 是国内在推出我国第一个技术创新工程大背景下创办的，在国内属于第一次由高校单独发起和创办技术创新管理的国际会议。1994年7月由国家自然科学基金委员会管理科学部主办、北京航空航天大学和中国科学院系统科学研究所承办的第一届海内外管理科学青年学者研讨会，也是管理学领域的国际会议，其中有一个板块是关于科技和创新的。由国内的高校单独组织创新管理类国际会议，许庆瑞是第一个提出来的。

魏江对创办首届 ISMOT 的艰难程度记忆犹新：

> 在筹备首届 ISMOT 时，许老师很努力，带着我们发会议邀请，到美国、欧洲去邀请学者参会，浙江大学每年召开国际会议时，我们就会向参会者推荐我们这个会议。①

为了筹备首届 ISMOT，魏江都记不清到底开了多少次筹备会议，大家一遍一遍地讨论，一遍一遍地商量：

> 我们和参会学者联系、发电子邮件，那个时候已经有电子邮件了，但是还不普及，操作流程很麻烦，还要到学校的信息中心去发，而且速度很慢。除了写信，我们还要负责逐个寄通知、邀请信。包括开会时的会场、学校门口的牌子，以及门口进门的导航牌、指路牌都是我们自己弄的。校门口这边贴一个标签，那边贴一个指路牌，我们都一个个分好，你负责站岗，他负责引路，他负责接待、安排用餐，全会场都是我、陈劲、蔡宁、郭斌等这些人做的。开会就在邵逸夫科学馆，分组讨论的时候就在校门边的玉泉饭店。②

---

① 魏江访谈，访谈时间：2018年11月4日，访谈地点：浙江杭州。
② 魏江访谈，访谈时间：2018年11月4日，访谈地点：浙江杭州。

2004年第四届ISMOT期间许庆瑞（中）与日本专家（一位是东芝公司战略专家，一位是日本大学教授）合影

  虽然首次筹办国际会议相当艰辛，但是1995年的第一届ISMOT举办得非常成功，来参会的有接近一半是国际学者，分别来自美国、英国、日本、荷兰等国家，而且来参会的都来自知名院校和企业。不仅如此，国内有关科技创新的学者也都来了。许庆瑞还邀请了企业家参加会议和做报告，比如海尔的副总裁杨绵绵就参加了会议。这次会议还出版了论文集，当时还是油印本，用打字机打印出来的。

  首届国际会议的成功举办，与许庆瑞的高度国际化有关，他此时在国际创新研究领域已经有了一定的声誉。1991年，他受邀成为国际系统动力学会中国分会负责人。1992年，许庆瑞受聘为新加坡《企业文化学报》(*Journal of Enterprising Culture*)杂志国际顾问。二次创新的理论模式已经得到国际学术同行的认可，通过每年参加国际学术会议，与国际同行保持着密切的往来，结识了不少国际学术友人。此外，他自己的英文能力很强，最关键的是，他愿意为推动中国创新管理的国际化而努力，愿意主动搭建国际平台，推动创新管理的中国模式的国际认可。正是这种超脱个人利益之外的家国情怀，ISMOT后来在中国又连续成功举办了八届，许庆瑞多次担任会议主席，这一系列的会议把中国的创新研究成果向全世界传播。

到后来，国内举办的国际会议慢慢多了起来，ISMOT 也逐渐成熟。特别值得一提的是，因为会议质量高，前面几次的会议被科技会议录索引（ISTP）和工程索引（EI）收录，吸引了越来越多一流的学者主动来参会。人数最多的一次会议是 2007 年，参会人员达到了两百多人。1995～2016 年举办的第一届到第八届 ISMOT 吸引了来自 30 个国家和地区的 1000 多名教授、企业管理者、政府官员等参会。

2012 年的 ISMOT，魏江担任会议主席，大家围绕如何聚焦主题设计小组会议，这是会议形式上的一个变化，过去的会议并没有什么小组会议，只有简单的分组，后来他们会设计小组会议，然后大家分头去邀请国际国内的著名学者一起来，围绕某一个具体问题进行深入讨论。比如魏江组织了一个创新国际化的分论坛，同时也邀请企业来探讨创新全球化的问题。联系和结合企业，是许庆瑞创新团队的传统，他们与企业一直保持着比较紧密的联系，政产学研相结合，即使是举办国际会议也不例外。2012 年的会议，出版了论文集 Proceeding of 2012 International Symposium on Management of Technology（ISMOT'2012）。

最近的一次 ISMOT 于 2019 年 6 月在清华大学召开，陈劲是会议主席，吴晓波和魏江是联合主席，会议围绕"面向可持续发展的关键核心技术创新能力建设"这一主题探讨技术创新与技术管理领域的前沿问题，再次体现了发起人许庆瑞的办会主旨——作为交互式学习的链接平台，交流国内外技术创新管理相关领域最前沿的知识。两至四年一次的 ISMOT，作为创新管理领域的国际盛会，现已成为我国技术创新与技术管理领域最具规模与水平，并在国际上较有影响的国际性学术盛会之一。

三、承担加拿大 CIDA 与 IDRC 项目

许庆瑞是最早注重研究成果国际化的学者之一，他是第一个获得创新方面的国际合作课题［由加拿大国际发展研究中心资助

的"发展中国家提高自主技术创新能力研究及政策"(1993~1995年)]的国内学者;也是首次在国际权威杂志《IEEE工程管理汇刊》(*IEEE Transactions on Engineering Management*)上介绍中国技术创新的发展历程和特点的国内学者。

与加拿大国际发展研究中心的合作研究要追溯到加拿大国际开发署(Canada International Development Agency,CIDA)对华的长期援助项目。加拿大国际开发署与我国签署了援助协议,支持我国发展高等管理工程与经济管理教育,第一轮项目参与的院校较少,主要是西安交通大学、清华大学、华中科技大学等院校,为这些院校培养管理工程的师资,并进行中加两方院校师资间的合作研究。CIDA还邀请许庆瑞等人访问加拿大。

1984年,许庆瑞随10所大学的管理教育负责人到加拿大,对新英格兰大学、阿尔伯塔大学、多伦多大学、麦吉尔大学与渥太华大学等进行访问,互相了解情况,以便选择浙江大学的对口大学。最后确定与多伦多大学对口。

1984年4月加拿大CIDA项目中方10所院校代表在中国驻加拿大使馆前合影(右一沈荣芳、右三许庆瑞、右四汪应洛、右五赵纯均、左三黄梯云)

在一次中加学术讨论会上,许庆瑞结识了IDRC的官员戴维斯(Charles Davis)博士。戴维斯也从事技术创新研究,于是他促成了许庆瑞团队与 IDRC 的合作项目。从 1993 年开始，许庆瑞团队承接了 IDRC 的合作项目——"中小企业创新能力研究"。此后的 30 多年，许庆瑞和戴维斯一直共同推动着管理教育与技术创新领域的国际合作。

经戴维斯介绍，许庆瑞结识了 IDRC 驻派新加坡办事处主任牟戈尔杰（Mukergi），他是印度籍加拿大官员，为人亲和。适逢新加坡遇到老鼠偷吃变压器内的油、破坏变压器的绝缘而带来的重大停电事故，于是，牟戈尔杰委托许庆瑞团队做变压器如何防止鼠患的研究项目。

自此以后，许庆瑞每年要去新加坡向 IDRC 新加坡办事处汇报项目进展。与此同时，开展了与新加坡国立大学管理学院与其技术管理中心（相当于创新研究中心）的合作。当时 CIDA 的援助项目，主要是每年选派教师去进修和研究生去留学。CIDA 项目总体说来是一个有得有失的项目，中方一批教师去加访问，增长了见识，提高了合作研究能力，出了一批成果，但也流失了一批人才，特别是中方派去加拿大联合培养的研究生，很多大学派出去了不少，大多不回来，长期留在加拿大。

2000 年参加 IDRC 成立 20 周年活动，许庆瑞（左）、陈劲（右）与戴维斯（中）合影

因合作的需要，许庆瑞也要定期去加拿大向IDRC总部做汇报，并商谈新项目，这时也有机会与戴维斯商讨新项目。大多IDRC项目是通过IDRC新加坡办事处商定的。在主持完成第二个IDRC资助项目"中国中小企业的可持续发展与创新"（1991~1993年）之后，许庆瑞又接着主持并完成了IDRC资助项目"发展中国家提高自主技术创新能力研究及政策"（1993~1995年），这是国内获得的第一个以创新能力方面为主要研究内容的国内合作课题。许庆瑞团队关于技术能力的测度与分析，不仅能够很好地反映中小企业技术能力的现状和水平，而且具有很强的操作性和合理性，得到了IDRC有关专家的充分肯定。许庆瑞创新团队与IDRC合作的最后一个大项目是2007年左右开始的"运用全面创新管理提升中小企业创新能力"。浙江大学创新团队的陈劲、郭斌、寿涌毅、刘景江等均参加了这一项研究，其成果 *To Leverage Innovation Capabilities of Chinese Small-& Medium-Sized Enterprises by Total InnovationManagement*《运用全面创新管理提升中国中小企业的创新能力》由新加坡浙江大学出版社与世界科技出版公司联合出版，该书于2014年获第三届中国出版政府图书奖提名奖。该书讨论了如何用全面创新管理指导中小企业发展，因为IDRC项目是支持发展中国家发展的，发展中国家的中小企业比较多，如何提高中小企业的创新能力，需要理论框架，许庆瑞创新团队的这本书，提供了中国经验，阐述了用全面创新的理论框架来帮助发展中国家的中小企业进行发展。正是基于坚实研究基础的中国经验的阐述，将中国的理论和经验通过这本书传播了出去。

与IDRC的长期国际合作，为许庆瑞创新团队研究创新和培养人才均起到了不小的作用。除了弥补当时国内资助管理类专业的有限经费难以去做国际级的长期合作上的不足，从事这些项目研究，还为许庆瑞创新团队奠定了扎实的研究基础。魏江记得当时自己入学后，不是先上课，而是先做课题：

参加 IDRC 课题与"我国自主创新道路"课题咨询会
（前排左二为许庆瑞，左三为中国工程院院士饶芳权）

  印象特别深刻的是跟蔡宁老师做许老师承担的加拿大的 IDRC 项目，许老师的执着和努力对我们产生了潜移默化的影响，你没有经历过是说不出来的，你一定要在许老师手下读书才知道什么叫作执着。比如说我们做 IDRC 项目，只要没有在交之前就一遍一遍地改，会觉得这个东西怎么可能做到呢？许老师说只要没有失败之前，就有可能修改。我们做项目、写申请，许老师一旦要努力做，就不断地做，许老师的最大特点就是执着，就是一定要努力做下来，这种精神真的非常可嘉。①

  和许庆瑞一起提出组合创新理论的张钢，也是在参与 IDRC 项目时开始涉及环境影响评价问题的，这不仅是一个企业的外部环境方面的规制，还是一个涉及社会环境的问题，由此便开始从比技术本身更加广泛的视角来看待技术和管理的问题。

---

① 魏江访谈，访谈时间：2018 年 11 月 4 日，访谈地点：浙江杭州。

后来，他们超越技术本身来考虑组织的问题，其实一开始在研究环境评价问题时就已经有这个线索了。加上张钢所读专业是哲学，所以他从另一个视角看创新管理就有了不太一样的看法，这是不同学科之间的碰撞所得。张钢回忆道：

当时的研究不是在做企业本身、技术本身的问题，而是在做外部的环境因素。这个环境影响评价完成后，我们也投了一篇稿子，还发表在环境保护方面的杂志上。这个研究问题看上去与我们当时的主要研究方向关系很远，但是我觉得对我有很大帮助，那就是学会跳出研究对象去看一个研究对象。这样就是从另外一个视角来审视目前研究的东西。我们是如何从组织的角度来探讨技术创新的问题的？我想从进入许老师团队开始做的第一个课题，就可以看出影子来。不仅仅是在做企业发展的问题，而是在做企业发展的环境问题，而我当时主要是从自然环境保护的角度去考虑。一年之后慢慢我就发现，可能从其他的角度研究创新，反而对创新的理解会有所拓展。①

研究技术创新战略和技术创新系统的陈劲，亦提到参加 IDRC 项目研究为他的博士论文做了很好的微观支撑：

许老师的研究方向比较准确，是要探讨科技发展道路的问题，但是这个问题相对还是比较宏观的，但是在这个之前我们做过一些类似的相关研究项目，比如说我们承担了 IDRC 的项目，涉及发展中国家自主创新能力怎么建设的问题。这个问题在当时比较前沿，是发展中国家怎么提高技术能力、创新能力，这样的研究基础是我后面的博士研究很好的微观支撑。因为我的题目选择是比较宏观的，国家科技发展道路，但是我们研究的是企业如何进行技术创新来摆

---

① 张钢访谈，访谈时间：2018 年 11 月 12 日，访谈地点：浙江杭州。

脱技术引进过多的情况，所以说许老师在项目上给了我们很好的指导。①

总之，许庆瑞创新团队通过与 IDRC 的长期国际合作，不仅让他们在研究方向上有前瞻性和广阔的视野，还为他们后来在创新管理领域的研究打下了坚实的基础。

四、国家自然科学基金与美国国家科学基金会支持的技术创新研究

许庆瑞创新团队创造了很多个中国"第一"：第一本技术管理和创新管理的教材是他们编写的，第一个技术创新与创新管理的国际会议是他们创办的，第一个技术创新的国际合作项目是他们承担的，第一个在 IEEE 收录的刊物上发表国际文章的也是许庆瑞创新团队。除此之外，他们也是为数不多获得国家自然科学基金与美国国家科学基金会支持中美双方在技术创新方面进行合作研究的团队。

中国进行技术创新研究的经费来源主要是国家资助，较少来自企业。国家自然科学基金的资助，是许庆瑞创新团队开展研究的主要支持。许庆瑞也多次坦言，国家自然科学基金对技术创新研究一直给予了很大的帮助，做研究仅有能力没有财力支持也不行。事实上，许庆瑞一直在不遗余力地极力推动整个管理学科获得国家研究经费的支持。

1986 年国家自然科学基金委员会设立管理科学组，并开始了以国家名义支持的管理科学研究，许庆瑞作为学科评审组专家，为推动管理科学的发展出谋划策。长期担任国家自然科学基金委员会管理科学组/管理科学部领导工作的陈晓田，清晰地记得许庆瑞作为专家在基金评审和学科建设方面所发挥的重要作用：

---

① 陈劲访谈，访谈时间：2018 年 9 月 11 日，访谈地点：浙江杭州。

从1986年到1997年这十年，许庆瑞教授一直都跟我们有合作，支持管理科学部的工作。从我的感觉而言，他真的是像老一辈对学生那样支持我的工作，而且他一直对我很尊重，很支持我的工作，这些我都是有印象的。我和许教授在1987年都参加了第一届学科评审会议，1988年的评审会也有许教授，他积极关心和支持我们基金委的工作。我们征求专家意见的时候，我们的研究报告的初稿也好，最后的定稿也好，许教授是每次必定发言，把写得好的地方指出来予以肯定，还有待完善的地方也会指出来。①

　　国家自然科学基金委员会管理科学组"七五"期间的重大项目，许庆瑞承担了；"八五"期间管理科学学科资助重大项目一项，项目名称是"技术创新研究"，国务院发展研究中心邓寿鹏研究员为主持人，许庆瑞负责主持了其中的四个课题之一。在技术创新研究中，管理科学部从1988年就开始资助面上项目，特别是"技术创新研究"这个重大项目，对我国政府在技术创新的宏观政策制定以及推动企业技术创新方面产生了重大的推动作用。②

　　1998年下半年，国家自然科学基金委员会开始做遴选"十五"期间优先资助领域的调研工作，作为专家，许庆瑞根据管理科学的发展趋势和我国的国情，围绕国际同行高度评价我国管理科学已经取得的成就，以及"十五"期间管理科学要在若干科学前沿方向取得的突破，积极建言献策。最后管理科学部将"创新管理和科技政策""转型期的企业若干重要问题研究"列为13个"十五"期间优先资助的领域，涵盖了企业组织与组织创新、企业技术管理与技术创新、创新管理、技术战略与技术预测等具体方向。③

---

① 陈晓田访谈，访谈时间：2019年11月2日，访谈地点：北京。
② 陈晓田. 国家自然科学基金与我国管理科学（1986—2008）. 北京：科学出版社，2009：199.
③ 国家自然科学基金委员会. 国家自然科学基金"十五"优先资助领域. 北京：原子能出版社，2001：79-80.

国家自然科学基金委员会资助的这些项目，除了促进许庆瑞创新团队取得学术上的创新之外，最大的成功就是为国家培养了一支技术创新的研究队伍，推动了创新管理学科的发展。早在1990年，在承担有关技术创新，特别是中小企业的创新项目研究时，国家自然科学基金委员会政策局局长李光临看到许庆瑞创新团队在技术创新领域的研究做得很好，就请许庆瑞找一名学生帮助他一起工作，许庆瑞便将陈劲推荐给了李光临。

陈劲刚刚进来读博士时，跟着李光临跑了一年，李光临让他研究中国的光电方面的企业，因为李光临原来是搞技术的，后来到了匈牙利、保加利亚当中国大使馆的科技参赞。基于这些调研，陈劲很早就有了调查研究论文，他那时候年纪很轻，二十出头一点吧，就在全国的企业中跑，就这么锻炼出来了。李光临后来也非常支持我们的创新研究。①

谈到这一段借调经历，陈劲也心怀感激：

当时这个项目还是师昌绪先生和王大珩先生主持的，是中国科学院的咨询项目——关于高技术产业发展的若干问题。当时我们主要关注光纤产业，就是通信产业，了解了从国家角度、政府角度怎么去关注科技管理问题，所以我觉得这一年的经历对我非常有好处，许老师比较敢于让年轻人到一线，除了企业，还到政府部门借调、学习。这样使得我们研究的视野高度不一样。②

借调结束之后，陈劲和李光临在此基础上完成了《关于建立与发展我国光纤通信产业的研究》报告，基于对长飞公司的光纤技术

---

① 许庆瑞访谈，访谈时间：2019年8月24日，访谈地点：浙江杭州。
② 陈劲访谈，访谈时间：2018年9月11日，访谈地点：浙江杭州。

的调研，分析了国家创新系统的构成与作用，并构成了许庆瑞团队提出国家创新系统框架、分析国家科技发展道路的重要依据。①

除了资助许庆瑞创新团队承担重大项目外，国家自然科学基金委员会还支持许庆瑞展开中美双边的技术创新交流。20世纪90年代初，中国国家自然科学基金委员会与美国国家科学基金会在技术创新方面进行了合作研究，主要是许庆瑞创新团队推动的。这项合作的起源是许庆瑞参加了美国国家科学基金会在北京举办的一次会议，美国国家科学基金会的一个代表得知许庆瑞在做创新研究的项目：

他就说你们这个项目可以和美国国家科学基金会联合研究，所以我根据他的意见，到美国国家科学基金会找到他们基金会的一个负责人，是一位姓林的中国人，也是美国国家科学基金会的一个部长，我和他谈了谈我们做研究创新的项目，他也很感兴趣，同意支持我们。后来我说我们拟跟美国一些学校（如加利福尼亚大学）合作研究创新，他们都很同意。②

许庆瑞创新团队和美国的创新合作项目，在美国国家科学基金会与中国国家自然科学基金委员会的联合资助下展开了，美方共有5所学校，包括纽约大学、加利福尼亚大学等，中国方面主要是许庆瑞所在的浙江大学。在项目合作期间，许庆瑞三次到美国华盛顿拜访美国国家科学基金会的相关负责人林先生，向他讲述了中国开展技术创新的研究情况，并向他汇报了中国关于技术创新研究的进展情况。他对此很感兴趣，并且促成相关合作，当时美方主要是通过加利福尼亚州立大学北岭分校的李明芳教授（青海人，早期在东北大学学习，后来到美国留学之后就留在了美国）。中方主要就是许

---

① 许庆瑞，陈劲.建立与完善国家创新系统.科技日报，1994-05-31.
② 许庆瑞访谈，访谈时间：2019年8月24日，访谈地点：浙江杭州。

庆瑞代表浙江大学跟他进行合作。美国国家科学基金会把支持合作的经费拨给了李明芳教授，李教授多次来中国访问交流。他非常热心，许庆瑞去美国访问时：

> 到了美国去他给安排住宿，到机场来接我，每年到美国去我都到他们学校住一段时间，做研究。当时我们中国的资料不够，我到美国去有两个目的，一个是访问学术界这些研究部门，另外一个就是利用美国的图书馆收集资料。①

由此，我国和美国召开了多次关于技术创新的双边交流会，一次是在美国华盛顿召开的，美方派出的主要代表是美国总统的技术顾问。中方派出的是许庆瑞。许庆瑞受国家自然科学基金委员会的委托，带领中国代表团成员参加会议并做主题发言。在这次会议上，许庆瑞创新团队报告了中国创新的特点和创新理论，从技术创新到组合创新再到全面创新的理论，在这次会议中都做了报告。

另外两次，一次是在北京召开的，另一次是在浙江大学召开的（会议地点是浙江大学附近的玉泉饭店），这次会议美国派来了五位教授，这些教授大都来自斯坦福大学和纽约大学，还有一位是惠普技术战略副总兼斯坦福大学教授门克。美方主要汇报了美国企业创新的研究。许庆瑞代表中方做了关于全面创新管理的研究，门克教授对全面创新管理研究十分感兴趣，并且运用许庆瑞的全面创新管理思想评价了惠普的全面创新状况。此次会议使得美国了解了中国的创新发展，并将全面创新管理思想推向国际，推动了与美国技术创新的合作研发，并且借鉴国外的经验为我所用。

国家自然科学基金委员会对许庆瑞展开国际交流的帮助还有很多，比如许庆瑞举办 ISMOT，国家自然科学基金委员会会给予经费资助，这对中国创新的发展是很大的支持。而这种促进是相互的，

---

① 许庆瑞访谈，访谈时间：2019 年 8 月 24 日，访谈地点：浙江杭州。

国家自然科学基金委员会的陈晓田亦提到，许庆瑞对国家自然科学基金委员会管理科学学部的成立，也是长期共同呼吁：

> 基金委成立以后，我们当时仍然是叫管理科学组。到1996年经过十年的发展才成立了管理科学学部。在这个过程中，许教授和其他所有的专家都一样，长期呼吁应该把管理科学组升格为管理科学学部，他是坚持这个观点的，只有这样我们管理科学才能够更好地发展。特别是基金委的评审会，许教授这里评的项目是比较多的，就是关于技术创新。许教授还召开了若干次技术创新的国际会议，就在浙大，我还去参加过。[①]

五、创新理论的国际拓展与国际引领

如果说许庆瑞20世纪80年代初期出国学习，到后来频繁地参加国际学术会议、承担国际合作项目，作为发起人创办国际会议，是为了学习国际上的经验和做法，取长补短，那么随着许庆瑞搭建的国际平台越来越大、越来越坚实，随着许庆瑞创新团队在技术创新管理领域所做的理论与实践工作越来越多地获得国际学术界的认可，他们开始从研究工作的国际拓展慢慢转型为国际引领。

麻省理工学院的冯·希佩尔教授评价许庆瑞是一个比较全面的人，不单纯是一个学者，还是一个有生活情怀的人，综合素质高。冯·希佩尔教授认为许庆瑞创新团队的研究，可以在全世界的创新研究中排前十名。许庆瑞创新团队中的吴晓波、陈劲、魏江等都已成长为创新管理领域的中坚力量，他们的一代、二代学生也已茁壮成长，现在每年都保持更频繁的国际合作。后续派出的中青年学者，到麻省理工学院、威斯康星大学、多伦多大学、英国剑桥大学、苏塞克斯大学、曼彻斯特大学、吉森大学、新加坡国立大学、南洋理

---

① 陈晓田访谈，访谈时间：2019年11月2日，访谈地点：北京。

工大学等高校，师从著名教授进行合作研究，所建立的密切联系和良好合作关系，进一步促进了浙江大学创新团队在这一领域与世界先进水平的基本同步。他们主要与一流大学合作，包括麻省理工学院现在依然给予他们很多支持。

浙江大学"创新管理与持续竞争力研究"国家哲学社会科学创新基地正式成立后，以吴晓波为首的创新团队更致力于建设一个重要的开放式研究平台。研究基地先后邀请国内外数十位著名的创新管理学家来学校讲学、交流科研成果，如剑桥大学制造研究院原院长格雷戈里教授（全球化制造与创新）、美国哈佛大学的克里斯藤森（Christensen）教授（裂变式创新）、丹麦奥尔堡大学的伦德瓦尔（Lundvall）教授（国家创新系统）等。他们积极倡导并举办多种创新管理领域的高层次、高水平国际会议。另外，2005年11月，研究基地举办了首届"全球化制造与中国"高层研讨会，与会的国内外专家学者齐聚一堂探讨全球化制造的发展战略与创新之道，对中国制造企业积极参与全球化制造将产生积极的影响和帮助，具有深远的意义。类似的这种高水平的国际合作平台还有浙江大学-剑桥大学"全球化制造与创新管理"联合研究中心，由浙江大学"创新管理与持续竞争力研究"国家哲学社会科学创新基地与剑桥大学制造研究院联袂组成。魏江、郭斌、郑刚，还有吴晓波的第二代学生杜健、吴东等都是该联合研究中心的核心成员。联合研究中心主要围绕全球化制造与创新管理领域的全球化制造演进、全球化制造与可持续发展、外商直接投资（FDI）与技术转移、跨国公司与中国制造、产业创新与战略等主题展开科学研究，同时以双方合作科学研究带动人才培养与科技服务，力图成为有效探索和开拓全球化制造与创新管理研究领域的国际一流研究平台，致力于推动双方合作申请并承担重大研究课题，推动双方学术互访、为对方研究活动提供支持，推动双方交换研究信息、报告、相关论文与资料，推动双方硕士、博士研究生交换交流，承办双方共同感兴趣的学术会议，帮助中英产业界联系，并开办面向产业的相关培训项目等。此外，他们倡议并发起的"中国青年创新论坛"，已经成功举办3届，现在已经成为国内创新研究领域高层次且极具吸引力的系列会议之一。

吴晓波自2009年起任浙江大学管理学院常务副院长，后任院长，长达8年。其间，他在管理学院国际化认证等方面做了大量艰苦的开创工作，国际国内学术地位和知名度日益提高。

魏江坦言：

这就是我们在国际合作过程当中的客观现实。早期的时候是学习，国际合作是国际上面委托我们做这些事情，比如说IDRC项目，还有美国国家科学基金会的项目，他们很想了解中国的发展，所以在研究过程当中他们给我们出了题，或者他们有这种想法就招标。招标完了就去做，是这样的逻辑。有了这些基础以后，我们的能力达到一定的水平了，现在变成一起共同做一个课题，一起共同来完成某一个科学难题。[①]

许庆瑞率领创新团队所做的创新研究，是与中国经济的发展紧密结合在一起的。许庆瑞创新团队所发起的项目，国外学者参与其中的人越来越多。比如许庆瑞和吴晓波做的技术追赶的项目，就是英国的学者跟着他们来做的，是很典型的中国学者主导、国际学者加入的新的合作模式：

早期的项目，我们是参与，后来关于超越追赶的重点项目，这个是我们跑在前面了，是外国学者跟着我们来做研究。前面我们还做过中印科技创新的比较项目，也是我们做的，印度学者跟着我们来做，这里面也能体现出我们的特点，如果没有我们基于中国创新

---

① 魏江访谈，访谈时间：2018年12月14日，访谈地点：浙江杭州。

管理领域的本土特点而做出的有特色的工作，我们也没有这个能力来搭建平台。因为我们有成果，就有这样的地位，也能够引起其他国家的关注和重视，所以其他国家也乐意跟中国合作，这个都是跟许老师和团队的努力是分不开的[1]。

吴晓波2018年10月底应"全球创新学术网络"（Globelics）国际会议组委会邀请到非洲加纳阿克拉参加第十六届全球创新网络国际会议，在会上所做的报告就是中国的包容性创新，在这些领域，中国是做得最好的：

中国现在转变为是引领性的，其他国家都乐意来跟我们合作。这一点许老师带着我们这个团队做得还是不错的，包括制造业成长性的变革，现在讲智能制造，包括前面讲制造业、服务化等这种领域，我们都跑在前面。去非洲开会我印象很深刻的就来自对创新的研究，其实非洲包括拉美、印度的学者们，他们针对自己本国现象做的创新研究比我们早，但是他们就是缺少这种自主的体系和理论框架。所以他们到今天为止也只能够跟着国际学者走，但是咱们中国不一样，我们形成自己的体系，所以我们就不会只是跟着别人走，这才是真正意义上所谓的超越追赶，我们的工作价值就在这里。我们在创新领域怎么样去引领世界，我们还是有自信的。但是所有这些都离不开当时许老师的前期开创工作。没有许老师前期的开创工作，我们后面也做不起来。[2]

---

[1] 吴晓波访谈，访谈时间：2018年11月6日，访谈地点：浙江杭州。
[2] 吴晓波访谈，访谈时间：2018年11月6日，访谈地点：浙江杭州。

第十五章

植根于中国大地的理论创新

作为一名管理学研究者，许庆瑞长期致力于探索中国特色的技术创新管理理论与模式，提出关于技术创新管理的理论，从创新应以企业为主体，到二次创新、组合创新，再到全面创新，形成了中国特色的技术创新管理理论体系，在理论上对技术创新管理做出了重大贡献。更重要的是，许庆瑞不仅仅限于理论上的突破与独树一帜，他的理论都源于实践，不是从理论到理论，而是从实践到理论，并进一步用理论指导实践，确实帮助了不少中国企业。在科技与经济的协调发展上做出了独特的贡献。他在推动理论传播的同时，还积极参与国家技术创新工程试点实践，围绕国家自然科学基金重大课题进行技术创新项目研究，着力帮助企业解决发展中的诸多问题，所研究的建议为国家所采纳，在国家层面推动了中国以技术创新为核心的全面创新。

许庆瑞之所以能够在技术创新管理领域做出卓越的贡献，其思想之所以总是走在前列，这与他独特的思维方式和研究风格密切相关，他一直倡导理论联系实际，从马克思主义经济学出发探索中国问题，到企业长期蹲点调研是许庆瑞和他的团队研究工作的常态，真正做到了将论文写在祖国大地上，对"顶天立地"做出了极好的诠释。

一、从理论到实践的中国模式与中国经验

从在上海机床厂的实习调研到在杭州机床厂的调研，从对杭州制氧机厂技术创新模式的探索到对海尔进行全面创新管理的跟踪，从关注上海机床厂的新产品试制中的技术准备到聚焦东方通信基于核心能力的组合创新管理模式，许庆瑞始终从中国的技术创新实际出发，持续关注中国企业的发展，一直倡导并且践行将论文写在中国大地上。也就是说，他始终追求的是理论要能够对实践发挥作用，而不是从理论到理论，要结合中国的实际，要用理论去解决实际问题。研究路线上的这个重要思想，是许庆瑞在创新研究中能够取得

成功的关键。

20世纪50～70年代，许庆瑞主要从事新产品试制（生产工程/技术准备）研究，当时的情况是企业面临"吃不饱，吃不了"的问题，通过长时间在上海机床厂蹲点调研，许庆瑞发现了组织好技术准备工作（设计、工艺、工装、试制等），以及压缩试制周期的重要性，提出研究解决的问题是试制及其流程的设计与管理问题，并且建议利用关键路径法，优先安排主要部件的设计、工艺与工模具/平行交叉，构建和完善了两级协调机制，协调试制流程与生产流程，通过完善计划，使试制流程与生产流程无缝对接，强化了长远（3～5年）新产品研制规划，最后实现压缩试制周期30%～50%。在这些工作中，许庆瑞深刻体会到理论与实践相结合的重要性。

许庆瑞从20世纪80年代开始的许多工作，都是围绕着从实践工作中拓展理论而展开的，正因为此，他从实践发展出来的理论又反过来能够促进中国企业和科技、经济的发展。比较特别的是，许庆瑞非常注重马克思主义思想在中国企业中的应用，而不仅仅是运用西方的经济学理论。比如20世纪80年代在杭州机床厂进行调研时，许庆瑞和陈劲等就探讨了如何提高产品附加值：

许老师教我计算一下各个时代每吨机床可以售价多少，他也是用了马克思的资本论来计算怎样提高产品附加值，产品的附加值是企业经济增长的非常重要的要求，许老师还是用很多资本论中的思想，体现马克思主义思想在中国企业的应用，我们考博士研究生时也是考资本论。[1]

许庆瑞后来研究企业经营管理规律，其中关于企业资本的积累，也是在马克思主义经济学的基础上做了很多研究，这种能力在中国很多管理学的研究中是非常重要而且罕见的：

[1] 陈劲访谈，访谈时间：2018年9月11日，访谈地点：浙江杭州。

大家都讲我是学马克思主义，但是具体怎么做呢？我们是真做，在杭州机床厂调查单个机床售价、每吨机床售价，怎么提升附加值。其次就是到企业调研，我们还去邯钢去研究它的资本积累度，这些都是真正在运用马克思主义思想，我们在这方面的工作能够很好地体现社会主义企业的规律，不完全是西方企业的经营管理规律。

许庆瑞没有完全用西方经济学理论，更为重视的是马克思主义经济学理论对中国企业管理的指导思想，这是他将论文写在祖国大地上的第一个特点。

以企业为中心，长期蹲点调研，所做的研究符合中国的实际情况，能够真正解决中国企业实际的创新问题，是许庆瑞将论文写在祖国大地上的第二个特点。中国的技术创新理论从许庆瑞这里开始起步，他的创新团队后来进行拓展和传承，发展了中国自己的管理创新体系，对中国企业的发展做出了贡献。许庆瑞在1982年提出的"创新（包括研发）应以企业为主体，企业必须与大学、研究院相结合"，是他基于对中国的研究与发展工作的考察发现，人员与资金投入、科研仪器与设备等大部分集中在中国科学院和部委、地方研究机构，企业缺乏创新能力。许庆瑞创新团队在对杭州制氧机厂等的调研中发现，杭州制氧机厂于1956年引进苏联全套技术后，经历了二次创新的进化过程，缩短差距达到当代水平，进而提出了二次创新的理论模式。但是，他们并没有止步于根据调研结果发展理论、写论文，而是一直和该厂保持联系，长期追踪，应用技术能力分析模型对该厂的技术能力分三阶段进行测评，发现杭州制氧机厂的设备和组织能力薄弱。为此他们提出建议，加强组织协调机制；加强与高校、科研院所（如天津大学、浙江大学）合作；制定技术改造规划，淘汰落后工艺。也就是说，许庆瑞创新团队运用二次创新动态模型和能力分析模型，帮助企业制定创新战略和市场产品战略，对该厂的技术引进策略和管理体系都有很大的帮助。杭州制氧机厂后来引进了第五代到第七代的技术，技术上不断有改进和发展，也就是根据许庆瑞和吴晓波提出的二次创新模式预测的，从第一类二次创新到第二类二次创新，然后到后二次创新，再到跨越发展。杭州制氧机厂能够将技术更新到第八代、第九代，许庆瑞的战略思想在其中起了很大的作用。

许庆瑞创新团队从组合创新到全面创新理论的提出和实践也是如此，他们对多家企业进行了长期跟踪调查，特别是对海尔进行了持续30年的跟踪调研。在这个过程中，我们也看到，许庆瑞是将自己基于企业实践发展而来的理论用来指导海尔等企业，所以海尔在洗衣机和冰箱的创新中也用了许庆瑞的理论来做。诸如此类的例子还有很多，特别成功的例子就是海康威视，该公司成立于2001年，许庆瑞创新团队于2002年结识了该公司的负责人，当时吴晓波等对他们进行的指导主要是用许庆瑞创新团队提出的创新管理体系，从二次创新到超越追赶：

> 在他们身上，我认为得到了非常好的体现，所以海康威视整个从实践上一代一代出来，从模拟到数字，从数字到高清，从高清到网络化，从网络化到大数据、云服务，一轮一轮就这么上来了。类似的还有吉利，我给吉利做过顾问，它在发展过程当中也用到这个，所以它的汽车一代一代这么上来，加快了它的这种更新换代，竞争力就能够提升出来。[①]

最近这几年，吴晓波团队和华为的合作比较多，华为的整个产品更新换代也是一样，从模拟到数字，从2G、3G、4G到现在的5G，我们都可以看到，它的发展与许庆瑞创新团队的全面创新管理理论仍然是非常合拍的。

总之，许庆瑞创新团队的创新理论和逐渐发展出来的创新体系

---

① 吴晓波访谈，访谈时间：2018年11月6日，访谈地点：浙江杭州。

越来越获得国际认可，有越来越多的事实证明从二次创新到全面创新体系中的理论是一种规律，它根植于中国的实践，同时又能够指导中国企业的实践。

二、"顶天立地"的实践诠释与贡献中国智慧

"顶天立地"是浙江大学创新团队长期以来倡导的指导思想，许庆瑞对此有着自己的诠释——聚焦前沿、探索创新，又脚踏实地。

顶天的"天"，是前沿的理论知识，这些知识在许庆瑞创新团队的早期研究中，主要是从西方学习，因为很多知识当时的中国没有，"天"就相当于"云彩"飘过来。但是到底哪一块"云彩"真正对我们的研究有用，能"下雨"（出成果）？这需要立足现实，这样才能做出正确的判断，"天"与"地"才能结合起来。许庆瑞凭借敢于交往和英文能力强展开的国际交流与合作、搭建的前沿平台，也是"顶天"的一个重要方面，他一以贯之的调研、中国大地的企业需求就是"立地"。如果从时间和精力的分配来说，许庆瑞去企业调研的时间远比开国际会议要多，即使是去国外交流，他也一定会去国外的企业进行考察，到那些世界一流的高校去了解它们的研究动态。

许庆瑞的博士生们都非常清楚地记得，每年固定的时间，许庆瑞一定要出去开国际会议，往往就是5月，此时美国高校正好放假，其他国家的高校一般是6～7月放假，到10月这一段时间，相对来说都是学校相对不那么紧张的时候，所以很多西方国家主导的国际会议，往往都是在此期间开。只要是暑假，许庆瑞一定会出去参加各种国际会议，到国外的一些一流名校，特别是到麻省理工学院和斯坦福大学，商讨合作，继续建立和维护良好的关系。此外，许庆瑞一定会利用这段宝贵的时间，查阅这些高校图书馆中关于创新管理最新的文献，购买书籍邮寄回来。通过参加会议、与国际上一流的学者面对面讨论、查阅最新的文献等多种方式，许庆瑞总是能够实时地把握住西方最新的研究前沿和进展。

从时间上看，许庆瑞一年有两三个月的时间是陆续在国外的，而且真正有效的所谓"顶天"的时间就是一到两个月的时间。但是接下来的接近10个月时间，是实打实地带着学生们一起"立地"。所以国家发展的动态、企业发展的内在需求，许庆瑞都能够时刻把握住这个脉络。张钢谈道：

我们这个团队也是在许老师带领下跟企业贴得很近，对企业的需求有内在的一种感悟。而这种感悟有时候不一定说得出来，但是体验过，用到对理论的理解上，它就能立刻发挥作用，这就是因为我们体验过了。比如1995年为什么会提出组合创新？首先是发展的趋势和企业的需求。真正从引进消化吸收到自主创新一定会超越技术本身考虑问题。引进只需要看技术，但是一旦自主创新，技术就是一个复杂系统中的结果而已。我们怎么把这个技术挖掘出来，那就是一个涉及复杂要素的问题了，诸如组织的、文化的甚至战略的组合问题。所以这是第一个重要的前提，可能就相当于说需求永远是推动创新的根本力量。[1]

需求牵引、突破瓶颈，促使许庆瑞最早提出了组合创新等一系列创新理论，许庆瑞最早提出组合创新本身也是创新，是扎根在中国大地的企业需求之上的。当时跟随许庆瑞攻读博士的张钢一直认为，许庆瑞关于创新管理体系的提出与社会贡献，从许庆瑞创新团队和国内创新管理研究的发展来说，是水到渠成的过程，可以用一句话来说是"历史的必然"，相当于是历史选择了许庆瑞，而许庆瑞恰恰能够满足企业的需求，又能够一以贯之地捕捉到技术创新研究的前沿问题，所以"顶天立地"在许庆瑞的创新研究中就变成了一个很自然的事情。当然，许庆瑞的"顶天立地"一定要以"立地"为前提，两者不是并列的关系：

---

[1] 张钢访谈，访谈时间：2018年11月12日，访谈地点：浙江杭州。

你要先"立地"了才能"顶天"。"立地"了，然后又一以贯之地成长起来，才会真正"顶天"。你一开始连"地"都没立，就想让思想在"天"上，将来就不知道落到哪一块"地"上去了。所以从这个角度我个人感觉许老师真正地具有"顶天立地"的优势，不是笼统地把这两者并列起来。首先找到了"立地"，把握现实需求，从而为理论的发展确立真正的原动力，而这应该是他能够做出社会贡献非常重要的原因。①

"顶天"和"立地"可以相互印证。许庆瑞时刻关注西方的技术创新理论，同时利用资本论来将理论联系实际，关注社会主义企业的经营管理规律；他从了解中国企业的需求出发，将西方的理论和观点放在中国情境下，从而产生了很多不一样的地方和研究机会，凝练出许多原创的思想和理论，探索出中国模式。从前文我们对许庆瑞学术思想形成的剖析可以发现，无论是组合创新、核心能力还是战略管理、国家创新系统，许庆瑞并没有把它照搬过来，也没有生硬地将它们套在中国的实践之中，而是通过大量长期的调研，将它们融合，让它们再生。

事实上，我们研究许庆瑞的学术成长经历和学术思想的形成，我们探究许庆瑞之所以能够为中国企业和经济的发展做出巨大贡献，就是为了总结经验，供他人借鉴。

三、和企业家做朋友，将创新思想融入企业决策

从事创新研究多年来，许庆瑞和团队积累了大量的调研报告与一手资料，长期跟踪调研的企业不计其数，他们的研究论文中呈现的不是单调空洞的理论，而是丰富的、翔实的数据和模型分析。长期而非短暂调研、系统掌握企业的状况和演化规律，这些都基于许

---

① 张钢访谈，访谈时间：2018年11月12日，访谈地点：浙江杭州。

庆瑞和团队掌握了海量的一手资料和数据，因为细致而深入、真实而贴切，他的创新思想才能融入企业决策、政府部门和面向企业的培训，改变企业家的决策和思维方式。这一切，都建立在企业家对许庆瑞和团队的信任之上，多年来，他们和很多企业家成为知心朋友。

许庆瑞的弟子们聚在一起时回忆最多的，一定是许庆瑞带着他们深入企业调研，以及早期进行调研时的用心与不遗余力。应该说，在他们的求学乃至后来的研究生涯中，很大一部分时光都是在企业调研中度过的。调研时和许庆瑞一起睡大通铺的感动，调研结束后要即时完成调研报告的紧张，数据不充分要多次重返调研后补充的辛劳，得到企业信任后能够翻看原始数据的欣喜，为了节省纸张而购买格数比较多的信纸抑或是将废纸裁开后多次使用的勤俭，这些鲜活的记忆不仅透露着他们调研时的努力，更多的是他们扎根企业的传统与传承。

魏江、张四纲等很多人都和许庆瑞一起调研过宁波水表厂，都清晰地记得许庆瑞告诉他们，如果研究报告中的数据不充分，一定要再回去重新做调研。对许多企业的调研，最初是靠政府文件，团队成员一个一个去跑下来，在这个过程中，他们与企业家成为知心朋友。吴晓波回忆道：

我们去上海调研时，自己拿了一个学生证和介绍信到企业，没有人事先给我们打招呼，到门口找到门卫，我就拿出介绍信说，我们有许老师的研究课题，这是国家的课题，我们要做调研。我问他们，你们的厂长在不在？厂长如果不能见，那么能不能见一见总工程师？他们打电话，总工程师和我们见半个小时或一个小时，我们就赶紧进去跟他们谈。谈得好的话，那个总工程师也会被感动，他觉得你们小伙子很不容易，你们来这里调研，现在要吃中饭了，给你一个餐券，去我们食堂吃饭吧，到食堂就吃个饭，也蛮有意思。

当时在上海我们去了好几个厂，比如中国缝纫机厂、中国微型轴承厂、上海大众汽车。①

在取得了企业家的信任，和企业家成为朋友后，许庆瑞创新团队后来打动企业的就不是政府文件，而是团队可以跟企业更好地沟通和互动。这也是许庆瑞培养人很关键的地方，他非常重视人际关系的交往，沟通能力非常强。许庆瑞创新团队到了企业也非常重视人际关系的交往，陈劲回忆道：

> 我们到杭州机床厂要拿数据，是拿不到数据的，是先跟他们交流，甚至打篮球。有一次，我生病了还跟他们打篮球，打完之后关系就比较好了，他们就让我们拿企业档案，账本都公开给我们，我们记录下原始数据。所以我们企业研究为什么做得好，就是翻企业档案翻出来的。这样做的研究很扎实。现在很多研究为什么做不好，因为都是道听途说的，我们在这里蹲好几天，把东西翻出来。包括东方通信、宝钢，我们都是翻账本，拿到原始材料，把企业的原始材料记下来，包括将原始的书都拿回来，我们现在还保留着邯钢的调查笔记和资料，或者是其他企业的原始账单，因为这些都是我们做研究的好素材，这为我们后面的研究打下了很好的基础。②

魏江关于企业核心能力的概念框架，就是受到企业一线工程师的启发，再把他们的一些观点变成学术术语。许庆瑞自己也赞叹道：

> 魏老师这方面能力很强，有一年我带他到杭州制氧机厂去，他一人留在厂里蹲了三个礼拜，回来获得了很多东西，他很善于跟人家交际。所以学管理的人，一定要有交往的能力，你没有交往的能

---

① 吴晓波访谈，访谈时间：2018年11月6日，访谈地点：浙江杭州。
② 陈劲访谈，访谈时间：2018年9月11日，访谈地点：浙江杭州。

力就学不到东西，要跟人家做知心朋友。①

仅仅在1990年这一年，许庆瑞就与吴晓波等调研了杭州制氧机厂、杭州齿轮箱厂、杭州机床厂、上海大众汽车、中国轴承厂、中国缝纫机厂、中国微型轴承厂、宁波水表厂等多家企业。哪怕是在20世纪90年代，用调研获取原始数据这种方式来做管理学研究还比较少见，当时最时髦的做法是建立模型，而不是去企业调研获取一手数据，建模所用的数据都是假设的，没有真实的企业数据。许庆瑞创新团队是率先在中国结合实际进行理论研究的团队。他们到熊猫电子、杭州机床厂等企业做完调研之后，对调研过的企业本身的发展起到了很大的作用。

许庆瑞在企业的调研让企业家认识到，他的研究并不仅仅是从理论到理论，作为一名管理学者，许庆瑞并不只是拿到数据发表文章而已，而是确实从管理水平的提升上去帮助企业。比如许庆瑞创新团队发现，中国有很多的中小企业没到一定的竞争水平，硬要企业去做原创的研究、进行原创性创新，这是很牵强的做法。正确做法是要让市场规律发挥作用。但是让市场规律发挥作用，并不是放任它去起作用，而是可以通过很多好的制度设计，包括对管理人员的培训，让企业能够知道应该有长期的战略，应该重视研发，这个节奏如何重视和把握，就有很多创新管理和科研管理方面的问题。为此，许庆瑞还专门面向企业管理人员办了培训班，让企业的管理者意识到，要通过管理水平的提升来促进企业的创新，而不仅仅是简单地设想有钱有需求就能做好企业，提升管理水平是要讲科学的，要有人去做科学的研究。

1988年，许庆瑞作为中国企业家协会理事，参加了第一届全国优秀企业家颁奖大会。此后，许庆瑞还担任过浙江省企业管理协会副会长，与一些企业家都有过较深的交往。他的创新团队

---

① 许庆瑞访谈，访谈时间：2019年8月24日，访谈地点：浙江杭州。

1988年第一届全国优秀企业家颁奖大会期间,许庆瑞(左一)与企业家冯根生(右一)、浙江省企业家协会秘书长沈惠臣(左二)合影

从20世纪90年代和海尔在人才培养与技术创新管理咨询等方面一直保持着密切的产学研合作,在长期的合作基础上,浙江大学和海尔成立了浙江大学-海尔"创新管理与持续竞争力联合研究中心",为双方进一步加强合作提供了重要载体和有效平台。特别是在当前着力自主创新、建设创新型国家成为国家战略的新形势下,作为我国自主创新的一面旗帜,积极打造世界一流企业的海尔,和许庆瑞创新团队一起,双方的进一步战略合作更具有现实意义和深远价值。基于对华为多年的跟踪与研究,2014年,许庆瑞的学生吴晓波推动创建了校企联合研究中心,浙江大学睿华创新管理研究所致力于建设成为具有国际影响力的华为创新管理研究和信息中心,成为国内华为研究最重要的学术和信息交流平台。浙江大学睿华创新管理研究所由吴晓波和华为国际咨询委员会顾问田涛担任联席所长,以华为的历程和经验为研究对象,总结华为管理的成功之道和潜在问题,形成具有中国特色和全球影响力的华为理论。浙江大学睿华创新管理研究所还建构了华为研究的全球网络枢纽,建立了华为研究的专业数据库,举办了高水平的华为研讨论坛,这些都延续了许庆瑞重视企业和企业做知心

朋友的良好传统。

四、政产学研相结合

产学研结合，是国际上倡导的促进研究与发展的一种很好的模式，但是在许庆瑞看来，中国的特殊之处在于，要政产学研相结合。在许庆瑞创新团队这些年的技术创新和创新管理研究中，他切实体会到，政府部门在中国的企业和经济发展中起到了非常重要的推动作用。

推动许庆瑞和企业结合展开创新管理研究的第一个关键人物是吕祖善。他们最初接触是在1986年，许庆瑞与蒋绍忠赴浙江省机械工业厅与时任浙江省机械工业厅副厅长吕祖善商讨政产学研合作研究事项。到了1989年，吕祖善到浙江大学来商讨合作研究企业管理/战略研究事宜。吕祖善在南京航空学院（现南京航空航天大学）发动机系发动机设计专业学习过，后来担任过浙江省机械工业厅企业管理处工程师，对技术很重视，而且有学术思想和战略眼光，他对战略问题很有研究，意识到一个企业要做好，工业战略制胜，战略要胜过其他企业，否则没有办法超越其他企业，这是第一条规律。吕祖善到浙江大学了解了许庆瑞所做的实践工作和学术工作后，非常支持许庆瑞和企业之间建立联系，由此双方便展开了多年的政产学研合作。

我们不光是产学研还包括政，因为政还是很重要的，特别是在中国的国有企业，都是在政府的领导下，我们后来到522厂调查，到杭州制氧机厂调查，都是吕祖善帮我们联系和支持，我觉得这是我们取得成功很重要的方面。[1]

---

[1] 许庆瑞访谈，访谈时间：2018年12月14日，访谈地点：浙江杭州。

1989年许庆瑞（中）与浙江省经济贸易委员会范坚中处长（右一）、
浙江省企业家协会干部赴温州调研途中合影

1994年，吕祖善担任浙江省委秘书长，为许庆瑞创新团队下厂调研召集了在杭主要企业负责人（包括522厂施继兴、杭州制氧机厂俞兴华等）开会商讨调研事宜，继而又派省政府潘家玮处长安排他们到宁波水表厂的调研事宜。魏江清楚地记得，这是20世纪90年代中期前后的事情。他们所做的调研工作与中国改革的背景密切相关，当时国家要搞活国有大中型企业，开始"破三铁"，建立新的企业制。企业承包之后发现有问题，就开始要做企业公司制，也就是后来的股份有限公司和有限责任公司。在这个过程中，一些大企业很想了解管理和创新的具体情况，吕祖善对此也比较感兴趣和关心。魏江回忆道：

> 那个时候我们总共去了浙江省的5家企业，一家是东方通信，这个是我们调研最深入的，还有一家是浙江麻纺厂，还有杭州第二毛巾厂，以及当时的杭州制氧机厂、杭州汽轮机厂。省内选了5家企业让我们去，当时杭州的国有企业里面比较大的企业我们都去了，到企业里面调研如何把企业搞活。①

---

① 魏江访谈，访谈时间：2018年11月4日，访谈地点：浙江杭州。

另外，绍兴还有一家企业，叫绍兴丝绸印染厂，现任浙江省杭州市政协主席潘家玮，在那个时候是浙江省委办公厅某个处的副处长，也跟着许庆瑞的团队一起到企业里面去，足见吕祖善对浙江大学师生去企业调研的关心和重视，一心要把浙江企业做好，扎下根去，把企业搞活。同样，许庆瑞一直希望能用科学的管理学理论来推动中国企业的发展，同样的家国情怀，促使他们为了共同的愿景，一家企业一家企业地去调研。

许庆瑞意识到一家企业若要在这个急剧多变的环境中求得生存和发展，必须很好地掌握和运用企业经营管理基本规律，如缺乏经营好企业的规律，往往就只能像大多数企业那样，在不到五年、十年的时间里沦亡。这是一个前人未曾做过的难题，但确实又是一个十分重要的课题。为此，他承担了国家自然科学基金"九五"重点课题"我国国有企业经营管理基本规律研究"。项目在开始就受到了当时已经是浙江省委常务副省长吕祖善的支持，他亲自主持座谈会，邀请课题组的许多顾问和企业的总裁，包括东方通信的施继兴、杭州制氧机厂的俞兴华等进行研究。许庆瑞也很感激，项目研究在进行期间，许多大企业的负责人都很支持，比如海尔的杨绵绵、中兴通讯的侯为贵与周苏苏、海信集团的周厚健、万象集团的鲁冠球、宝钢的徐乐江、邯钢的刘汉章和李华甫、昆药集团的李南高、山东铝业的罗安等。召开了座谈会，得到了理论界、企业界和政界的支持。正是因为这种良好的政产学研的互动，许庆瑞的技术创新和创新管理理论才能够真正地落地，切实发现企业发展过程中遇到的问题，并且提出有效的政策建议。

许庆瑞将对企业的微观研究与国家战略的宏观考察相结合，既能细致入微，又能形成国家战略。许庆瑞有关技术创新的思想也得到了国家经济贸易委员会技术装备司的重视，许庆瑞撰写的《技术创新管理》在国家技术创新工程建设中发挥了重要作用。许庆瑞将这本书送给了国家发展和改革委员会的孟宪棠同志，以及当年主持国家技术创新的主管部门和国家经济贸易委员会技术装备司的江旅安司长及处室的一些同志。这本书被认为"对我国原经贸委技装司从事国家技术创新工程的领导和管理的干部来说起了重要参考作用"①。

在随后的国家技术创新工程试点中，许庆瑞关于技术创新的理论和思想开始在企业中发挥更大的作用。国家技术创新工程的第一批重点试点企业共5个，即海尔、方正科技、江南造船厂、华北制药、南京化工集团。国家经济贸易委员会邀请许庆瑞参加国家技术创新工程的酝酿，并且做了一些讲座，海尔的副总裁杨绵绵也去了，杨绵绵听了以后觉得很好，一下就抓住了技术创新这个理念。许庆瑞创新团队对海尔的全面创新管理提出了大量的建议，从海尔第二战略阶段的组织体系、战略体系到核心能力-人力资源开发，再到全面创新管理，一步一步通过多次调研来协助海尔的技术创新体系建设。

除了帮助海尔进行技术创新体系构建外，许庆瑞在推动理论传播的同时，还参与国家技术创新工程试点实践，对宝钢进行全方位系统创新研究，对北大方正、华北制药、中兴通讯、江南造船厂、小天鹅等国家试点企业的技术创新工程研究提供了帮助。许庆瑞创新团队不仅参与了国家有关部委和省有关部门的技术引进政策和技术发展战略的决策咨询，推动了国家和地方技术创新政策的科学设计，还对国家和省技术中心的建设与完善献计献策。他们为海尔、南京化工、南京熊猫集团等著名企业建立技术中心提供咨询，有力地推动了技术创新研究在我国的蓬勃开展和创新研究成果的推广应用，对国家技术创新工程的推出起到了有力的促进作用。

通过面向企业举办培训班和讲座，许庆瑞将技术创新的理念传

---

① 摘自国家经济贸易委员会负责国家技术创新工程组织协调的技术装备司原副处长、后担任国家发展和改革委员会高技术产业司创新能力处处长的孟宪棠撰写的《许庆瑞教授在国家技术创新工程方面的工作》。

播给企业。每一次培训前的准备工作，许庆瑞付出的精力不亚于从事自己的研究。学生徐笑君还记得许庆瑞为企业培训认真准备的情景：

许老师的培训讲座都有课程设计，他会阅读大量的材料，集合大家的智慧去做PPT。做研究和给企业上课完全是两回事，不仅观点要新，而且要让别人觉得你讲得很有道理。

当时担任东方通信事业部总工程师的毛武兴，还记得许庆瑞1995年左右到东方通信讲授技术创新的情景：

东方通信的管理人员都很优秀，不过受过正规管理学熏陶的比较少，许老师给我们讲了战略，大家觉得视角很新，当时就感觉，企业管理原来还有这样一套方法。当时真的是非常缺人，许老师鼓励我们，下一步你们是不是要做一些研发工作？正好可以将这两个结合起来。以前研发很难做，很难成功，尤其在20世纪80年代刚改革开放的时候，研发水平跟国外差距太大了。许老师来给我们讲下一步怎么搞研发，讲市场和技术，市场已经挤进来了，接下来要进入研发了。[①]

为了配合国家技术创新工程的建设，1996年和1997年，许庆瑞还给企业办了两期培训班，一部分在杭州上课，同时还带企业家们到新加坡考察。东方通信事业部总工程师毛武兴、企业发展部总经理郭端端、技术中心常务副主任陶雄强等都参加了培训，许庆瑞给他们分了几个班，分几批去新加坡学习、考察，为企业的后续发展培养了一批很重要的干部队伍。他还会请国际的优秀学者到中国的企业中去做报告，如加利福尼亚州立大学北岭分校的李明芳教授

---

① 毛武兴访谈，访谈时间：2019年1月26日，访谈地点：上海。

就被邀请到培训班上课。毛武兴记得许庆瑞1995年左右到东方通信讲授技术创新的情景：

> 那几年东方通信正在实施以移动通信为龙头，以程控交换、数字传输、激光照排为支柱的产业发展宏伟规划，从各大高校引进了一大批本科生、研究生（包括少数的博士研究生），人才素质与专业能力都很优秀，不过较少受过正规的管理学教育熏陶，管理的实践也很少。许老师讲授了战略管理和技术创新，当时在场的学员都感觉视角很新，感叹企业管理原来还有这样一套方法。特别是许老师讲课高屋建瓴，给人醍醐灌顶的感觉，比如他讲授管理学时讲到自然科学和社会科学的方法上的差异。自然科学的一般原则是结构决定功能，一般分析思路是从结构分析开始；而社会科学的特点是功能决定结构，因此一般分析思路是从功能目标开始。这似乎是另一种"顶天立地"之感。①

徐笑君和华锦阳也记得许庆瑞邀请了不少技术创新领域的国际学者来做讲座，参加ISMOT，将国际交流与企业培训很好地结合起来，让企业了解国际上的技术创新与管理理念与方法：

> 许老师的国际交流做得比较早，那个时候国内比较少有人有这个意识，或者说国际交往的很少，许老师应该说是做得很多，他每年都有很多交流。而且他出去了之后，又很主动地和国际学者、企业互动，真的是一门心思地在创造一切条件做研究，帮助企业。②

此外，通过与浙江省等地方各级政府密切合作，许庆瑞创新团

---

① 毛武兴访谈，访谈时间：2019年1月26日，访谈地点：上海。
② 徐笑君访谈，访谈时间：2019年1月26日，访谈地点：上海。

队积极提供决策咨询和创新管理培训，如主持开展了"浙江省中长期科技发展规划研究""浙江省企业技术创新统计分析研究"，与浙江省经济贸易委员会合作开展了省级技术中心评估认定等，对区域创新体系的建立完善和企业技术创新管理水平的提高做出了很大贡献，受到了有关省市领导的充分肯定。其中，"浙江省企业技术创新统计分析研究"为浙江省企业技术创新的进一步展开提出了政策建议，提高了政府对企业技术创新宏观管理的意识，还为各类企业应用和开展技术创新工作提供了帮助，正因为此，该项研究于1999年获得浙江省科学技术进步奖三等奖。这都是缘于许庆瑞等在创新管理领域的研究始终坚持理论密切联系实际的传统，他们在创新管理理论方面既密切跟踪国际最新研究动态，把握学科前沿，又积极地结合中国企业的管理创新实践，努力发展符合本土实际的创新管理理论，将理论研究成果应用于中国的企业实践并融入国家最高决策。

以许庆瑞最早期博士生、"长江学者"吴晓波作为领军人物组建的浙江大学"创新管理与持续竞争力研究"国家哲学社会科学创新基地，是目前我国创新管理领域的重要研究基地，拥有管理科学与工程国家重点学科及企业管理、公共管理等省级重点学科，覆盖5个博士点、2个博士后流动站。下设七大研究所，并与剑桥大学、利兹大学等国际一流高校，以及美的集团、海尔集团、中集集团等国内知名企业建立联合中心和联合实验室。同时，与华为保持密切联系，与华为前高管团队建立联合研究中心。在贵州大学、电子科技大学、浙大宁波理工学院等成立分基地，开创了高校校级合作研究的新型组织形式。目前这个基地汇集了浙江大学创新团队有国际竞争力的学者，围绕创新管理与持续竞争力研究领域的前沿问题和国家现代化建设中的重大理论与现实问题进行建设。

"长江学者"、现任浙江大学管理学院院长的魏江，于2009年与杭州市发展和改革委员会合作成立杭州市服务产业发展研究中心，该中心也是政产学研充分结合的典型。该研究中心充分利用浙江大学的学科优势和人才优势,开展全方位的理论服务、政策和产业规划研究,通过学校与政府合作,打造国内一流的现代服务业研究中心,为杭州市提供一流的知识、信息和政策服务,在企业-产业-区域多层次服务创新体系、知识密集型服务业创新理论、服务企业创新战略等方向形成特色。研究中心以国际化、开放式、网络化的建设理念和全新的管理模式和运作机制,致力于把研究中心建设成为国内一流、具有国际影响的现代服务业研究基地,陆续完成了一系列研究课题,包括"杭州市现代服务业大企业大集团国际竞争力研究""杭州市服务质量'十二五规划'研究""杭州市'服务业西进'的思路与对策研究""服务业发展'杭州模式'研究""杭州市服务业集聚区推进机制研究"等,成为杭州市和服务企业的思想智囊库和决策咨询中心、杭州市高层次服务业人才培养培训基地和杭州市现代服务业数据库与信息平台。

据2011年成立的浙江省浙商研究会统计,全国和海外的浙商约有750万人,该研究会以浙商为研究对象,以浙商的全球战略与运营、技术与商业模式等作为研究内容,展开了有效的研究。第一届负责人为吴晓波,第二届为魏江。此外,许庆瑞的学生,包括陈劲、郭斌、张钢、郑刚、刘景江、毛武兴、范保群、朱凌、梁欣如等都在不同岗位研究和实践技术创新理论,并取得了成果。许庆瑞一贯坚持的政产学研相结合,以及"顶天立地"的研究精神已经得到了传承。

若干年坚持不断地研究,专注一个领域和方向,对中国问题的洞察力,对企业实际情况的了解,慢慢形成了见功力的理论与建议。魏江感叹道:

许老师一直以来让我们扎根实践,洞察现实问题,这是我们从读博士期间就开始形成的,这种思维太重要了,只有拥有这种思维你才可以到企业里面发现真问题而不是假问题,你才可以做出规划,对国家提出政策建议。我们理论上讲的很多东西是讲道理,对国家和政府提出规划建议是需要用精练的语言来解决问题,几十万、几百万、上千万家企业的问题,就那么三百个字,你怎么去回答?我们之所以能够做到,我觉得是许老师教我们扎根实践,广泛地涉猎与创新相关的东西,有了长期的积淀,了解创新、懂得创新,然后自然而然地厚积薄发。①

2012年9月,与前杭州市副市长马时雍合影(左起:吴志岩、张素平、王莉华、马时雍、许庆瑞、赵晓庆、陈力田)

五、走在中国经济发展与改革的前列

许庆瑞创新团队是最早进行研发管理和技术管理的研究团队,许庆瑞从20世纪80年代初就开始研究创新,当时创新并非热门领域,超出了很多人的理解范围,但是凭着他对新领域和问题的敏锐感知,坚持做一个领域,基于一以贯之的调研与实证研究,以及广阔的国际前沿视野,许庆瑞的思想和倡议始终走在中国经济发展与

---

① 魏江访谈,访谈时间:2018年11月4日,访谈地点:浙江杭州。

改革的前列。在创新的这个领域,无论提出企业是创新主体,还是创新必须结合组织文化、战略等非技术因素,无论是自主创新,抑或是全面创新,许庆瑞的观点总是走在前面。也是因为此,他的思想和理论才能总是推动国家的创新战略和举措的制定和实施。

许庆瑞在求学时期就积累了与创新有密切关系的基础知识,在交通大学读大学时期,他读的就是工业管理工程专业,属于科班出身,到了中国人民大学又是读工业经济专业,在该校做论文的时候到上海机床厂蹲点,又是做企业的技术开发问题。许庆瑞原来的知识基础一以贯之的都是围绕着企业的技术和生产问题展开的。这样他就有了关于创新的深厚的技术基础,有管理的基础,还有工业经济学的基础。改革开放之际,许庆瑞又站到了两个创新研究的前沿学府——麻省理工学院和斯坦福大学,直接跟上了一以贯之的科学技术管理的研究与技术创新的前沿。

有了从高中、大学开始的知识积累,改革开放之后直接通过麻省理工学院和斯坦福大学这些平台,站到技术创新的前沿,许庆瑞逐渐拥有敏锐的洞察力。这样他才会发现国家的研究与发展工作,包括人员与资金投入、科研仪器与设备等,大部分集中在中国科学院和部委、地方研究机构,导致企业缺乏创新能力,带来的后果是科技与经济脱节、科技成果应用率极低。1982年11月,他在中国科学院管理科学组召开的会议上,提出"技术创新(包括研发)须以企业为主体,企业必须与大学、研究院结合"的思想。20世纪80年代初,国内的管理学都集中于翻译苏联和英美关于科技管理的论著,还不知创新是何物,已有的有关科技管理或技术经济学的理论多源于苏联,但是苏联没有技术创新,只有技术经济学,技术经济学的范围与创新不同,创新是要把科学技术的东西、产品变成成果好应用。中国当时还没有技术创新这个概念,只有一种说法叫科技与经济两张皮,国家科学技术委员会、国家经济贸易委员会都是分开的。为什么当时中国科学院的成果应用率只有1%?许庆瑞犀利地指出，就是科技与经济的突出问题没有找到关键点，这个关键点就是创新，创新就是要把科技成果实现商品化，进入市场应用，科技才能达到发展经济的目的。在这个时期，许庆瑞的研究和理论是走在企业需求前面的。许庆瑞的这个思想比后来国家经济贸易委员会颁发的《"九五"全国技术创新纲要》提出"以企业为主体创新"的方针政策早了14年。

后来结合国家技术创新，许庆瑞团队研究了一二十年之后，发现创新应以企业为主体还不够，还要解决创新的道路问题，于是根据中国的实际情况，他们又提出了二次创新。在提出二次创新、组合创新和全面创新的理论时，许庆瑞创新团队的研究仍然紧跟企业的需求，而不是跟着政策走，其实他们是走在政策的前面，改革开放初期是走在企业需求的前面，再往后是紧紧把握住企业未来的需求，几乎每一步都是这样的。在消化吸收的基础上提出的二次创新理论，为国家经济贸易委员会接纳，国家经济贸易委员会将单纯的"避免重复引进"的政策改为"避免重复引进和出口并举"的政策。关于全面创新的理论也是如此，许庆瑞将《全面创新管理》这本书送给了时任浙江省省长吕祖善，他后来在浙江省提出全面创新、全民创业，被浙江省采纳和使用是在2007年，后来国家经济贸易委员会领导小组在会上提了全面创新。全面创新的概念从提出来到应用有十多年，慢慢就被认可、在国家层面被接受。

因为他们的研究牢牢扎根中国大地，深入中国企业的发展，所以才能把握住企业的内在需求，甚至有时候当企业的需求还没有真正地表达出来时，许庆瑞便把握了企业的未来需求。企业的需求是推动创新的根本力量，而许庆瑞的创新理论的提出本身也是一个创新。许庆瑞能在不同时期把握住企业的需求，这些都是基于许庆瑞的"顶天立地"，源于他对这个领域的前沿的把握，能够准确洞悉到前沿的需求并将它凝练出来。缺乏这种能力，即使企业有需求，研究者也不一定能探究背后的创新管理原理，并提出解决方案。

许庆瑞的理论创新能力和概括能力，既不是完全按照西方的理论框架来，比如开放创新、颠覆创新这些都是西方的，不是中国自己的创新模式，而许庆瑞却在中国企业发展的基础上形成了自己的理论体系，不仅仅是在国际上已有的理论上做了优化和延伸，而是做出了原创性的工作。在人文社会科学领域，在管理学科领域，原创理论是非常少的，而许庆瑞的组合创新是原创，并不仅仅是西方的组合管理，也不仅仅是项目管理层，而是上升到了企业层面。全面创新更是如此，是创新理论的不断突破，是许庆瑞和团队重视与国家发展结合，创新从技术以及文化、组织等非技术方面不断地演化出很多创新的研究思想，许庆瑞的创新体系研究在动态变化过程中不僵化，他执着于创新研究的中国模式，是在动态变化当中的执着坚持和执着研究，这在一般的学术里面是很少见的。

对比世界上其他国家，关于创新的新理论并不多见，这几年欧洲共同体对于技术创新也少有新的理论出现，这与中国经济的发展、对创新的重视有关，也与许庆瑞几十年来对创新研究的推动有关。现在企业已经成为创新的主体了，中国经济已从二次创新主导的发展模式走上了全面创新的新时代，中国提出了创新引领，将创新推向新的阶段，创新引领发展正加速成为新时代中国经济社会发展的主旋律。中国经济和社会的发展要靠创新带头，创新是无限的，有助于企业实力的发挥。许庆瑞的这些创新理论是国外没有的，从二次创新到全面创新的创新管理体系，是中国特色自主创新的道路，许庆瑞的全面创新理论是中国原创性的理论。

随着中国将创新提到新的高度，许庆瑞创新团队也在努力突破以前的东西，对中国创新管理理论进行新的探索，提出了超越追赶应超越既有战略导向，以拥抱技术范式转变催生新型智能制造生态系统作为中国制造未来发展的重点方向[①]，这对中国现在创新的政策

---

① 许庆瑞，吴晓波，陈劲，等. 中国制造：超越追赶的创新战略与治理结构研究. 北京：科学出版社，2019：vi.

也是一个非常重要和前瞻性的观点。在2018年召开的中国科学院和中国工程院两院院士大会上，习近平系统分析了我国科技创新领域存在的突出问题："我国基础科学研究短板依然突出，企业对基础研究重视不够，重大原创性成果缺乏，底层基础技术、基础工艺能力不足，工业母机、高端芯片、基础软硬件、开发平台、基本算法、基础元器件、基础材料等瓶颈仍然突出，关键核心技术受制于人的局面没有得到根本性改变。"并高屋建瓴地指出"坚持创新是第一动力"①。然而，创新如何引领发展从而促进中国制造由大变强是一个学术界尚未讨论过的理论空白。对此，许庆瑞敏锐地注意到，创新管理已进入创新引领的研究时代，也是继二次创新、组合创新和全面创新之后的第四代创新理论阶段。他在院士荣休会、"许庆瑞从教65周年"庆祝会、全国创新管理研讨会等多次会议上提出，创新引领是区别于创新驱动的一种创新范式，创新引领将创新摆在比战略导向更重要的位置上，"创新引领的研究时代已经到来"，并鼓励弟子们进行创新引领理论的深入研究。2018年7月，在完成先期中国工程院工程管理学部委托项目"中国制造：超越追赶的创新战略与治理结构研究"的研究任务后，许庆瑞勉励团队成员不止步于此，立足于中国制造创新能力提升这一基本问题，对创新引领开展一些开拓性的研究。

此后，每年由博士后刘海兵协调团队成员赴青岛海尔开展为期2~3个月的蹲点调研，目的在于从实践中思考创新如何发挥引领作用，进而做出理论上的探索。

在许庆瑞的悉心指导下，刘海兵开展了一些创新引领理论方面的初步研究。经过两年的摸索，试图厘清创新引领的理论脉络。他认为创新驱动是战略管理范式中达成企业目标的一种手段，意将通过创新建立企业可持续竞争优势，而创新引领意味着，要由战略导

---

① 新华社.习近平：在中国科学院第十九次院士大会、中国工程院第十四次院士大会上的讲话.2018年5月28日。

向构筑企业优势的惯例转变为创新导向构筑企业可持续发展力,创新是企业发展的基本逻辑和价值旨归,即创新既是企业行为的起点,也是终点。而这与肇始于20世纪60年代、正式形成于20世纪70年代、兴盛于20世纪80年代和90年代、裂变于21世纪初期的战略管理理论既存在相合也有分歧。可以说,从宏观层面看,创新引领正在替代传统的战略导向,是企业层发展范式的问题,从微观层面看,是进一步提升了创新驱动的重要性,形成了高于战略导向的创新引领。创新引领的价值导向,超脱于企业自身利益和价值的满足,致力于寻求企业自身利益和促进社会利益的双元平衡,更加重视在促进社会进步的过程中实现自身利益。创新引领将创新提升到了更高的高度,要求以更强的社会责任感为导向,以创新的方式引导、带领企业战略选择及实施,从而推动企业实现利益价值和社会价值的良性互动,推动人类社会进步。创新引领的效应,除了构建企业可持续的竞争优势外,更重要的在于对行业技术和社会进步的贡献。创新引领的驱动力是创新文化等。在概念界定的基础上,许庆瑞团队还以海尔案例为基础探讨了创新引领实现的机制。当然,这些研究还处于起步阶段,有待进一步深入。

回顾管理学范式的转变,许庆瑞认为它经历了从古典管理到现代管理,再到后现代管理的两次跃迁,而新科技革命和中国特色管理实践,正推动着管理学向中国哲学引领的第四代管理学——整合管理转型。他期待第四代管理学应该更加侧重整体观和系统观,强调科技与哲学融合、东西方文化融合、规范管理与创新管理融合,旨在推动人的全面发展。新时代管理学理论的立足点,应该面向新时代和全球创新竞争趋势,超越单一文化维度、单一经济发展理念,强调人和社会的全面可持续发展以及幸福感提升,这也是企业经营管理的价值原点。中国的管理学者和企业领导肩负着探索发展中国模式、总结升华中国经验的转型使命,要充分发挥中国优秀传统文化和中国情境的优势,坚持以科技创新为核心进行全面创新,建设面向未来的科技创新强国，决胜全面建成小康社会。与此同时，还要加强企业经营管理的整合性思考，面向全球共同挑战与趋势，为人类命运共同体建设贡献中国经验、中国理论与中国智慧，推动全球可持续发展。

90岁高龄的许庆瑞，初心不改，依然坚守企业实践，虽艰难跋涉，但是每一步都走得稳健扎实。创新团队的每一次调研、每一次讨论、每一次报告都记录下了中国企业的技术创新历程。面对着创新领域不少学者的退出，许庆瑞创新团队依然保持着静心与初心，延续着对创新管理研究的深情与眷念。

2021年11月，许庆瑞获得复旦管理学奖励基金会颁发的"复旦管理学终身成就奖"。借许庆瑞的获奖感言作为本书的结尾：

这个奖并不是我个人的荣誉，而是对我们整个团队的认可和鼓励！我们浙大创新团队将再接再厉为创新发展做进一步努力！回顾三十余年的工作，我们浙大创新团队主要有三方面的贡献。

其一，从20世纪六七十年代起与上海交通大学、复旦大学及清华大学等学术界同人，在创新发展上做出艰辛的努力，完善了管理学科的理论体系，并将创新与管理结合起来、将创新与系统科学融合在一起，总结了适合中国国情的创新道路，做出了"二次创新—组合创新—全面创新"的论述，这个理论体系从某种程度上为国家和企业的决策提供了重要依据。

其二，我们培养了数十位具有教学和研究能力的人才和企业管理人才，被国际知名学者李明芳提到的"四大金刚"就是我们团队的骨干吴晓波、魏江、陈劲、郭斌等。

其三，我们协助政府部门发展了一批创新型企业和创新型管理人才。早在1995年，我们就参与了第一批国家技术创新工程，与方正科技、海尔等多家企业建立了长期的合作，我们与一批企业家共同学习与成长，例如海尔集团的张瑞敏、杨绵绵，522厂的施继兴等。

今后我们还将在科学攀登道路上做出更多努力，在创新道路、创新能力提升和创新人才培养三方面做出更多的贡献，并在我国进一步的创新发展中做出贡献。

最后，感谢复旦管理学奖励基金会对我们团队工作的认可，感谢复旦大学，感谢我的单位浙江大学，以及我们创新团队的所有成员！

附　　录

附录一　许庆瑞回忆录一

首先要感谢上海华东师范大学朱晶副教授,她欣然接受了本人传记的编写工作。她重查考,重实证,重访谈,整个两年过程中做了大量细致的工作。由于我几十年的工作繁杂,又缺少档案记录和日记,为传记编写工作增加了不少困难,谨此向朱晶老师表示最大的歉意和由衷的感谢。

我的秘书王莉华同志为此次传记编写做了大量细致繁重的工作,并安排参加了数十次访谈。她参加编写部分章节(第十三章等)、我的大事年表与主要著述目录等部分,并进行了多次烦琐修改的工作。任务繁重,她任劳任怨,加班加点不辞辛劳,在此表示深深的感谢。

其次,要感恩我一生中遇到的好老师——交通大学的周志诚老师、南洋模范中学和上海大同大学附属中学的老师们。到浙江大学后,又得到洪鲲、王爱民等老师的相传和指导。成立工业管理工程系后得到翁永麟、王燮臣、谭仁甫、张秘机、黄擎明、蒋绍忠、胡介埙等老师的不少帮助。谨向这些老师表示最衷心的感谢。

感谢浙江大学创新团队的学生们对我的关心、爱护和照顾。20世纪90年代,我与吴晓波、陈劲去北京进行调研和申请项目等,为了赶公交车被路边的铁链绊倒,造成我右手骨折,在北京大学第三医院动手术后又住院十多天。其间都是吴晓波、陈劲轮流到医院照顾,此情景记忆犹新。还要感谢不少学生为我做的诸多繁杂、细致、艰难的工作,如陈劲、魏江、刘景江、郑刚、朱凌、朱建忠、梁欣如等,在此表示由衷的感谢。我的性格比较固执,有时对学生过于严格,感谢学生们对我的体谅。我们的团队老师和学生们在创建我国创新理论和道路的共同奋斗中结下了深厚的友谊,十分难能可贵,终生难忘。愿师生友谊永存。

另外，我要感谢浙江医院的医师们。因1969年去"五七干校"劳动扭伤了腰，从20世纪70年代直到目前，我与浙江医院推拿科结下了缘。第一代传人陈省三医师、第二代传人郁晓东医师、第三代传人郑胜明医师和胡军飞医师，他们的推拿手法精湛，对我的身体健康大有裨益。还要感谢浙江医院干部保健科的陈童、李颖、章陈怡等医师们对我老年期健康的保护和指导。

附录二　许庆瑞回忆录二

在本人回忆录中追念三位已逝的亲人。

一是大妹许庆平。她1953年毕业于上海大同大学，曾在上海第一钢铁厂炼钢车间任工程师，被苏联专家誉为"新中国第一代女炼钢工程师"。她后任上海第一钢铁厂技术处高级工程师，为祖国钢铁行业的标准化建设贡献了毕生的智慧和才华。她是父母生育的8个子女中的第一个女儿，在家中照顾父母和兄妹十分辛劳，付出很多。2014年不幸患病离世。我永远怀念她！感谢她！

大妹许庆平

二是幼弟许庆建。他自幼努力勤奋，优秀好学，1964年从中国地质大学（北京）毕业后到地质部西南地质科学研究所（现中国地质调查局成都地质调查中心）工作。他的足迹遍及云贵川藏等地区，发表论文多篇，被评为地质工程师。1977年单位派他到西藏林芝地区工作，9月15日在朗县附近的雅鲁藏布江边为抢救同组赴藏的落水同志而牺牲，终年35岁。他去世时两个孩子幼小，他舍己救人的高尚情操一直激励着两个孩子的成长。女儿许峻、儿子许建海均继承父志，工作成就显著，已成为社会主义建设事业的优秀接班人。他的夫人刘元君和两个子女及第三代两次赴西藏朗县雅鲁藏布江边祭奠，以示哀思和追念。

幼弟许庆建 　　2017年，幼弟的女儿许峻、　　2019年，幼弟的夫人
　　　　　　　儿子许建海赴西藏吊唁父亲　　刘元君、子女及孙女
　　　　　　　　　　　　　　　　　　　　许琳瑄第二次赴西藏祭奠

　　三是儿子许建新。他1982年毕业于浙江大学电机系，1989年毕业于日本东京大学，获工学博士学位。后受聘于新加坡国立大学电气与计算机工程系任副教授、教授。2011年当选为美国电气和电子工程师协会会士。指导博士生31人、硕士生22人，完成23个研究项目，在国际期刊上发表论文217篇。2011年发现患肺癌，病痛折磨着他，但他研究治疗方案为自己治病，病中没有一天放弃工作。2017年发现癌细胞脑转移，最终放弃治疗，于2018年2月7日尊严离世，终年61岁。这是我们全家最大的悲痛。他育有一女慧璠，现已从美国纽约大学毕业。他在7年的病痛以及在近30年的事业拼搏中都得到他夫人陈虹的悉心照顾和关爱付出。我们永远怀念他。

许建新与其女许慧璠合奏（于新加坡）

附录三　许庆瑞大事年表

1930 年

1月29日，出生于江苏省武进县（现常州市武进区）。父亲许冠群，名超，母亲顾芝芳，他们育有五子三女，许庆瑞排行第二。两岁时，许庆瑞随父母全家迁往上海。

1936 年

6岁时进入上海道一中小学学习，上一年级。

1937 年

7岁时进入上海新闸路小学学习，上二年级至五年级。

1941 年

跳过小学六年级进入上海大同大学附属中学，三年后毕业。

1944 年

考入南洋模范中学，三年后毕业。

1947 年

考入交通大学工学院工业管理工程系，开始四年的本科学习。

1951 年

本科四年毕业，报考中国人民大学研究生并被录取。8月26日赴中国人民大学工业经济系进行"工业企业组织与计划"专业的研究生学习。

1952 年

1951年十一期间因学习过度紧张造成胃出血而被迫返回上海家中休学一年。养病期间，抽空阅读了马列和毛泽东著作，包括《马克思恩格斯选集》、列宁的《哲学笔记》等原著,并做了阅读笔记,巩固了马列主义理论基础。

8月返回中国人民大学继续研究生学习。

1953年

1951年夏从交通大学毕业前夕,结识同校财务管理系沈守勤,并于2月2日在上海结婚。8月,沈守勤毕业后被分配到重工业部工作。

1954年

5月12日,女儿许建平在北京出生。

1955年

研究生毕业,9月受聘为中国人民大学讲师,在该校任教6年。

1957年

10月1日,儿子许建新在北京出生,适逢新中国的生日,为其取名建新。

1958年

与中国人民大学工业企业管理教研室同志一起进行管理教材改革,编写了具有我国特色的《工业企业管理》教材。

1959年

与中国人民大学工业经济系师生到上海机床厂蹲点调研,充实了技术管理部分的内容。

1960年

带领中国人民大学工业经济教研室研究生及工业经济系本科生到北京第一机床厂和第二机床厂实习调查。

应第一机械工业部汪道涵副部长及部政策研究室的邀请,参加该部在上海机床厂的调研工作。

与国务院发展研究中心马洪主任率领的工作组和一机部工作组一同进行修订《工业七十条》的工作调研，促进教学、调研与政府需要密切结合，更好地实现理论与实际相结合。

由中国人民大学调入郑州有色冶金学院工作。当年被借调到中国科学院经济研究所做调研，参与马洪领导的工作组编写《社会主义中国企业管理教材》。

1962 年

由郑州有色冶金学院调到浙江大学电机系工程经济教研组工作。

1963 年

应中国科学院经济研究所《中国社会主义工业企业管理》教材调查和编写需要，再次赴北京参加马洪领导的工业企业管理教材编写组，历时一年多。

1964 年

因工作需要，再次参与中国科学院经济研究所调研组赴上海机床厂调研，寻求运用经济方法管理企业的政策与途径。

1967 年

下放到浙江大学临安"五七干校"参加劳动，其间因抬机器扭伤腰，回杭州休养。

1968 年

到浙江桐庐农村参加浙江省组织的社会主义教育运动。

1971 年

浙江大学复课，开始招收工农兵学员。

因编译工作的需要，在电机系旁听工业企业电气化专业课程。

1973 年

因编译工作的需要，在电机系旁听电机专业、可控硅专业、中频等专业的课程。

1974年

因编译工作的需要，旁听与学习计算机专业课程。

1978年

浙江大学改属中国科学院领导，原属电机系的工程经济教研组独立出来，单独成立科学管理教研组。

1979年

1979年高校恢复招收硕士研究生，浙江大学与上海交通大学两校联合招收与培养我国第一届管理工程硕士生，浙江大学招收蒋绍忠等十人。

1980年

科学管理教研组更名为科学管理系，任系主任。

接受浙江省委组织部委托，浙江大学招收经济管理干部进修班学员（两年制脱产学习）。科学管理系迁入三分部（之江校区）。干部专修班从1980年到1988年共举办9届，毕业459人。

由中国科学院批准为赴美访问学者，为期两年。

1981年

浙江大学由中国科学院划归教育部领导，学校成立工业管理工程系，许庆瑞任系主任（至1987年）。

12月，作为访问学者赴斯坦福大学，研究方向为工业工程与工业管理。

1982年

赴美两年后，于8月回到浙江大学。

11月在中国科学院管理科学组召开的会议上，提出"创新（包括研发）应以企业为主体，企业必须与大学、研究院结合"的思想。

招收硕士生赵崇杰、孙飞翔、朱敏。

1983 年

回国后，于 1983～1985 年悉心编写我国第一部《研究与发展管理》教材。

招收硕士生邢以群、王稼生。

1984 年

经教育部教材委员会管理工程教材委员会决定，由许庆瑞负责主编《工业企业经营管理学》，以满足当时企业转型的需要。该书于 1986 年出版，并于 1992 年获国家教育委员会全国优秀教材二等奖。

6 月，由学校派遣，应联邦德国汉斯·赛德尔基金会邀请，赴联邦德国考察五年制管理教育。

组织举办战略管理学习研讨班，学员为企业负责人与战略部门负责人。

招收硕士生张跃、王世良、李俊杰、刘捷。

1985 年

2 月 16 日，被聘为国务院学位委员会第二届学科评议组管理工程组成员，任期 5 年。

招收硕士生李捍平、金可也、黄峰火。

1986 年

5 月 24 日～6 月 2 日，国务院学位委员会第二届学科评议组管理工程评议组分组第三次会议在北京京西宾馆召开。

10 月 14 日，受聘为国家自然科学基金委员会管理学科评审组成员。

10 月起任国家自然科学基金委员会技术创新管理科学与工程学科评议组组长。

1983 年起编写的我国第一本《研究与发展管理》教材由高等教

育出版社出版。

1984年起编写的《工业企业经营管理学》出版。

与蒋绍忠同赴浙江省机械工业厅与吕祖善厅长商讨政产学研合作研究事项。

组织举办科研管理暑期学习班，学员为研究所与科研管理部门负责人。

高校恢复职称评定，被评为教授。1986年经国务院学位委员会学科评议组批准，浙江大学成为全国第一批招收"管理科学与工程"博士点单位之一，许庆瑞被评为博士生导师，自1988年起招收博士生。

招收硕士生程厚博（程静川）、于茹、许冰波、黄智平、黄华、赵建。

1987年

参加国际系统动力学会学术年会。

申报并承担国家自然科学基金项目"科技教育经济系统动态模型研究"（1987～1989年）。由李俊杰负责研究，运用系统动力学（SD）方法，得出了有创新意义的成果。

招收硕士生王宏宇、蔡旸。

1988年

5月25日，受聘为国家自然科学基金委员会第二届学科评审组成员，任期两年。

6月，受聘为浙江省企业管理协会副会长。

7月，受聘为国家教育委员会科技委员会管理工程学科组组员，任期3年。

9月，被IEEE授予高级会员。

申报并承担国家自然科学基金项目"我国社会主义国有企业经营战略的理论与方法"（1988～1991年）。

合作创办了国内最早的工程管理和管理工程刊物《管理工程学报》，任编委会副主任和主编。

作为中国企业家协会理事，参加第一届全国优秀企业家授奖大会，与企业家冯根生等在企业家协会大会堂前留影。

招收博士生项保华、徐金发，硕士生张四纲。

1989 年

申报并承担国家自然科学基金项目"我国劳动生产率的理论与方法研究"子课题"技术创新与劳动生产率的研究"（1989～1992年）。

浙江大学创新与发展研究中心成立，许庆瑞任主任。

4月访问加拿大渥太华大学。

赴意大利帕多瓦大学、匈牙利布达佩斯经管学院讲学与交流。

参加国际系统动力学会学术年会并做报告，题为"科技、教育、经济协调发展的系统动力学（SD）模型"。

招收博士生吴晓波。

1990 年

3月到加拿大渥太华大学访问，并与Kwmar等教授合作研究。

5月赴加拿大多伦多大学与戈登教授商讨合作事宜。

9月，主编的《技术创新管理》由浙江大学出版社出版，对促进技术创新理论在中国的传播以及国家技术创新工程建设发挥了重要作用。

出版《企业经营战略》。

与吴晓波等调研杭州制氧机厂、杭州齿轮箱厂、杭州机床厂、上海大众汽车、中国轴承厂、中国缝纫机厂、中国微型轴承厂、宁波水表厂等企业。

招收硕士生欧阳仲健。

1991 年

提出"二次创新"理论。

申报并承担教育部重点项目"教育科技经济协调发展的机理与模式"（1991～1995 年）。

与团队吴晓波等于 20 世纪 90 年代初最早形成了加强消化吸收、二次创新以发挥后发优势的二次创新理论，成果发表于 1991 年的 ISMOT 上。

主持加拿大国际发展研究中心资助项目"中国中小企业的可持续发展与创新"（1991～1993 年）。

受邀成为国际系统动力学会中国分会负责人。

招收硕博连读生陈劲，硕士生吴运健。

1992 年

4 月 20 日，被聘为国务院学位委员会第三届学科评议组管理工程分组成员，并参加会议，任期五年。

受聘为新加坡《企业文化学报》杂志国际顾问。

申报并承担国家自然科学基金项目"关于我国科技发展道路的研究"（1992～1994 年）。

1986 年出版的《研究与发展管理》获国家教育委员会全国优秀教材奖。

1986 年出版的《工业企业经营管理学》获国家教育委员会全国优秀教材奖二等奖。

5 月，英国皇家学会会士、加拿大多伦多大学教授戈登来访，许庆瑞与其在浙江大学邵逸夫科学馆前合影。

招收博士生蔡宁、王伟强、吕燕、吴刚，硕士生李正成、李子痕、武书连。

1993 年

主持加拿大国际发展研究中心资助项目"发展中国家提高自主技术创新能力研究及政策"（1993～1995 年）。

申报并承担国家自然科学基金项目"技术创新的组合理论、方法与扩散模式研究"（1993～1996 年）。

申报并承担国家自然科学基金委项目"技术创新研究：中国技术创新机制、过程与政策"（1993～1997 年）。

任中国系统工程学会系统动力学专业委员会副主任。

招收博士生魏江、张钢、郭斌。

1994 年

赴麻省理工学院和多伦多大学访问讲学。

申报并承担国家自然科学基金项目"中小企业经济环境同步增长机理、模式与研究"（1994～1995 年）。

申报并承担浙江省科学基金项目"浙江省中小企业经济环境同步增长机理与模式激励研究"（1994～1995 年）。

时任浙江省人民政府秘书长的吕祖善召开了在杭主要企业负责人商讨调研事宜，为浙江大学创新团队开展调研创造了良好条件。继而又派省政府潘家玮处长安排许庆瑞团队到宁波水表厂调研事宜。

招收博士生毛义华、杨发明，硕士生韩婕、林星。

1995 年

10 月 25 日，因在担任国家教育委员会第二届高等学校工科本科有关专业教学指导委员会委员期间，为工科本科教学建设和改革工作做出了重要贡献，获得国家教育委员会颁发的荣誉证书。

首次在国内创办了高水平的技术创新与技术管理国际会议，至今已成功举办 9 届，把我国的创新研究成果向全球传播，得到了世界主要发达国家和地区一些著名学者的首肯。

与魏江、张钢、郭斌等在 522 厂蹲点调研。调研中，张钢提出了该厂在技术创新的同时，也关注非技术要素的变革与创新，团队开始从过去单一的技术创新研究转入了以多个创新要素结合的组合创新研究。

提出组合创新的理论框架，揭示创新实践中的 6 对矛盾，即产品创新与工艺创新、自主创新与引进吸收、重大创新与渐进创新、显效创新与隐（潜）效创新、内源创新与外源（合作）创新、技术创新与组织文化创新，创造性地提出了这六大创新相结合的组合创新管理范式。

招收博士生袁安府，硕士生黄岳元、郭峻峰（在职）。

1996 年

申报并承担国家自然科学基金项目"我国绿色技术的创新过程模式与机理研究"（1996～1998 年）。

《企业经营战略》获得机械工业部第三届高等学校机电类优秀教材奖二等奖。

招收博士生邹晓东、范保群、徐笑君、甘路明、王毅，硕士生寿涌毅、谢筱栋。

1997 年

申报并承担浙江省自然科学基金项目"浙江省国有企业技术前景激活和增长方式研究"。

招收硕士生吴伟浩、潘惠。

1998 年

在《IEEE 工程管理汇刊》上发表《中国的技术与创新管理》一文。

申报并承担国家自然科学基金重点项目"我国国有企业经营管理基本规律研究"（1998～2000 年）。

第二届 ISMOT 在浙江大学召开，美国朗讯公司技术与战略部专家彼得森（Peterson）应邀做主题报告。

招收博士生毛武兴（在职）、华锦阳、赵晓庆，招收硕士生完颜绍华、杨华军。

1999年

与陈劲、郭斌、韩婕合撰的研究报告——《教育－科技－经济协调发展的机理与模式研究》获得全国第二届教育科学优秀成果奖二等奖。

访问美国加利福尼亚大学后，赴新西兰惠灵顿参加系统动力学国际会议。

招收硕博连读生刘景江，博士生杨雪梅，硕士生李仕彬。

2000年

8月，国家经济贸易委员会在青岛海尔举办企业技术创新体系建设现场会，受邀为全国部分国家及企业技术中心负责人讲课，并与陈劲、郑刚一同在海尔调研。

《研究、发展与技术创新管理》第一版于2000年11月出版，第二版于2010年5月出版。

出版《管理学》，担任主编，吴晓波、陈劲、徐金发、邢以群等参加编写。

招收博士生王勇、徐操志，硕士生钟俊元、周赵丹、张蕾。

7月，受聘为《企业文化学报》杂志编委。

12月1日，受聘为全国科学技术名词审定委员会管理科学名词审定委员会委员。

2001年

受国家经济贸易委员会党组邀请为全委干部做《我国技术创新的机制、模式与战略》报告。

申报并承担国家自然科学基金项目"以提高知识工作者效能为核心的人力资源管理模式"。

与吴晓波、陈劲、徐金发、邢以群合著的《管理学》，获中国高校科学技术进步奖一等奖。

5月，与陈重、陈劲、赵晓庆、毛义华、王毅、刘景江合著的《企业经营管理基本规律与模式》（国家自然科学基金资助重点项目）由浙江大学出版社出版。

招收博士生郑刚，硕士生徐德才、王方瑞、毛凯军、吕飞。

2002年

在总结长期理论研究和我国企业创新实践的基础上，进一步将二次创新、组合创新理论升华为全面创新管理理论。

《企业经营管理基本规律与模式》一书荣获浙江省科学技术进步奖二等奖。

《研究、发展与技术创新管理》一书荣获全国高校优秀教材二等奖。

《管理学》获浙江省教学成果一等奖。

7月，访问欧洲等国。在德国拜访梅林（Milling）教授，并于西西里岛参加系统动力学会议。

招收博士生顾良丰、谢章澍、朱凌、梁欣如，硕士生徐静、贾福辉、蒋键。

2003年

7月，应加利福尼亚州立大学北岭分校李明芳教授邀请赴该校访问，做《中国创新发展与模式》的学术报告，并赴硅谷英特尔（Intel）公司访问了解该公司技术创新管理和人事激励制度等。

与中美管理科学专家与教授在杭州召开讨论会，提出21世纪的创新模式——全面创新管理理论模式。

《基于能力的技术创新理论、过程、模式、机制、系统与政策》获教育部第三届中国高校人文社科优秀成果二等奖。作者许庆瑞、陈劲、郭斌、吴晓波、赵晓庆、张钢、魏江。

招收博士生朱建忠、水常青，硕士生王海威。

2004 年

浙江大学设立许庆瑞创新发展基金,由王选院士揭牌。

申报并承担国家自然科学基金"全面创新管理的系统建构与形成机理研究"(2004～2006 年)。

申报并承担博士点基金课题"基于全面创新管理(TIM)的企业创新要素的协同研究"(2004～2005 年)。

2005 年

5月,庆祝浙江大学管理学院成立二十五周年,举办院士论坛暨管理科学与工程学科发展论坛。到会院士、专家、来宾共论管理工程学科的发展,并由《管理工程学报》出版论坛专刊。

获浙江大学最高荣誉的教师奖——竺可桢奖。

2006 年

7月,受聘为《中国文化与管理杂志(国际版)》(International Journal of Strategic Change Management)杂志编委。

2007 年

4月,著作《全面创新管理——理论与实践》一书由科学出版社出版,此书是浙江大学创新团队三十年研究成果的阶段总结,是在不断理论探索和下厂实践基础上的理论升华。

当选为中国工程院院士。

受聘为 International Journal of Chinese Culture & Management 杂志副主编。

申报并承担加拿大国际发展研究中心合作课题"提高中小企业技术创新能力研究"(2007 年 10 月～2010 年 6 月)。

2008 年

7月,赴大庆油田参观调研,学生陈锋、金露同行。

9月,在内蒙古鄂尔多斯中国工程院宣讲会上做《我国技术创新发展道路》学术报告。

10月，国际合作课题"运用全面创新管理提升中小企业创新能力"课题专家评审会在杭州金溪山庄召开，由饶芳权院士主持，多位专家参加。

著作《全面创新管理——理论与实践》获得中国首届管理科学奖杰出贡献奖和学术奖、教育部人文社科优秀成果奖二等奖、浙江省科学技术进步奖二等奖。

申报并承担课题"从二次创新到全面创新——中国特色自主创新道路研究"（2008年5月～2010年12月）。

学院聘请王莉华为院士秘书。王莉华2007年由浙江大学经贸英语系毕业，2018年获得西北大学公共管理硕士学位。

招收博士生张军、任宗强、张素平、陈力田，硕士生陈锋。

2009年

任《21世纪中国知名科学家学术成就概览·管理学卷》编委。

招收硕士生金露、梅亮。

2010年

5月在杭州玉泉饭店举办"浙江大学创新与发展研究中心二十周年暨许庆瑞院士八十寿诞师生联谊会"，并出版《积淀八十载　绽放二十春：浙江大学创新与发展研究中心论文集》，永留纪念。

招收硕博连读生吴志岩。

2011年

1月，获得国际管理学会第六届中国管理大会授予的终生成就奖。

4月母校上海交通大学建校115周年校庆，其间应上海交通大学党委书记马德秀邀请参加庆祝大会，接受"杰出校友贡献奖"荣誉。

申报并承担国家自然科学基金项目"我国企业创新能力演进规律与提升机制研究"（2011～2014年）。

申报并承担中国工程院课题"智慧城市战略研究"（2011～2013年），与汪应洛、王重托院士协调三校合作，研究成果于2017年出版。

2013年

与陈劲、郭斌、寿涌毅、刘景江合著的 *To Leverage Innovation Capabilities of Chinese Small- & Medium-Sized Enterprises by Total Innovation Management*（《运用全面创新管理提升中国中小企业的创新能力》英文版）（浙江大学出版社、新加坡世界科技出版公司联合出版）一书，荣获第三届中国出版政府图书奖提名奖。

2月2日结婚60周年钻石婚纪念，女儿许建平和女婿吴明华对其夫妇晚年生活照顾得无微不至，并收到儿子许建新和媳妇陈虹从新加坡寄送的精美纪念品。

申报并承担中国工程院课题"中小企业创新能力研究"（2013～2015年）。

招收博士生刘丝雨。

2015年

申报并承担国家自然科学基金项目"全面创新能力的形成原理和提升机制研究"。

招收博士生李杨。

2016年

8月，与陈劲在威海统稿《我国自主创新道路研究》一书。

2017年

7月，与陈劲、李杨、陈政融、吴画斌到海尔调研一个月。

9月，《中国智能城市建设与推进战略研究》由浙江大学出版社出版。"中国智能城市建设与推进战略研究"丛书是基于中国工程院重大咨询研究项目"中国智能城市建设与推进战略研究"的研究成果，是我国中长期发展战略研究的项目之一。

10月，与张军、陈力田、张素平、任宗强、吴志岩合著的《企业自主创新能力演化规律和提升机制》由科学出版社出版，为国家自然科学基金资助项目。

申报并和吴晓波承担中国工程院课题"中国制造：超越追赶的创新战略与治理结构研究"（2017年1月～2018年6月）。

招收研究助理陈政融、吴画斌。

2018 年

年初招收博士后刘海兵。

7月，与海尔协同调研创新引领与技术创新规律，刘海兵、王莉华、李杨、陈政融、吴画斌参与调研。

11月，刘海兵、李扬、陈政融、吴画斌再赴海尔进行第二次调研。

2019 年

刘海兵、陈政融、吴画斌、李扬等赴海尔调研。

2020 年

10月，出版专著《海尔管理创新发展历程（1984～2019）》，作者许庆瑞、刘海兵等，由科学出版社出版。

2021 年

11月，获得复旦管理学奖励基金会颁发的"复旦管理学终身成就奖"。11月26日许庆瑞偕夫人、女儿到上海领奖。

附录四　许庆瑞主要著述目录

（按照出版或发表时间由近及远顺序排列）

（一）图书

许庆瑞，吴晓波，陈劲，等.中国特色自主创新道路研究：从二次创新到全面创新.第一版.杭州：浙江大学出版社，2019.

许庆瑞，张军.企业自主创新能力演化规律与提升机制.北京：科学出版社，2017.

许庆瑞，陈劲，寿涌毅，等.To Leverage Innovation Capabilities of Chinese Small- & Medium-Sized Enterprises by Total Innovation Management（运用全面创新管理提升中国中小企业的创新能力）.杭州：浙江大学出版社，2012.

许庆瑞.许庆瑞集.杭州：浙江人民出版社，2011.

许庆瑞，陈劲，吴晓波，等.研究、发展与技术创新管理（第二版）.北京：高等教育出版社，2010.

许庆瑞.全面创新管理——理论与实践.北京：科学出版社，2007.

许庆瑞，吴晓波，陈劲，等.管理学（第二版）.北京：高等教育出版社，2005.

许庆瑞，陈重，陈劲，等.企业经营管理基本规律与模式.杭州：浙江大学出版社，2001.

许庆瑞，吴晓波，陈劲，等.研究、发展与技术创新管理.北京：高等教育出版社，2000.

许庆瑞，陈劲，沈守勤，等.管理学.北京：高等教育出版社，1997.

许庆瑞，翁永麟，徐金发，等.企业经营战略（第一版）.北京：机械工业出版社，1993.

许庆瑞，邢以群，王世良，等.技术创新管理.杭州：浙江大学出版社，1990.

许庆瑞，王爱民，张友仁，等.生产管理.北京：高等教育出版社，1988.

许庆瑞.研究与发展管理.北京：高等教育出版社，1986.

（二）学术论文

许庆瑞，李杨，吴画斌.市场机制与非市场机制下的技术转移，哪种有利于提升创新能力？.管理工程学报，2020，34（4）：196-206.

许庆瑞，李杨，刘景江.结合制造与服务逻辑发展企业创新能力——基于海尔集团的纵向案例研究.科研管理，2020，41（1）：35-47.

许庆瑞，李杨，吴画斌.全面创新如何驱动组织平台化转型——基于海尔集团三大平台的案例分析.浙江大学学报（人文社会科学版），2019，49（6）：78-91.

许庆瑞，陈政融，吴画斌等.传统制造业企业战略演进——基于海尔集团的探索性案例分析.中国科技论坛，2019，8：52-59.

许庆瑞，陈劲，尹西明.企业经营管理基本规律与模式.清华管理评论，2019，5：6-11.

许庆瑞，李杨，吴画斌.企业创新能力提升的路径——基于海尔集团1984—2017年的纵向案例研究.科学学与科学技术管理，2018，39（10）：68-81.

许庆瑞，吴志岩.核心 结合 空间 融合 智慧城市发展的四个基本原则.国家治理，2015，18：11-15.

许庆瑞，何秋琳，李晨，等.我国工程教育联盟的建构与实施.高等工程教育研究，2015，1：6-10，31.

许庆瑞，吴志岩.企业技术创新体系建设战略的理论初探.管理工程学报，2014，28（4）：1-9.

许庆瑞，吴志岩，陈力田.转型经济中企业自主创新能力演化路径及驱动因素分析——海尔集团1984～2013年的纵向案例研究.管理世界,2013,4:121-134,188.

许庆瑞,张素平,张军.人才战略和智慧城市的建设.西安电子科技大学学报(社会科学版),2013,23(2):1-6.

许庆瑞,吴志岩,陈力田.智慧城市的愿景与架构.管理工程学报,2012,26(4):1-7.

许庆瑞,陈力田,吴志岩.战略可调性提升产品创新能力的机理——内外权变因素的影响.科学学研究,2012,30(8):1253-1262.

许庆瑞,张素平,金露.中国技术进步历程回溯及启示——从自行设计到自主创新.中国科技论坛,2012,2:8-14.

许庆瑞.应用全面创新管理提高中小型企业创新能力研究.管理工程学报,2009,23(S1):1-6.

许庆瑞,谢章澍,杨志蓉.企业技术与制度创新协同的动态分析.科研管理,2006,4:116-120,129.

许庆瑞,朱建忠,郑刚.全面质量管理对创新的影响:积极抑或消极?.技术经济,2006,7:23-26.

许庆瑞,王海威.全员创新的理论来源探究.科学学研究,2006,3:466-469.

许庆瑞,郑刚,陈劲.全面创新管理:创新管理新范式初探——理论溯源与框架.管理学报,2006,2:135-142.

许庆瑞,蒋键,郑刚.各创新要素全面协同程度与企业特质的关系实证研究.研究与发展管理,2005,3:16-21.

许庆瑞,贾福辉.组织社会性创新体系构建要素的理论研究.中国地质大学学报(社会科学版),2005,2:31-35.

许庆瑞,朱凌,王方瑞.海尔的创新型"文化场"——全面创新管理研究系列文章.科研管理,2005,2:17-22.

许庆瑞,蒋键.跨国公司竞争优势及其相关理论的演进探讨.商业研究,2005,5:11-14.

许庆瑞，徐静，郑刚.基于时间的竞争战略及其对我国企业的启示.中国地质大学学报（社会科学版），2005，1：6-9，16.

许庆瑞，蒋键，郑刚.供应商参与技术创新研究——基于宝钢集团的案例分析.中国地质大学学报（社会科学版），2004，6：6-9.

许庆瑞，谢章澍，杨志蓉.全面创新管理（TIM）：以战略为主导的创新管理新范式.研究与发展管理，2004，6：1-8.

许庆瑞，顾良丰.中美企业全面创新管理模式比较——海尔模式与惠普模式.科学学研究，2004，6：658-662.

许庆瑞，梁欣如，郑刚.企业创新管理基本范式的发展与全面创新管理（TIM）的必然性——基于创新退化视角.中国地质大学学报（社会科学版），2004，5：14-18.

许庆瑞，蒋键，杨涛.面向全面创新管理范式的战略模式分析.科学学与科学技术管理，2004，10：20-23.

许庆瑞，贾福辉，谢章澍等.创新型文化的构建要素研究.科学学研究，2004，4：426-431.

许庆瑞，王海威.全面创新管理形成的动因探讨.科学学与科学技术管理，2004，7：17-20.

许庆瑞，徐静，郑刚.信息技术与网络经济对组织创新的影响：国内外研究述评.中国地质大学学报（社会科学版），2004，3：10-14，23.

许庆瑞，徐德才.杭州市可持续发展系统动态模拟及政策建议.技术经济与管理研究，2004，3：83.

许庆瑞，谢章澍.企业创新协同及其演化模型研究.科学学研究，2004，3：327-332.

许庆瑞，谢章澍，郑刚.全面创新管理的制度分析.科研管理，2004，3：6-12.

许庆瑞，朱凌，郑刚，等.全面创新之道——海尔集团技术创新管理案例分析.大连理工大学学报（社会科学版），2004，1：

6-10.

许庆瑞,贾福辉,谢章澍.组织习惯性思维方式初探.科技管理研究,2004,2:30-34.

许庆瑞,徐静.嵌入知识共享平台 提升组织创新能力.科学管理研究,2004,1:13-15,19.

许庆瑞,贾福辉,谢章澍,等.基于全面创新管理的全员创新.科学学研究,2003,S1:252-256.

许庆瑞,杨雪梅,刘景江.企业经营管理基本规律及其相互关系.科技管理研究,2003,4:42-46.

许庆瑞,郑刚,喻子达等.全面创新管理(TIM):企业创新管理的新趋势——基于海尔集团的案例研究.科研管理,2003,5:1-7.

许庆瑞,毛凯军.论企业集群中的龙头企业网络和创新.研究与发展管理,2003,4:53-58.

许庆瑞,刘景江.硅谷科技企业家的生成机制及其现实启示.商业研究,2003,9:58-59.

许庆瑞,王方瑞.基于能力的企业经营战略和技术创新战略整合模式研究.科学学与科学技术管理,2003,4:42-45.

许庆瑞,吕飞.服务创新初探.科学学与科学技术管理,2003,3:34-37.

许庆瑞,王勇,赵晓青.高技术产业发展基本规律探析.研究与发展管理,2003,1:1-6.

许庆瑞,毛凯军.试论企业集群形成的条件.科研管理,2003,1:72-77.

许庆瑞,毛凯军,何斌.杭州市高技术企业群现状分析.科技进步与对策,2002,11:86-87.

许庆瑞,刘景江,赵晓庆.技术创新的组合及其与组织、文化的集成.科研管理,2002,6:38-44.

许庆瑞，毛凯军.论企业集群形成的条件.经济纵横，2002，10：37-40.

许庆瑞，张蕾，王勇.知识员工的能力及其测度.科学学与科学技术管理，2002，8：74-77.

许庆瑞，王勇，陈劲.绩效评价源与多源评价.科研管理，2002，3：84-89.

许庆瑞，钟俊元，陈劲.基于组织学习的人力资本向组织资本的转化.经济管理，2002，6：21-25.

许庆瑞，郑刚，王勇.计划评价：国内外的理论、方法与实践.科研管理，2002，2：22-27.

许庆瑞，王勇，郑刚.业绩评价理论：进展与争论.科研管理，2002，2：50-56.

许庆瑞，刘景江，周赵丹.21世纪的战略性人力资源管理.科学学研究，2002，1：89-92.

许庆瑞，郑刚，徐操志，等.研究与开发绩效评价在中国：实践与趋势.科研管理，2002，1：46-53.

许庆瑞，郑刚.战略性人力资源管理：人力资源管理的新趋势.大连理工大学学报（社会科学版），2001，4：49-53.

许庆瑞，郑刚.研究与开发绩效评价：误区分析与趋势展望.研究与发展管理，2001，6：25-30，54.

许庆瑞，王勇.论人企合一规律.科学学研究，2001，4：72-75.

许庆瑞，刘景江，苏军，等.新加坡航空公司（SIA）的战略制胜及其启示——以顾客为导向，以核心能力为基础的战略管理.科研管理，2001，5：84-90，63.

许庆瑞，陈劲.企业发展中的自我积累规律.中国地质大学学报（社会科学版），2001，2：6-12.

许庆瑞，陈劲，于武，等.我国国有企业经营管理基本规律研究.管理工程学报，2001，2：1-5，4.

许庆瑞,郭斌,王毅.中国企业技术创新——基于核心能力的组合创新.管理工程学报,2000,S1:1-9,4.

许庆瑞,王毅.绿色技术创新新探:生命周期观.科学管理研究,1999,1:3-5.

许庆瑞,王毅,黄岳元,等.中小企业可持续发展的技术战略研究.科学管理研究,1998,1:3-5.

许庆瑞,陈劲.中国技术创新与技术管理展望.管理工程学报,1997,S1:2-9.

许庆瑞,魏江.企业技术变革能力形成的前提与过程.管理工程学报,1997,S1:66-70.

许庆瑞,陈劲,郭斌.组合技术创新的理论模式与实证研究.科研管理,1997,3:30-36.

许庆瑞,杨发明,吴晓波.企业技术引进及其营销策略.科学管理研究,1996,3:59-63.

许庆瑞,郭斌,陈劲.中美澳工程研究中心比较研究.科研管理,1996,3:1-6.

许庆瑞,韩婕,陈劲.美国教育和科技协调发展的研究.科学学与科学技术管理,1996,2:45-48.

许庆瑞,魏江,郭斌.工程研究中心运行绩效的评价系统.中国高新技术企业评价,1995,6:5-7.

许庆瑞,王伟强,吕燕.中国企业环境技术创新研究.中国软科学,1995,5:16-20.

许庆瑞,魏江.中小企业环保技术研制开发现状与对策研究.决策借鉴,1995,2:4-6.

许庆瑞,魏江.从"印染废水与锅炉烟尘综合治理技术"看环保技术创新与扩散新特点.研究与发展管理,1995,1:36-38.

许庆瑞,魏江.中小企业提高技术能力的对策研究.科研管理,1995,1:15-19,24.

许庆瑞，吴刚．教育如何适应当代科技发展对人才素质的新要求．科学管理研究，1994，2：31-35．

许庆瑞，陈劲，陈绍霞．从"油气分离装置"案例看技术创新的若干规律．科研管理，1993，6：41-43．

许庆瑞，陈劲，陈绍霞．从"油气分离装置"案例看高校技术创新模式．研究与发展管理，1993，3：9-11．

许庆瑞，盛亚．技术扩散国内外研究概述．科学管理研究，1993，4：11-14．

许庆瑞，陈劲，吴运建，等．技术创新项目成功概率预测模型．研究与发展管理，1993，2：37-44．

许庆瑞．创新战略与劳动生产率．管理工程学报，1993，1：1-10．

许庆瑞，王伟强．技术创新、环境与发展．科学管理研究，1993，1：64-66．

许庆瑞，王伟强．小企业家特质及创新行为研究．科技管理研究，1992，5：29-32．

许庆瑞，王伟强．技术进步系统内部构成论．科学管理研究，1992，4：41-44．

许庆瑞，吴晓波．技术创新、劳动生产率与产业结构．中国工业经济研究，1991，12：9-15．

许庆瑞，赵建．科研项目评价的专家系统．科研管理，1991，4：25-31．

许庆瑞．企业技术进步的项目选择．科技管理研究，1991，2：26-27．

许庆瑞，项保华．对工科管理专业学生"供过于求"的思考．高等工程教育研究，1989，2：80．

许庆瑞，徐金发．企业集团论．管理工程学报，1988，Z1：5-10，28．

许庆瑞．科研组织特殊功能的探讨．科研管理，1986，2：35-37．

作者简介

朱晶，华东师范大学哲学系教授，北京大学理学博士，宾夕法尼亚大学哲学系访问学者。主要研究方向为科学实践哲学中的认识论问题，研究论文发表在 Studies in History and Philosophy of Science，Public Understanding of Science，Synthesis-Stuttgart，《哲学分析》《科学学研究》等刊物上。主持国家级及省部级课题多项，入选上海市晨光学者、上海市浦江人才计划，担任中国自然辩证法研究会化学化工专业委员会秘书长、副理事长，上海市自然辩证法研究会副理事长。

王莉华，中共党员，浙江大学经贸英语专业学士，西北大学公共管理硕士。2008年2月至今一直担任许庆瑞院士秘书。坚守初心和使命，注重院士学术成长资料的采集，分类并数字化院士手稿、笔记、索引卡片、专著、论文、荣誉证书等珍贵资料近千份。致力于团队合作、创新管理和创新引领方面的研究，发表中英文论文多篇，并赴美国、越南等国家进行会议交流，参与多项研究课题。撰写的小文曾获浙江大学学术委员会颁发的十佳采写奖。